土地利用中利益衡平的法律问题研究

操小娟◎著

Tudi Liyong zhong
Liyi Hengping de Falü
Wenti Yanjiu

人民出版社

前言

一、研究的意义

土地是人类生产和生活不可缺少的物质基础，也是人类赖以生存的生态系统。可是人类的土地利用活动却造成了土地资源的严重污染和破坏，土地不合理利用产生的问题威胁到人类自身的发展。我国近些年来在土地利用方面制定了很多的法律法规，其中的《土地管理法》也经过了几次修改，但是这些的努力似乎并没有取得预期的效果，土地利用问题仍然没有得到很好地解决。日前我国土地利用中存在的问题主要表现为：

1. 城市建设用地总量失控、结构失衡

国十资源部的统计数字表明，1990～2004年，全国城镇建设用地面积由近1.3万平方公里扩大到近3.4万平方公里；同期，41个特大城市主城区用地规模平均增长超过50%；城市用地规模增长弹性系数2.28，大大高于1.12的合理水平①。土地利用结构不合理不仅表现在工业、商业、居住用地比例不合理，而且表现在行业内部结构不合理。土地供应结构不合理，有限土地不能有效配置，造成土地资源的浪费。

---

① 薛志伟：《国土专家认为四种现象成为土地浪费的罪魁祸首》，载《经济日报》2005年6月28日。

2. 土地粗放利用，浪费土地的现象严重

土地粗放利用除了城市建设用地之外，还表现在交通运输等基础设施的重复建设、各类开发区的遍地开花、村庄用地的大量闲置。调查显示，目前我国人均城市建设用地高达 130 多平方米，远远超过发达国家城市建设用地人均 82.4 平方米和发展中国家人均 83.3 平方米的水平。土地市场治理整顿前全国有各级各类开发区 6866 个，规模超过了全国现有城市建设用地，但是大部分开发区土地使用率很低。2004 年全国村庄用地 2.48 亿亩，按当年年度农业人口计算，人均村庄用地高达 218 平方米，约是特大城市人均用地面积的 2～3 倍，比我国城市人均用地面积最高限额还多 98 平方米①。

3. 耕地面积继续减少

2002 年全国耕地面积为 12593 万公顷，其中非农建设占用耕地面积 19.65 万公顷，生态退耕面积 142.55 万公顷，年度内净减少耕地面积 168.62 万公顷。2003 年全国耕地面积 12339.32 万公顷，非农建设占用耕地 22.91 万公顷，比上年增加 3.27 万公顷，增长 17%；生态退耕 223.73 万公顷，耕地净减少量为 253.74 万公顷。2004 年非农建设占用耕地面积 14.51 万公顷，生态退耕面积 73.29 万公顷，全国耕地净减少面积 80.03 万公顷②。可见，虽然非农建设占用耕地数量在减少，但是由于生态退耕面积较大，每年耕地净减少数量仍然可观。

4. 耕地质量不断下降

我国的耕地中，中低产田所占比重偏高。大多数耕地含钾、磷不足，微量元素缺乏，有机质含量偏低。不少地方耕地土层变

① 薛志伟：《国土专家认为四种现象成为土地浪费的罪魁祸首》，载《经济日报》2005 年 6 月 28 日。

② 2002 年、2003 年、2004 年《国土资源公报》。

浅，保水保肥能力下降。全国高产稳产田只占耕地总面积的35%，受干旱、陡坡、瘠薄、洪涝、盐碱等各种障碍因素制约的中低产田占65%，其中中产田占37%，低产田占28%。在耕地“占补平衡”的过程中有些地区仅重视数量平衡，忽视耕地质量平衡，新增耕地质量偏低，使中低产田的比重继续增大。另外，耕地退化和受污染的现象严重。由于水土流失、贫瘠化、次生盐渍化、潜育化和土壤酸化等原因，已造成40%以上耕地土壤退化。污水灌溉和农药、农膜、化肥的不合理使用，使局部区域农业环境质量急剧恶化，土壤生物种群结构产生逆变，土壤肥力下降①。

5. 林地流失、草地退化严重

近年来，虽然生态退耕的力度很大，但是林地、草地的面积仍在减少。我国2002年林地面积为23396.76万公顷，2003年林地面积为23072公顷，流失324.76万公顷。其中的原因除了自然因素之外，更主要的是一些地方、单位或个人以各种名义滥伐林木，占用林地、非法毁林②。我国目前90%的可利用天然草原有不同程度的退化，并以每年200万公顷的速度递增，其中严重退化草原近1.8亿公顷，天然草原面积每年减少65万～70万公顷。由于过度放牧趋势没有根本改变，草原利用不合理，乱采滥挖等破坏草原的现象时有发生，草原生态环境局部改善，整体恶化的趋势尚未得到扭转③。

越来越多的数据表明，尽管我国土地利用管理制度越来越严格，但是实施的效果却并不理想，至少从我们所列举的资料来看，当前的土地利用法律制度并没有解决现实的土地利用问题，

① 2004年《中国环境状况公报》。

② 《内蒙古非法毁林现象屡禁不止》，载《工人日报》2003年4月9日。

③ 2004年《中国环境状况公报》。

这使我们不得不对制度的可行性问题进行反思。法律制度的可行，意味着法律制度来自现实，又作用于现实，能够切实有效地调整社会关系，成为各种适法行为的准则①。而可行的制度必须建立在一定的法律原理的基础上。“法律的原理是关于法律的、具有普遍意义的、最基本的、可以作为法律原则、法律制度、法律规范的基础的道理。”②法律原理是法律原则、法律制度、法律规范的理论依据，因此研究土地利用中利益衡平的法律原理显得非常必要。

在国外有关土地利用的理论中，土地利用中的利益问题不是一个新的课题，在宪政理论、行政法理论、物权或财产权的理论中都有论述，尤其是在土地征用的法律学说和司法判例中有不少可资借鉴的成果。在国内，行政法、民法和法理学领域也有一些研究，主要集中于行政法调整利益关系的一般理论，在物权中阐述所有权的公益性和私益性，在法理中有关法律调整关系时有所涉猎。不过，有关土地利用中利益衡平的法律原理的探讨，国内和国外都没有进行过系统的阐述，而且由于历史文化、政治制度、经济形态的不同，特别是土地的所有制规定的不同，直接造成了国内和国外土地利用法律制度上的差异。随着我国市场经济制度的确立和土地使用权制度的改革，我国的土地利用法律制度开始吸收国外的一些成功经验，因此我们在建立和完善土地利用法律制度的同时，有必要对其法律原理进行认真而系统的研究。

二、研究的思路、方法和主要内容

（一）研究的思路

要建立完善的土地利用法律制度，必须突破现有的制度框

① 卓泽渊：《法治国家论》，中国方正出版社 2001 年版，第 139 页。

② 卓泽渊：《法治国家论》，中国方正出版社 2001 年版，第 148 页。

架，寻求法律制度建立的理论基础。有效地调整社会关系，建立在对社会关系的认识的基础之上，因此我们首先必须认识法律制度调整的社会关系。社会关系就是利益关系，土地利用中存在不同的利益关系，针对土地利用中不同的利益关系，法律制度调整的方法是不同的。土地利用法对人们利益关系的调整效果，在一定意义上取决于法律对土地利用中利益关系的正确理解。不能正确认识土地利用中的利益关系，就无法有效地解决人们在土地利用中的矛盾和冲突，就不可能真正发挥土地利用法的应有作用，有效地解决土地利用问题。其次，土地利用法律制度是建立在一定的价值基础之上的。法律价值反映的是人与法律之间的一种需要和满足的关系。对法律制度的认可和执行依赖于法律制度对社会所主张的价值观念的体现，只有建立在适当价值基础上的法律制度才是可行的。再次，土地利用法律制度是一个内容齐全、功能配套的体系，不同的制度具有不同的内容和功能。研究制度的功能，我们就可以知道，已经有一些什么样的法律制度、需要制定什么样的法律制度。不仅如此，法律对社会影响的程度，在一定意义上取决于法律功能的状态和结果。除了事先协调利益矛盾和冲突之外，土地利用法律制度还要在利益受到侵犯后提供一个补救的措施。通过救济，对合法的利益予以维护，对不合法的利益予以否认，从而调和利益的矛盾和冲突。因此，对土地利用中利益调整的法律原理的研究有助于我们建立和完善土地利用法律制度，实现土地利用的法治秩序。

（二）研究的方法

通过运用社会学、经济学、哲学、法理学等多学科的知识从静态动态两个方面研究土地利用中的利益关系调整问题。通过运用历史对比、实证分析方法对国内外土地利用法律制度的理论和实务进行广泛和深入的研究，以探讨土地利用中利益关系调整的理论。

1. 法学与其他学科交叉的方法

利益问题作为一个普遍的现象，许多学科都有所涉猎。最开始利益问题是哲学家们探讨的主要问题。随着社会的发展，其他学科从不同角度进行了阐述。如经济学家从利益的角度分析人们行为的动机，心理学家从生理角度探讨人们对利益的反应、行为学家从社会角度分析人们的行为的社会性质。不同的学科从不同的角度分析利益问题，得到了许多有价值的结论，这是我们认识问题的出发点。另一方面土地利用涉及人类的选择和决策。从个人角度来讲，个人品格、行为习惯、家庭、对环境的主观认识都会影响个体的利益目标；从社会角度来说，文化因素、教育水平、所处的群体环境都是影响土地利益的重要因素。因此土地利用中利益的调整不是一个单方面的问题，而要借鉴其他学科已经成熟的理论，运用多学科的知识进行广泛而深入研究。例如对利益调整机制的研究，就是用公共行政思想来分析的。利益调整机制有自行性地调节和强制性调节两种基本类型。在土地利用中，这两种方式都有自身无法克服的缺陷，在实践中通常的办法是将两者结合起来，但是这涉及到一个重要的问题，那就是政府在这种利益调整中究竟应当发挥出什么作用？公共行政理论对两种不同的学说进行了研究，这对我们解决问题有很大的启发。

2. 理论和实践相结合的方法

理论与实践相结合是许多研究中都采用的方法，研究土地利用法律制度，这一方法显得尤为重要。我们知道，土地利用法律制度的目标是合理调整土地利用矛盾，解决土地利用问题。土地利用法律制度好不好，以它是否解决实际问题为标准。土地利用问题日益严峻，其表面的原因是土地无法满足人类社会经济发展带来的巨大需求，而实质却是土地利用法律制度没有能很好地解决土地利益矛盾和冲突，造成土地利用问题不能得到根本解决。理论研究与实践结合起来，是研究土地利用法律制度的重要方法。坚持理论与实践相结合的方法，首先从理论的角度分析土地利用法律制度在解决土地利用问题中存在的困境，进而在理论的支撑下，针对这些问题提出一些解决的方案。

3. 比较研究的方法

我国土地利用制度建立的时间不长，目前还处在摸索阶段，实践中的经验也不多。而有些国家的土地利用管理已有几百年的历史，无论在理论上还是实践中都积累了丰富的经验。我们可以了解这些国家的有益经验，并结合我国的国情进行总结和借鉴。

（三）本书主要内容

全书主要内容如下：

引言，阐述了本研究选题的意义、研究范围、基本思路和研究方法。

第一章导论，分析了土地利用的概念和特点，回顾了国外土地利用法律制度发展的历程，简单介绍了我国土地利用法律制度体系的主要结构，并提出了其中存在的问题。土地利用是人类将主观需要和客观对象——土地相结合的过程。广义上的土地利用不仅包括土地的分配，而且包括人们直接与土地进行物质和能量交换的过程。土地利用是一定主体的行为，表现和反映着主体的意志，内涵着主体对土地价值的认识，进而影响土地利用的结果。由于人们在土地利用中不仅存在个人利益和个人利益之间的矛盾，而且存在个人利益与公共利益之间的冲突，因此需要利用法律制度进行调整。国外土地利用法律制度的发展经历了一个从私法为主解决土地利用矛盾到以公法为主解决土地利用问题的发展过程。我国现有的土地利用法律制度体系具有自身的特点，原则上主要表现为土地所有权与使用权分离、耕地保护、可持续利用、经济使用和国家干预等；在制度上则形成一个以土地利用总体规划为基础、以土地用途管制为核心，通过用地许可实现公私益一致的法律制度体系；在规范上体现为宪法规范、行政规范、民事规范等多种规范相结合。由于我国土地利用法律制度存在法律制度价值选择和制度安排上的问题，致使土地利用法律制度在调整利益关系时陷入困境。

第二章土地利用中的利益及其调整，主要从公益、私益和公私益三个不同的侧面对土地利用法律制度进行了探讨。土地利用中的利益反映了土地对主体的存在和发展的肯定性关系，是主体需要与满足主体需要的土地在主体的土地利用行为下的统一。在人类社会发展的初期，人们之间的利益在根本上是一致的。但是，随着社会经济的发展，人们之间的利益出现分裂，不仅主体多元、内容各异、形式多样，而且各种利益之间出现了对抗和冲突。法律制度的目的和作用就在于调整这些互相冲突的利益关系，从而维持一定的社会秩序。针对不同的利益，土地利用法调整的方法是不同的。公益一直是法律制度追求的目标，在通过法律制度使公益观念具体化的过程中，公益的内容受到国家目标的影响，随着国家职能的变化而变化。一般地说，土地利用中的公益包括经济公益、环境公益和社会利益等方面，这些主要通过土地利用规划和分区来实现。土地利用规划目的是增进公益，其中环境保护是土地利用规划中的一项重要的内容。土地利用分区是实现土地利用规划的基本手段，土地利用分区必须解决好边界分区冲突和政府间土地利用冲突等问题。由于我国土地利用规划制度中存在一些问题，致使土地利用规划没能充分发挥作用。

土地利用中的私益分为个人私益和群体私益。个人私益的调整是通过法律确认享有个人利益的土地利用人为权利的主体，提供满足主体需要的土地，肯定土地利用人取得土地和获得利益的合法性来实现。不同类型的土地利用中，存在的问题是不同的。对农用土地来说，土地承包经营权是对农民土地生存利益和占有利益的一种确认形式，农地使用权的流转则是农民实现土地资本利益的条件，但是这些制度并没有发挥预期的作用。要实现农民的土地利益，需要提供与农地使用制度配套的法律制度体系。对建设用地来说，个人土地利益往往依附于共同体的土地利益，由于地方政府的介入，企业之间、行业之间、区域与区域之间、区域与国家之间的利益矛盾激化。土地利用法律制度在调整这些利益关系时应当承认合理的土地利益，规范政府的行为。

公益和私益之间是一种对立统一关系，对公私益关系的调整方法是要求行政相对人（土地利用人）享有权利时承担相应的义务，使土地利用人在追求个人利益时能与公共利益的要求保持一致。法律行为和法律关系两种模式在控制土地利用人行为方面各有自己的特点。比较而言，法律关系模式由于更注重人的社会属性，其权利义务之间具有不可分割性，因此可以在规范土地利用人的行为方面发挥更好的作用。

第三章土地利用中利益衡平的原则，探讨土地利用法律制度在各种利益发生矛盾和冲突时选择的标准和准则。由于在一定的条件下，法律不可能使所有的利益都得到满足，需要考虑确认、限制和保护哪些利益，在各种利益之间进行权衡并作出价值判断，因此法律衡平利益的原则实际上是一种法律价值的选择问题。利益关系的不同，法律在利益之间进行衡平的原则是不同的。利益最大化原则适用于公益之间的衡平，即在土地利用中，公平地对待各种类型的公益，并使它们得到最大限度的实现；在公益之间发生冲突时，选择能带来最大质或量的公益；由于土地不可能满足所有的私益要求，因此在私益衡平时适用急需利益优先满足的原则，对于急需利益优先供给土地，对于不是急需利益，应当少供给或不供给土地。急需利益优先满足的理论基础是土地供给的稀缺性，由于某些地方或某些用途的土地不能满足人们的需要，因此只能根据利益的缓急来供给；在土地利用中，有的土地利用行为具有正外部性，其社会收益超过个人收益，有的土地利用行为具有负外部性，其社会收益小于个人收益，法律往往采取利益填补的方式在公益和私益之间进行衡平，以使个人利益和社会利益达到一致。这三种原则是土地利用法律制度建立和完善的依据。

第四章土地利用中利益衡平的法律调控功能和机制，探讨土地利用法律制度的功能和运行机制。法律调控的功能是指法律基于其属性、内部诸要素及其结构所表现出来的性能和功用。古典经济学家们认为，人的行为与法律制度的要求是相适应的，因此制度存在与否无关紧要，个人的行为主要受到价格和收入的支配，其他人并不直接影响他的决策，而是通过价格的波动，间接地发挥作用。新制度经济学家运用博弈论进行分析后，提出个人的决策会受到其他人行为的影响，而且个人理性的组合可以形成一种集体的非理性，这种个人理性与集体理性的冲突是制度起源的重要原因。同样，博弈论也可以用来分析土地利用中制度的功能。土地利用法律制度的功能分别表现为三个方面的内容：提供信息，促进合作；外部经济性内部化；促进竞争，避免对其他人利益的损害。

法律调整机制是指法律在引导和强制土地权利人的行为取向以协调人们之间利益关系的运行方式和机能。根据调节方式和运行效果，可以将土地利用中的利益调控机制分为自行性调节和强制性干预两种方式。由于存在市场失灵和干预失灵，一般将自行性调节机制和和强制性干预机制结合起来予以运用，这就涉及到政府在市场中的作用和限度问题。政府的作用和限度取决于政府组织的安排。官僚制是一种内部人员和结构等级化、并且服从于一个权威中心的组织形式，一般认为官僚制行政的特点是效率，政治经济学家们认为官僚制行政是替代个人选择的一种决策安排，它可以在控制外部效应、管理共同财产或者提供公益物品方面起着重要作用。民主制行政是一种交叠管辖和权利分散的体制，是另一种组织结构。由于民主制行政的特点是决策权能分散，个人平等参与公共管理，政府官员的行为受到有效的制约，因此民主制行政可以更好地协调各种利益关系。官僚制行政与民主制行政可以给我们分析问题提供一个新的视角。

第五章土地利用中的利益救济，主要探讨个人利益与个人利益、个人利益与公共利益失衡时的法律补救措施。在土地利用中，由于土地位置的固定性，一方的土地利用行为往往会给另一方造成损害，其中最为突出、影响最大的是环境损害。由于环境侵权行为具有一定的特殊性，法院在解决双方纠纷时可以采用利益衡量方法解决矛盾和纠纷。原因在于土地权利人在权利受到侵害时，可以提出返还请求、妨害排除请求、恢复原状请求和赔偿请求，而这些请求是否提出或提出哪一些，可以由受害人选择。法院在对双方的情况考虑、分析之后，也可以在全部或部分满足当事人的请求之间进行选择，这样就可以在利益衡量时得到一个双方都可以接受的方案。不同法系利益衡量的基础是不同的，在英美法系土地侵权救济适用妨害法，利益衡量主要是对妨害的合法性进行判断，而大陆法系则在相邻关系的基础上对权利行使是否超过社会容许限度来作出评价。利益衡量的方法通过将法律承认和保护的利益排列一个先后顺序，将双方的利益进行衡量，并考虑相关因素，对一方的某些利益予以维护，而将对另一方利益的损害降低到最低的限度，从而使双方的利益达到一种均衡。当然，利益衡量受到许多主观因素的制约。

利益衡量发挥的作用毕竟是有限的，直接对土地利用的行政管理是土地利用法的核心。土地管理的行政作为或不作为，都会造成公私益失衡的情况，主要表现在土地利用规划和分区违法对私益的侵害、土地用途管制中行政不作为造成公益的损害，以及由于行政行为撤销和废止造成相对人合法利益的损害等。因此我们应当逐步将不同级别的土地利用规划和分区纳入司法审查的范围，解决土地利用规划和分区偏离公共利益的问题；应当在完善法律规范和明确土地使用协议之外通过行政公益诉讼促使行政机关依法履行职责；应当完善法律救济体系，加强对行政相对人信赖利益的保护。通过这些方式使受到损害的利益得到补偿，各种利益之间达到一种均衡。

目录

前　言 …………………………………………………… 1

第一章　导　论 ……………………………………… 1

第一节　土地利用的概念和特点 ……………………… 1

一、土地利用的概念 ………………………………… 1

二、土地利用的特点 ………………………………… 5

第二节　土地利用与法律 ……………………………… 7

一、国外土地利用法律制度的历史演变 …………… 8

二、我国土地利用的法律制度体系 ……………… 16

第三节　土地利用中利益调整的法律困境 ………… 30

一、价值目标选择的分歧 ………………………… 30

二、我国当前土地利用法律制度存在的缺陷 …… 37

小　结 ………………………………………………… 44

第二章　土地利用中的利益及其调整 ……………… 46

第一节　概述 ………………………………………… 46

一、利益的概念 …………………………………… 46

二、土地利用中的利益 …………………………… 49

三、土地利用法律关系归根到底是一种利益关系 ……… 52
第二节　土地利用中的公益及其调整 ……………………… 54
一、概述 …………………………………………………… 54
二、土地利用中公益的内容 ………………………………… 66
三、土地利用规划和分区的历史与发展 …………………… 69
四、我国土地利用规划制度的现状及存在的问题 ……… 82
第三节　土地利用中的私益及其调整 ……………………… 91
一、土地利用中个人利益的调整 …………………………… 91
二、我国土地使用权的概念和本质特征 …………………… 95
三、农民土地利益的调整 ………………………………… 103
四、城市建设用地土地利益的调整 ……………………… 117
第四节　土地利用中公益和私益的调整 ………………… 129
一、公益与私益调整的基础 ……………………………… 129
二、土地用途管制的法律界定 …………………………… 136
三、土地用途管制中行政相对人的权利义务关系 ……… 141
四、通过土地使用权出让协议明确土地使用人的义务 … 147
小　结 ……………………………………………………… 151

第三章　土地利用中利益衡平的原则 ……………………… 153

第一节　概述 ……………………………………………… 153
第二节　土地利用中公益衡平的利益最大化原则 ……… 160
一、利益最大化原则的内涵 ……………………………… 160
二、利益最大化原则与公平的关系 ……………………… 163
三、利益最大化原则的制度体现 ………………………… 165
第三节　土地利用中私益衡平的急需利益优先满足原则 … 171
一、急需利益优先满足原则的内涵 ……………………… 171
二、急需利益优先满足原则与效率的关系 ……………… 172

三、急需利益优先满足原则的制度体现 …………………… 176
第四节　土地利用中公私益衡平的利益填补原则 ………… 178
一、利益填补原则 ………………………………………… 178
二、利益填补原则与公平和效率的关系 ………………… 180
三、利益填补原则的制度体现 …………………………… 182
小　结 ……………………………………………………… 196

第四章　土地利用中利益衡平的法律调控功能和机制 ……… 198

第一节　土地利用中利益衡平的法律调控功能 ………… 198
一、概述 ………………………………………………… 198
二、土地利用法律制度的功能与博弈分析 ……………… 200
三、外在制度对内在制度的补充 ………………………… 208
第二节　土地利用中利益衡平的法律调控机制 ………… 209
一、两种调节机制 ………………………………………… 210
二、政府在市场中的作用与限度 ………………………… 215
三、从公共行政理论看我国的土地管理体制 …………… 238
小　结 ……………………………………………………… 251

第五章　土地利用中的利益救济 ………………………… 253

第一节　土地利用民事侵权救济中的利益衡量 ………… 253
一、民事侵权救济与利益衡量 …………………………… 253
二、利益衡量方法运用的必要性和可行性 ……………… 257
三、不同法系利益衡量的基础 …………………………… 263
四、利益衡量方法与土地利益冲突的解决 ……………… 271
五、土地利用中利益衡量方法的限制 …………………… 276
第二节　土地管理中公私益失衡的补救 ………………… 280
一、概述 ………………………………………………… 280

二、土地用途管制中行政不作为的司法救济………… 282
三、土地利用分区与司法审查………………………… 287
四、信赖利益的保护………………………………… 296
小　结……………………………………………………… 301
结束语……………………………………………………… 303
参考文献…………………………………………………… 306
后　记……………………………………………………… 320

第一章 导 论

第一节 土地利用的概念和特点

一、土地利用的概念

土地是生命的支撑地，是人类生产和生活不可缺少的物质基础。人类利用土地获取物质和能量的所有活动都可以称为土地利用，但是对土地利用仍然存在广义和狭义两种解释。广义的土地利用包括土地资源的利用和配置两个方面的内容，认为“土地利用是指人们为了达到经济和社会发展目的，采用一定的技术措施对土地资源进行利用以满足自身需要的过程。它是对某一国家、某一地区、某一单位之土地，在社会需要的不同方面，在国民经济各个不同部门和各个不同项目上的分配和使用”①。狭义的土地利用专指直接利用土地的行为，是“人类通过与土地结合获得物质产品和服务的经济活动过程，这一过程是人类与土地进行的物

① 皮纯协主编：《新土地管理法的理论和适用》，法律出版社2000年版，第123页。

质、能量和价值、信息的交流、转换过程”[①]。上述两种观点都有道理，在本书中，土地利用一词使用的是其广义的含义，这是因为人对土地利用的活动不是单纯的个体行为，而是处于社会中的个体对土地的利用活动，个人在利用土地的过程中彼此存在分工。土地配置既是土地利用的基础，又是土地利用的结果，土地的配置虽然没有直接影响土地的物理或生物过程，但是它通过土地用途的分配而影响土地利用活动。另外，对于土地利用的定义，我们还应当从以下几个方面来认识：

（一）土地利用是一定主体的行为，表现和反映着主体的意志

我们说自然因素决定土地的属性，决定土地利用的方式和程度，土地利用的收益制约土地利用人的行为，但是这些影响是“通过土地利用者传递的，而不是直接、自动地发挥的”[②]。土地利用人的决策建立在他对反馈信息的理解和对形势反应的基础之上，土地利用者不同的个性导致不同的利用行为。这种个性是决定人们心理行为的重要因素，影响人们在有意或无意中作出的选择和决定。其次，土地利用人的目标也是影响土地利用的因素。土地利用的目标是土地利用人所希望或努力达到的收益或结果。土地利用的目标是多方面的，包含实现土地的工具价值（如就业、获得收入）、社会价值（继承传统、得到社会认可和名誉）、表达性价值（展现自身才能）、内在价值（享受自由和乐趣）等[③]。其中获取一个满意的收入水平是基本的目标。在传统的经济学中，土地使用人是经济人的一种，他追求利润最大化。但是

① 毕宝德：《土地经济学》，中国人民大学出版社 1999 年版，第 54 页。

② A.S. 马瑟：《土地利用》，国土局土地利用规划司译，中国财政经济出版社 1991 年版，第 27 页。

③ A.S. 马瑟：《土地利用》，国土局土地利用规划司译，中国财政经济出版社 1991 年版，第 27 页、第 34 页。

由于信息不完整影响他对最优决策的识别，决策人的行为不可能达到完全理想的状态，只能退而求其次。而次优目标的选择因人因地不同，令人满意的利润水平也相应发生变化（如某些地方某些人可接受的利润水平比另外一些人高），这种主观性决定了土地利用的程度。在土地利用人达到一个令其满意的收入水平，满足其基本的需求后，个人偏好也是影响土地利用者行为的一个重要因素。

（二）土地利用是一个历史发展的概念

早期人类主要依赖土地的自然产出来维持生存，土地利用仅限于从土地直接摄取动物和植物的果实。自畜牧和农业社会开始，人们利用土地耕种粮食、在草地上放养牲畜来满足生产生活的需要（土地利用）；为了生产更多的粮食，人们还修建了水利工程，利用灌溉技术，将其进行改造，扩展了土地利用的范围（土地开发）；为了更好地满足需要，往往需要对土地进行整理，以克服原来土地的缺陷（土地整理）；到了现代，随着土地利用方式的变化和现代科学技术的发展，人类摆脱了对土地的依附，从对土地的被动适应演化为对土地的掠夺性开发。人类土地利用活动极大地加快了土地资源的消耗速度，许多土地已退化或极度退化。为了能够长期的利用土地，保证人的基本需要，我们急需对土地进行保护，防止其质量变坏（土地保护）。因此，土地利用不是一个单一的概念，而是包括土地开发、利用、整理和保护四个方面的内容，与人类社会的发展有着密切的关系。

（三）土地利用内涵着主体和客体之间的关系

土地利用中主体和客体的关系是指土地是否存在价值，人应当如何利用土地，人类是否有义务维护土地生态系统的完整和稳定等等。“价值判断是人类所运用进行的精神行为，是主体对客体所作价值评判后所得到（积极的）结果”[①]。在对自然价值的认识上，存在两类不同的观点。人类中心的主观主义价值论认为，自然事物没有任何价值，除非他能用来满足人的需要，“任何客体，无论它是什么，只有它满足了人们的某种兴趣时，才获得价值”[②]。因此，人只对人自身（包括后代）负有道德义务，人类保护自然存在物，只是对人的一种间接义务。生态中心论认为价值是事物的一种属性，人类只能通过体验才能了解事物的价值属性，但是价值并不完全就是人们的体验（因为有些价值没有被我们所体验到，而有些则受到人类偏好的制约），人对所有生命都负有直接的道德义务，道德义务的范围应扩展到整个生态系统。

不同的观念影响着人们的行为。虽然许多人仍然无视土地的价值，但是掠夺式的资源利用方式在满足人类极大物质需要的同时，把人类推向土地危机的边缘，迫使人们审视人类和土地的关系问题，重新认识土地。在这一点上，利奥波德走在了前面。利奥波德在谈到人类与土地的关系问题时提出：“土地是一种共同体的观念，是生态学的基本概念，但是，土地应该被热爱和被尊重却是一种道德观念的延伸。”“我们要从总体上尊重土地，不仅把它当成一个可使用的东西，而且还把它当成一个具有生命的东西。”“土地道德是要把人类在共同体中以征服者的面目出现的角色，变成这个共同体中的平等的一员和公民。它暗含着对每个成员的尊重，也包括对这个共同体本身的尊重。”[③]对人和土地的关系的认识直接影响人们的土地利用方式。因此，单独从土地或者

① 陈新民：《德国公法学理论基础》（上册），山东人民出版社 2001 年版，第 183 页。

② 罗尔斯顿：《环境伦理学》，杨通进译，中国社会科学出版社 2000 年版，前言第 6 页。

③ 奥尔多·利奥波德：《沙乡年鉴》，侯文惠译，吉林人民出版社 1997 年版，第 194 页。

单独从土地利用主体的角度都不能正确反映土地利用的属性，只有从主体和客体的关系中，才能更全面地认识这一概念。

二、土地利用的特点

（一）不同用途的土地性质各异

土地因利用类型的不同而在性质上表现出差异。土地利用类型可以粗略地分为农业用地和建设用地两类。建设用地可以增加单位土地的产出，提高土地的利用效率；农业用地可以供应生活食品和生产的原材料，提供休闲娱乐场所，因而两种类型的土地都不可缺少，彼此之间须保持一定的比例关系。但是农业用地与建设用地的性质有着明显的差异。依靠土地生物生产量的农业用地受到自然因素的制约，土地收益因自然因素而有很大的变化。雨量充足、气候适宜、土质优良的耕地，适合于高等经济作物的生长。随着地理位置的北移，不仅作物受到限制，而且土地的产出愈来愈受到生长季节和气温的影响。一些气候干燥的土地只能用作牧场，还有的土地甚至寸草不生。建设用地没有这种限制，其价值主要由地理位置来决定，只要具有区位优势，土地便能获得较高的产出。由于农业用地性质上的劣势，在农业土地和建设用地之间有一种自然的流转趋势。

（二）土地利用方式的选择受到经济因素的控制

土地功能多样，而每一种对土地利用的方式只是利用了其部分功能，因此同一块土地可以有不同的用途，而同一种土地利用也可以选择不同的土地类型和空间位置。比如说同一块土地可以作为农地，可以建工厂或商场、还可以建成居住区。同一栋建筑物，可以建在平原、可以建在丘陵、也可以建在山地。这其中起着决定作用的是土地的投入和产出。土地利用实质上是将土地作为资本或生产资料获得收益的过程。土地投入的方向和强度，以及土地与劳动、资本的结合都是按照人的意志确定的，其目的就是获取利润。土地利用是土地利用人为了满足自己的利益需要，以自己的土地利用目标利用土地的行为，通过影响土地利用人的收入和成本可以控制土地利用的方式和类型。

（三）主体利用行为干预土地的自然过程

在客观自然界中，物与物的关系表现为物理、生物、化学的关系，他们之间伴随着物质、能量和信息的转移和交换，这是一种随机的或本能的相互作用。在人的实践活动中，虽然物质世界各种自然因素仍然遵循自然界的一般规律彼此之间相互作用，但是在人的介入下，这些关系发生了重大改变。在人的实践过程中，人以自身的活动来引发、修改和控制自然进程，根据特定的需要安排和配置物与物的关系。由于人对物与物之间的关系进行了有目的的选择，所以土地利用的结果也不同于自然转换的结果。也就是说，人通过自己的活动，创造了一个新形态和结构的对象。人同土地进行物质交换，其结果便形成一个在土地本身进化过程中不能产生的对象世界①。这其中，有些人类行为加速土壤侵蚀，降低土地的生产力，有些人类行为改变土地表面状况，导致物种消失和基因丧失，还有些土地由于人类活动的污染和破坏，导致部分生态功能难以恢复。总之，“人类的各种活动，都直接或间接地干预了土地的形成和发展，人类活动的时间虽短，但影响的范围是如此之广，在局部地域的强度上，甚至超过了亿万年积累的自然影响。有的即使在撤销这种影响之后，仍不能恢复原来的状态。”②

（四）私益冲突和公私益矛盾并存

土地是人类必不可少的物质生活来源和休养生息的场所，土

① 苏宏章：《利益论》，沈阳出版社 1991 年版，第 46 页。
② 1999 年《世界自然资源报告》。

地利用首先表现为私益性。土地利用是个体为了满足自身衣、食、住、行需要作用于土地的活动，如果个人不利用土地，个体将无法生存，土地利用的目的是通过人的实践活动使土地服务于人的需要。如人们居住使用的宅基地，农民为维持生计耕种的土地。但是，个人利用土地的行为不能妨碍他人对土地利用，即个人利用土地获取利益不能影响他人利益的实现。随着社会的发展，个人的需要与社会中其他人的需要交织在一起，个人利益的实现受到其他人土地利用行为的影响，土地利用表现出公益性。这种公益性还表现为土地利用人的行为并不是孤立的，他利用土地的行为是整个社会生产的一部分，其土地利用往往影响邻居和整个社区，并且只要其土地利用对维持地区资源基础的生产力、价值或成本有副作用，那么他的活动就会成为集团和公众关注的事情①。因此在土地利用过程中，不仅存在个人和个人利益之间的矛盾冲突，而且存在公益和私益之间的矛盾。

第二节 土地利用与法律

土地利用涉及到个人与个人之间，个人与社会之间的关系，土地利用中不仅存在个人与个人的利益冲突，而且个人利益与公共利益之间存在矛盾。在这种情况下，如果国家不进行引导，如果没有特定的价值理念作依托，土地利用者个人不会自觉地约束自己，公私两方面的关系也不可能自发地处理好。就个人而言，土地不仅是财富的象征，更是其生存所不可缺少的物质来源，离

① 伊利、莫尔豪斯：《土地经济学原理》，滕维藻译，商务印书馆 1982 年版，第 251 页。

开了它，个人将无法生存和发展。而就社会来说，作为社会的一员，个人的行为必须受到限制，个人的生存不能影响到其他人的生存。因此各国都制定了一些法律如城市规划法、土地区划法、环境保护法、土地税收法、房地产法等，对个人的行为进行规制。这些法律的目的在于“把互相冲突的私人利益加以调整并使之调和起来，在于保护公共利益免受漫无限制的唯利是图的影响”[①]。

一、国外土地利用法律制度的历史演变

（一）私法为主调整土地利用矛盾

土地权利的设置是土地私法中重要的组成部分，其目的是为了确立人们在土地利用中的权利义务关系，规范人们的土地利用行为。各国法律在设置土地所有权时，所有权的概念在表述上略有不同。例如[②]《德国民法典》规定，物的所有人，于不违反法律及第三人权利的范围内，得自由处分其土地，并排除他人的干涉；土地所有人的权利“上达青天，下及黄泉”。《法国民法典》规定，所有权为于法令所不禁止的限度内，绝对并无限制地收益并处分其物的权利；土地所有权可以延伸到地上及地下无限制的空间。《瑞士民法典》规定，物的所有人，于法令的限制内，得自由处分其物；土地所有权的行使，在其利益范围内，及于地上及地下。《日本民法典》规定，所有人于法令限制内，有自由使用、收益及处分其所有物的权利；土地所有权于法令限制的范围内，及于土地的上下。从这些规定可以看到，土地所有权强调的是对物的占有。随着社会经济的发展，为了实现“物尽其用”，各国法律除设置所有权外，还在同一块土地上设置地役权、地上

① 伊利、莫尔豪斯：《土地经济学原理》，商务印书馆1982年版，第251页。

② 《德国民法典》第903条；《法国民法典》第552条；《瑞士民法典》第655条；《日本民法典》第207条。

权、抵押权等多项权利，以解决因土地的稀缺引起的利益冲突问题，例如法国民法设置用益权、地上权、地役权、抵押权、土地质权、土地优先权等；德国民法设置地役权、役权、地上权、抵押权等；瑞士民法设置役权和担保物权；日本民法设置地上权、用佃权、地役权、先取特权、不动产质权、抵押权等。与之相对应，英美中使用产权的概念。产权即财产权，完备的产权由占有权、用益权、处分权等一束权利组成。由于一束权利中的一个或几个权利可以由不同的人享有，这样就很好地满足了土地利用人的需要。

法律确认的权利赋予权利人获得利益的法律效力，一定程度上保护权利人的土地利益不受侵害。但是在权利行使，特别是在相邻土地的权利行使过程中仍然会发生冲突，因此罗马时期就开始利用相邻关系对所有权进行限制，如《十二表法》规定，土地所有人耕作土地或于土地上建筑房屋时，须沿界置留一定空间。罗马法之后，在个人主义思潮的影响下，土地权利人一般可以自由行使权利，基本上没有受到什么限制。到了现代，所有权从一个绝对的权利转变为一个相对的权利，法律确立禁止权利滥用的原则，强调所有权负有社会义务，个人权利的行使不能损害他人或社会利益。这一原则最初在 1855 年 5 月 2 日法国科尔坞法院针对“专为遮蔽邻舍阳光而修筑之烟囱”一案做出的判决中得到肯定，判决认为“所有权……与其他权利同，其行使应以满足适用之利益为范围，如以恶意或敌意所为之行为，对权利人无利益可言，而徒加害于他人时，因有违道德与衡平原则，实不能为法院裁判所允许”[①]。1896 年德国将对所有权滥用的禁止性规定写

① 转引自汪渊智：《论禁止权利滥用原则》，载《法学研究》1995 年第 6 期。

入宪法。随后，大陆法系的许多国家纷纷予以效仿[①]。与之相应，英美法系国家则以妨害法限制财产权，调整土地利用的冲突和纠纷。“此种限制有些颇为自然地源出于一个地主对另一个地主之间的关系，或一个人财产对另一个人财产之间的关系。一个地主享有天然权利使其土地不受邻人开掘工作的损害，可以倒过来说，他自己的自由也不免受到限制。同样，如果他的土地沿着一条水道，那么他有权要求上游的地主不使得流到他那里的水受到不合理的污染或污染量方面的减少。更广泛地说，在不成文法里有一项有关骚扰的理论，要求每一个业主避免在自己的土地上进行不合理的侵扰附近土地使用或享受的活动（例如烟油、气味或嘈杂声）。这一切表现出一种在逻辑上无可避免而且属于典型自由派的规范，它正是为了维护自由才限制自由。”[②]

（二）公法为主解决土地利用问题

在罗马时期土地利用法律制度中，除了私法规范调整土地利用关系外，还有一些公法性质的规范控制土地利用，如罗马法对建筑场地的限制和为了公共利益需要对私有财产征收的规定，只是公法规范在土地利用法律制度中所占的比重很小。随后的几个世纪，各国也制定了一些公法规范，如英国在伊丽莎白一世统治时期对伦敦扩展的限制，美国早期的立法中处理如建筑物高度这

① 1907年的《瑞士民法典》也规定“权利之显然滥用，不受法律保护”；1922年的《苏俄民法典》第一条规定“私权除违反社会经济目的而行使外受法律保护”；《日本民法典》规定“私权应遵从公共福祉”，“权利之行使与义务之履行，应依信义，诚实地为之”，“权利之滥用不许之”；《台湾民法典》第148条规定“权利之行使，不得以损害他人为主要目的”，第184条第款规定“故意以背于善良风俗之方法加损害于他人者，负损害赔偿责任”，第219条规定“行使债权，履行债务，应依诚实及信用方法”等规定。汪渊智：《论禁止权利滥用原则》，载《法学研究》1995年第6期；王明远：《相邻关系制度的调整与环境侵权的救济》，载《法学研究》1999年第3期。

② 哈罗德·伯曼：《美国法律讲话》，三联书店1988年版，第184页。

样的特定问题，数量也不多。到了19、20世纪，当土地利用的冲突不再限于局部区域，成为一种普遍的社会问题时，才出现了大量的调整土地利用关系的公法规范，包括土地规划法、空气污染法、水污染防治法、噪声管制法、建筑基准法等等，来共同解决土地利用问题。

公法解决土地利用问题的突出表现是土地利用规划或计划的运用。英国是第一个建立城市规划制度的国家，其城市规划立法的成就与当时英国工业经济的发展和科技进步密切相关。由于工业革命带来了城市的发展，英国很快成为一个城市化的国家。但是城市化引起一系列的城市问题和社会问题，如工业污染、人口密度过大、卫生条件低劣、瘟疫流行等。虽然英国制定了《公共卫生法》(1875年）和《住宅改善法》(1890年)，规定了标准的给排水系统、居住面积和街道宽度，但是这些法律仅仅侧重于对局部住宅区和住宅环境的治理，不能解决城市扩张问题。当时的城市扩张大量侵吞农业用地，严重影响到政府一贯的粮食自给政策，同时城市又无法提供足够住房给大量涌入城市的农民，致使各种社会问题突出。在这种情况下，1909年的《城市规划法》提出控制城市居民区的土地开发，要求地方当局编制城市规划计划。自此，英国的城市规划正式成为官方的一项工作内容。

英国的城市规划经历了三个发展阶段。第一阶段出现在第一次世界大战后。除了农业区的保护依旧是城市的中心问题外，由于大量私人小轿车的出现，交通也成为大城市的主要问题。为适应战后经济发展需要，区域规划迅速发展起来，其内容主要涉及区域范围内道路网交通规划、居住区布点规划、工业区和商业区及大片空地和绿地布置。第二次世界大战后是城市规划发展的第二个阶段。战后重建使城市规划空前繁荣，其工作的重点是再开发城市中的大片被战争破坏的土地和城市内不能再用的土地，并于1947年制定《城镇规划法》明确了土地开发中的补偿和赔偿政策。20世纪60年代，通过旧城重建规划、新镇开发规划、大伦敦规划和农业区的规划等工作，土地开发的基本格局已经形成，英国的城市规划进入了第三阶段——土地管理阶段。由于城市规划直接提供各行各业的生产和开发用地，进而影响就业和经济发展，这个阶段城市规划明显受到社会经济发展的影响，不得不考虑国家和地方经济社会发展的需要，土地规划法逐渐成为一项综合性的法律，其内容包括城市规划立法、规划古建筑和保护区法、规划危险物质法和规划（立法规则）法等。[①]现在的英国土地规划分为四个层次：国家级、地区级、郡级、区级。其中国家级规划是规划政策指南，提出全国性的土地利用方针政策。地区规划则是区域规划指南，它包括本地区大致的建筑规模和主要交通干线分布，以协调区域土地利用情况。郡级规划也叫结构规划，主要提出本郡土地利用的方针政策及发展的框架结构，并制定有各类用地指标和粗略的规划图，对区域规划有一定的约束作用。区级规划即地方规划，是一种详细的实施规划，是对结构规划的具体化，有详细的指标和精确的规划图，是规划许可的依据。

与英国早期的专项规划不同，美国现代的土地利用法一开始就是一部综合分区法。在这之前，城市化进程加快和城市人口快速增长，导致城市中心地价不断攀升和城市中心高层建筑增多，影响了居民生活，不少城市在土地利用管理上进行了尝试，也积累了一些经验。1916年，纽约首先正式制定以土地和建筑物的综合开发调控为主要内容的区划条例。区划的方法是划定城市工业区、商业区、居住区，将土地用途进行分类分级，并规定建筑

① 英国1990年《城市规划法》。

物密度、用途、容积率、空地面积等指标，避免不同用途的土地混杂造成的矛盾，同时获得土地最为经济的利用。1926 年，区划运动已扩展到美国 420 个城市和地区。于是联邦政府公布了《区化标准授权法案》，通过授权确立地方区划的合法性，同时对地方区划行为予以规范。这一法案规定分区的主要目的有五个方面的内容：一是制定符合土地特性的用途，保护地产价值；二是分离工业、居住等地区，从而隔离污染、噪音等公害的发生源，保护环境；三是控制建筑物的用途和容积率，防止人口过度集中、混杂和交通拥挤；四是划定防火、防灾地区，用以防止各种灾害的发生；五是控制建筑率，保障日照和通风等①。可见，美国的土地利用区划是一个综合性的土地利用控制。自区划条例颁布之后，“政府对土地的控制工作已从参与调停城市土地利用之间的矛盾转移到控制经济和人口的增长上，还涉及保护和改善环境质量、保护空地、基本农业用地和关键性自然区”②。现在美国的土地利用规划分为两个层次：州土地利用规划和地方土地利用规划。州土地利用规划本身不具有法律效力，是一种政策性的指导文件。它主要是制定政策目标，要求地方政府贯彻实施。地方政府制定的规划包括土地使用计划、公共设施建设方案及城市增长管理政策方案等。地方政府在制定土地利用规划时，必须考虑州政府的土地利用要求，否则，它将被州级法院宣布无效，也会失去州政府的财政援助。

与英美类似，一些国家和地区也相继采用立法的形式，以土地利用计划和分区制度来控制土地的利用，以解决土地利用中的

① Daniel R Mandelker（1988），*Land Use Law* ，Second edition，The Michie Company，p. 107.

② A. S. 马瑟：《土地利用》，国土局土地利用规划司译，中国财政经济出版社 1991 年版，第 78 页。

矛盾。不过在一定时期，因土地资源的分布不同，不同国家的土地利用法律制度的侧重点各不相同。例如，法国根据政府的经济发展和投资计划、城市和农村的战略发展计划、农业保护区规划和自然保护区规划制定长期战略开发规划，提出城市地区和农村地区以及城市周围地区的其他专业区的发展政策、计划安排、基础设施布局、地区发展预留地划分等要求，在此基础上制定详细的土地利用分区规划控制土地利用和房屋建设。日本国土面积小而人口众多，日本的土地利用法的重点是在保护山林面积的情况下，严格控制住宅、公共设施、道路的建设，扩大农地规模，1974 年日本在制定《国土计划法》后，形成了由国土综合开发规划、国土利用规划、土地利用基本规划和城市规划等构成的规划体系，并实行开发许可证制度，控制城市无序扩张占用耕地的问题。与日本类似，韩国的规划体系是由国土建设综合规划、国土利用规划、土地利用基本规划、土地利用施行规划、城市规划组成，并于 20 世纪 70 年代依照《国土利用管理法》划定地域，开始土地用途管制；我国台湾在 1974 年也分别依照《都市计划法》和《区域计划法》，划定土地使用区域，实行严格管制。

公法解决土地利用问题的另外一个重要方面是保护土地资源。早在 20 世纪 30 年代，美国就致力于推行土壤保护政策。1934 年颁布的《泰勒放牧法》明确提出限制过度放牧，防止土壤流失。1936 年通过的《土壤保护和国内配额法》，将农作物分为“耗地”和“养地”两种，采取经济补贴的方法，鼓励种植“养地”作物，将土壤保护与农业保护政策结合起来。1977 年，政府通过了《土壤和水资源保护法》进一步提出了土壤和水资源的保护问题。1978 年的《森林和牧地可更新资源法》提出在综合利用和持续产出的基础上，考虑环境和经济的影响，对全国公有和私有的森林牧场可提供的可更新资源制定规划。随着水土流失现象的加剧，1985 年政府在《食品保障法》中再次提出了“土壤保护计划”，对土壤严重侵蚀的土地采取了一系列的措施。

日本在土地保护方面也有严格的法律规定。20 世纪 50 年代后和 60 年代初，为了解决水和大气的二次污染造成的公害问题，制定了《关于公用水域的水质保全的法律》(1958)、《关于工厂排水等限制的法律》(1959)、《煤烟控制法》(1962)。为了全面推进公害对策，1967 年颁布了《公害对策基本法》，明确了公害的内容及各有关方面的责任，提出了防治公害的基本对策和措施。1970 年的《农用地土壤污染防治法》，规定了法定的有害物质、土壤污染的对策区域的划定和对策、排水标准的拟定及农田污染的调查和测量。除此之外，日本还制定了《农药管理法》、《肥料管理法》、《自然环境保全法》、《矿业法》、《土地改良法》等法律，加强各方面的环境管理。

其他一些国家也有类似的规定。例如，匈牙利 1977 年修改后的《农业用地保护法》规定保护土壤是每个土地使用者的义务。土地使用者有责任以他可以利用的一切手段保护土壤和提高土质。1977 年的保加利亚《耕地和牧场保护法》规定经营牧场和耕地的公民有义务保护其免遭侵蚀和其他破坏。并对违反规定，毁坏或损害保护耕地牧场的设施、不实施防止土壤侵蚀的农业技术、使用无许可证的化学农药和肥料或不按规定方法使用有许可证的化学农药和肥料进行处罚。1965 年的巴西《森林法》规定对国家已有的森林和对土地有益的其他形式植被，按照法律的规定，限制行使所有权。1955 年的肯尼亚《农业法令》规定针对特定地区制定土地保护方案和土地使用管理办法以解决水土流失和毁林问题。1970 年的赞比亚《自然资源法》就有关自然资源保护规划的制定、恢复自然资源的措施、水土流失的预防和水污染的控制作了专门的规定。

有必要说明的是，各国的土地利用公法规范都大致经历了一个重要的变化：即早期各国土地利用法主要是致力于发挥各自资源优势，提高土地利用率，而到了20世纪80年代各国逐步改变了土地利用规划和环境保护法规各自分开调整土地利用关系的局面，更多地将土地利用与可持续发展联系起来。①

二、我国土地利用的法律制度体系

土地利用作为人们满足需要的行为和过程，不仅受到个人认识能力、年龄、教育、品格等因素的制约，而且还受到政治制度、经济因素、文化观念的影响，任何个人的土地利用行为都不能脱离社会而存在，任何个人的土地利用行为都不能无视他人的利益。当土地利用人认识到既不能滥用自己的权利侵犯别人的权利，极端的自由只会走到自身利益的反面时，建立土地利用体系的基础就存在了。正是在此基础之上，一系列规则和制度逐渐产生。这些在土地利用过程中调整土地利用者关系的一系列原则、规则和规范，就是土地利用的法律制度体系。土地利用法律制度体系是有关土地利用的各种规则和制度的总体，是一个调整土地利用中人们相互关系的法律规范的综合体系。在这个体系中，个人之间、个人与群体之间、群体与国家之间保持一定的行为界限，各自在不同层面以不同的方式遵循一定的行为规则。

（一）土地利用的基本原则

1. 土地所有权与使用权相分离的原则

土地的所有权与使用权分离是指土地所有权中的使用权能与土地所有权相分离而形成一项独立的民事权利，土地所有权和使用权分别由不同的主体享有。我国实行的是土地的公有制，即全

① 在1992年泰国的青莱和1993年加拿大的莱斯布瑞的国际会议上相继提出了土地利用与可持续发展的问题，1993年联合国粮农组织发布《可持续土地利用管理评价大纲》。

民所有制和劳动群众集体所有制，土地所有权形式只有国家土地所有权和集体土地所有权。在改革开放之前，国有土地使用者所利用的土地是完成国家计划所必需的生产条件，对所利用的土地不享有权利，土地使用没有期限，无须承担土地使用费和租金，土地不能有偿出让、转让、出租和抵押。由于所有权和使用权没有分离，一方面土地供应者盲目供地，土地配置不合理，另一方面用地者认识不到土地的价值，缺乏节约用地的积极性，土地低效利用、闲置的现象大量存在。在经济体制改革之后，随着用地需求扩张，无偿无期限的土地使用更加速了耕地流失，而且形成的土地隐形市场扰乱了土地市场秩序。针对这一问题，1988 年我国对宪法和土地管理法进行了修改，建立了国有土地有偿使用制度，确认土地使用权可以有偿出让和转让，实现了所有权和使用权的分离，使土地使用权成为一个相对独立的财产权。

所有权与使用权相分离并不是我国所特有的一种现象。在许多西方国家，政府及其各种机构是目前最大的土地所有者，大片国有土地出租或租借给私人放牧或从事农业生产活动，“同私有土地一样，国有土地也包括多种所有权和使用权形式”①。土地所有权和使用权分离的目的是在保留所有权的前提下，满足个体对土地利用需求的同时实现土地所有者的利益。所有权和使用权分离的关键问题是如何规范土地使用权的出让行为，能更好地实现使用者的利益，同时对所有者的利益不构成侵害。

土地所有权和使用权分离的原则在我国的土地利用法律制度中主要体现在以下几个方面：

（1）国有土地的所有权由国务院代表国家行使。国有土地所有权的主体是国家，代表的是全民的利益，国务院是国家土地所

① A. S. 马瑟：《土地利用》，国土局土地利用规划司译，中国财政经济出版社 1991 年版，第 93 页。

有权的唯一代表。[①]在具体的管理上，由国务院土地行政主管部门统一负责全国的土地管理和监督工作，县级以上地方人民政府土地行政主管部门的设置和职责，由省、自治区、直辖市人民政府根据国务院的有关规定确定。依据1998年《土地管理法》的规定，作为地方政府的职能部门，地方土地行政主管部门依据地方政府授权行使土地管理者的权力。2004年4月21日国务院公布《国务院关于做好省级以下国土资源管理体制改革有关问题的通知》后，省级以下政府不再享有土地审批权，省级政府及各级土地行政管理部门行使土地管理者的权力。

（2）国有土地使用实行双轨制。国家在保留土地所有权的前提下，可以将一些用于或可以用于经营活动的土地使用权通过拍卖、招标、协议等方式在一定期限内出让给用地者，用地者向国家缴纳一定的土地使用出让金。出让后的土地使用权可以转让、出租和抵押。一些用于非经营活动的土地使用权则可以采取划拨的方式无偿提供给用地者使用。划拨的土地使用权不能转让、出租、抵押。出让土地使用权和划拨用地使用权之间的最大区别是，出让土地使用权是一个独立的财产权，而划拨土地使用权则不是。如果划拨土地使用权需要转让，则必须通过“先出让，后入市”的方式，在补交土地使用出让金后才能进入市场。

（3）农村集体土地所有权受到限制。农村和城市郊区的土地，除由法律规定属于国家所有的以外，属于集体所有。理论上，集体土地的所有权与国有土地的所有权一样享有独立、平等的地位，但是我国集体土地所有权的买卖、赠与、互易和以土地所有权作为投资，均属于非法，因此集体土地所有权的处分受到限制，集体所有的土地只限于通过征用、准征用和兼并的方式转

---

① 王卫国：《中国土地权利研究》，中国政法大学出版社1997年版，第85页。

变为国家所有。[1]

(4) 农村土地使用权制度。农村实行土地承包经营并没有改变集体土地所有权的性质，只是农用土地由集体共同使用转变为农户承包经营，农民以其社员身份取得农地的使用权，农民享有的农地使用权可以流转。农村的土地依法用于非农业建设的，依法取得建设用地使用权，农村建设用地的使用权不能转让。[2]

2. 保护耕地的原则

所谓耕地，是指人们在开发利用土地过程中所形成的一种具有特殊用途（种植农作物）的土地。《辞海》将耕地解释为“经过开垦用以种植农作物并经常耕耘的土地，包括种植农作物的土地、休闲地、新开荒地和抛荒未满三年的土地”。耕地保护的原因在于，农业在整个国家的经济中占有非常重要的地位，必须保证有足够的耕地来生产所需的产品。农业的比较利益低，同时还受到自然条件的限制，在与工业的竞争中处于劣势。但是农业不可缺少，是其他产业所无法替代的。一些比较大的国家尤其重视农业，它们需要有农业提供丰富的食品来养活自己的人口，满足国内多品种的农产品需求。如果依赖进口满足国内的农产品需求，将会非常被动。

保护耕地，对于我国的意义尤为重要。我国人口众多，人均占有的耕地面积只相当于加拿大的1/17，美国的1/8，前苏联的1/7，世界人均耕地面积的1/3。在这很少的土地上解决十几亿

① 江平主编：《中国土地立法研究》，中国政法大学出版社1999年版，第237页。

② 我国现行《土地管理法》规定，“国家对建设用地实行征用制度”，“任何单位和个人进行建设，需要使用土地的，必须依法申请使用国有土地”。依此规定，农村建设用地只能通过国家征用的方式进行，农村建设用地不能流转。目前一些地方如广东省，出台了农村建设用地土地使用权流转的管理办法，是对现有法律、法规突破。

人口的吃饭问题，显然不是一件容易的事。近些年来，随着经济的高速发展，工矿业发展，交通、水利等基础建设，城市化进程的加快，越来越多的耕地转变为建设用地。城市的“房地产热”和“开发区热”，农村的建房热以及乡镇企业的发展等，占用的大部分土地也是耕地。这些都使耕地保护的问题更加严重。据统计，1996 年，我国共有耕地 19.5 亿亩，到 2002 年底，减少为 18.89 亿亩，平均每年减少 1000 余万亩。如果不能有效控制占用耕地的行为，恐怕今后不仅仅是十几亿人吃饭成问题，更会危及国家安全。

耕地保护不仅是耕地数量的保护，而且还包括耕地质量的保护。目前我国耕地数量大幅度减少，而且耕地分布由中原和东部平原区继续向西北和西南边远的高原和丘陵地区转移，耕地质量从总体上发生了很大变化，不仅中低产田比重大（占耕地总面积的 78%左右），而且土壤普遍存在退化现象。我国土地利用法建立用途管制制度、耕地总量动态平衡制度、耕地占补平衡制度、基本农田保护制度的目的主要是保障耕地的数量，对耕地质量的保护主要是通过要求土地利用人承担一些保护耕地的义务，如禁止破坏耕地种植条件；防止因土地开发造成土地沙化、盐渍化、水土流失；防止土壤污染，合理施肥来实现。

3. 经济使用的原则

土地是稀缺的，土地的有限供给不能满足人们日益增长的需要，因此土地必须得到有效的利用，使得在有限的土地上能够生产出能最大限度满足人们多种需要的物质产品。

土地的经济使用，首先是按照比例利用可供利用的资源来达到最好的效果。对于每一个土地利用者来说，可能为了获取最高的利润而尽可能生产最大数量的产品，而对于一个国家来说，一种产品的最大生产并不是一种最好的生产，“我们所需要的不是一种尽可能大的财富生产，而是一种平衡的生产——既不太多也不太少的煤、小麦、房屋、或者任何其他一种商品和劳务。换句话说，当商品的供给和对他们的需求均衡时，或者当生产和消费得到调整的时候，就出现平衡的生产”。“土地的经济使用意味着，把一切在经济上可供应用的土地按照比例相称地使用到它的各项用途中去，使一切需求都能得到最适当的满足”①。土地利用不能在某一个部门、某一个行业集中，而应当在各个部门和各个方面平衡分配，使土地的生产与消费达到平衡，同时又能最大限度地满足人们对各种产品的需要。当然，要想达到一个完全平衡的生产体系是不太能的，因为人口的数量和需求在不断的变化，同时市场还存在许多不可预测的因素，我们只能在安排土地利用类型时逐步地趋向平衡。

其次，使有限的土地产生最大的效益。具体来说，第一，每一块土地用于最好的用途。在其他因素不变的情况下，某一块土地可适合于多种用途时，要尽可能地选择土地利用效果最好的那一种。第二，人与地最有效的结合。土地是稀缺的，在不同的人手中，土地利用效益是不同的，这主要是因为土地利用受到土地利用者个人因素的影响和制约，因此土地应当与具有最好才能的土地利用者结合起来，使每一块土地能发挥最大的效益。第三，土地利用规模应当控制在一定限度内。对于农业土地来说，在一定面积的土地上，集中投入较多的生产资料，使用先进的技术，可以在一定面积的土地上获得较大的产出。而在技术不变的情况下对土地投入超过一定的限度，就会出现报酬递减的结果。农业土地利用应当在规模限度以内取得最大的效益。对于城市土地来说，城市土地需要考虑区位优势、空间布局和环境容量，因此城

① 伊利、莫尔豪斯：《土地经济学原理》，腾维藻译，商务印书馆 1982 年版，第 47 页。

市土地需要在合理的布局和环境容量下追求最高的规模效益。第四，调整消费使其适应土地最适宜生产的东西。土地是有限的，必须以有限的土地满足人们基本的物质生活的需要，因此土地利用应当以满足大多数人的生活需要为主要目的，对于一些不良或奢侈的消费应当实行有效的控制，而不应当仅仅以税收作为衡量土地利益的标准。第五，加强闲散地的利用。随着土地价格的不断上升，为了防止土地的投机行为，提高土地的利用率，应当对空闲地进行强制性的使用。

4. 持续利用的原则

早在 20 世纪 70 年代，人们就提出资源永续利用的思想。应当说土地资源的可持续利用思想的萌芽早于“可持续发展”一词，只不过 1987 年《我们共同的未来》报告中的可持续发展概念明确了资源保护的目标。1988 年联合国粮农组织（FAO）提出：“可持续发展就是管理和保护自然资源基础以及调整技术和机构变化的方向，以确保获得与持续满足目前及今后世世代代人的需要。”在此基础上，1993 年联合国粮农组织颁布的《可持续土地利用管理评价大纲》将土地及其有关的自然、经济和社会各方面的因素结合起来，综合分析土地利用的可持续性，将这一目标更加具体化：[①] 一是生产性，土地利用方式有利于保持和提高土地的生产能力，包括农业和非农业的土地生产力以及环境美学方面的效益；二是安全性，有利于降低生产风险的水平，使土地产出稳定；三是保护性，保护自然资源的潜力和防止土壤与水质的退化，即在土地利用过程中必须保护土壤和水资源的质与量，以公平地给予下一代；四是可行性，如果某土地利用方式在当地是可行的，那么这种土地利用一定有经济效益，否则不可能存在

① An International Framework for Evaluating Sustainable Land Management, *World Soil Resources Report* 73, FAO. FESLM, 1993.

下去；五是可接受性，如果某种土地利用方式不能为社会所接受，那么，这种土地利用方式必然失败。

土地利用的可持续性目标主要是对微观土地利用活动提出的要求。原因很简单。当土地向着效益较高的用途转变，或者土地污染和破坏发生后，再想恢复几乎是不可能的。最好的方法是在这种不可逆转性问题发生之前进行控制（而不是在问题发生之时或之后），及时预见可能发生的变化，预见可能出现的问题，选择利用的形式和方式，维持和改善土地质量，将利用和保护结合起来，避免出现问题后再采取措施去补救。因此，土地资源的开发利用必须以可持续性的方式进行，只有将利用和保护结合起来，才能保证有效的利用、可持续性的利用。

土地的可持续利用其实还应当包含另外一层含义，即确保有限的土地持续地满足人们的需求。土地具有两重性。一方面土地是人类社会生产活动的物质基础，人们需要开发土地获取物质和能量，另一方面土地是人类赖以生存的生态环境，没有土地，人类就会失去生存的条件和栖息场所。如果土地在生产活动中受到污染和破坏，也就等于人类的生产或生活条件受到破坏。因此，宏观上，我们必须在土地的生产功能和生态功能之间合理划分，既保证土地产出满足人的物质需要，同时又能使余下未开发的土地维持生态功能，不至于因为土地的过度开发导致整个生态系统的毁灭。

5. 政府干预土地利用的原则

“政府干预土地利用活动的一个根本原因是个人效用与社会效用存在差异”。[①] 土地和其他的商品一样，可以进行买卖，但是土地又不同于其他的商品。土地不仅是人类所共有的资源，需

① A. S. 马瑟：《土地利用》，国土局土地利用规划司译，中国财政经济出版社1991年版，第67页。

要满足不断增长的人口对食品和生活空间的需要，而且土地是一个生态系统，维系着整个人类的生存。一个人的土地利用活动不仅是社会生产的一个部分，而且个人的土地利用行为会对其他人以致社会产生影响。但是对土地利用人个人来说，利润是其追求的主要目标，只要土地利用能最大限度地产生利润，就是最佳的土地利用，至于是否可能对周围的人以致社会产生不利影响，甚至可能危害人类生存的生态系统，不在他所考虑的范围之内。因此随着工业发展和城市化进程的加快，许多国家的政府不再放任土地利用者的行为，加强了管理，"政府对土地利用管理影响程度的巨变反映了人们的观点和态度日益变化。和几十年以前相比，社会日益广泛地承认和接受了政府的参与。在土地的私有权和公共利益间正在建立一种新的平衡，这反映了土地只是一种商品或私有财产形式的观念正向土地也是具有公共利益的自然资源的观念转变，对于后一种观念，私有土地所有者已无法继续视而不见。"①

政府除了直接经营土地之外，常运用行政手段、经济手段和法律手段，直接或间接影响土地利用人的活动，控制土地利用因受土地权利人意志支配所可能造成的不利影响。尽管各个国家对土地利用进行干预的方式或多或少都有些差异，但是大致来说包括以下两种主要的类型：

一是对土地权利进行限制。对权利的限制包括对土地权利主体的限制和权利范围的限制。在早期政府对土地权利的限制主要集中于限制权利主体，随着社会经济的发展，许多国家趋向于限制权利的范围，要求土地权利人承担一定的义务，如果土地利用人违反了义务，则要追究土地权利人一定的法律责任。

① A.S. 马瑟：《土地利用》，国土局土地利用规划司译，中国财政经济出版社1991年版，第99页。

二是对某些土地利用活动采取支持政策。土地利用者以追求最大利润作为目标，不同的土地利用方式获得的收益是不一样的。由于农业和林业的利润率低，许多国家为了保障食品供应，稳定生产，保护农民和其他土地利用者的利益，对农业和林业采取了鼓励和支持的政策。

我国虽然是实行的土地公有制，但是很大一部分土地仍然由个人或企业直接来经营，为了防止土地经营者为实现自己的最大化利益而对其他人或社会造成危害，政府对这些土地的利用也要严格的管理。

（二）土地利用的法律制度

土地利用法律制度是对土地利用全过程实施管理的制度，我国的土地利用法律制度是以土地利用总体规划为基础，土地用途管制为核心，通过用地许可实现公私益一致的法律制度体系。

土地利用总体规划是根据社会经济发展的需要和土地的自然条件，对国家或某一区域土地资源的开发、利用、整理和保护等活动在时间和空间上作出的总体安排。土地规划的必要性在于：土地的质量存在差异，而且位置不可移动，在一块土地上开发又存在报酬递减规律的限制，因此满足人们需要的土地总是稀缺；如果土地利用类型已经从低收益向高收益转移或变更，要想恢复成低收益的耕地或林地非常困难，甚至无法恢复，因此我们需要对区域内的土地利用现状和土地资源的潜力进行分析，对土地利用的成本和效益做一个合理的评估，并结合土地利用发展变化的趋势，确定土地利用的目标，对土地利用做出有计划的安排，以解决土地供求矛盾。我国土地利用总体规划分为五个层次：全国的土地利用总体规划主要确定全国土地利用的基本方针和各省、市土地利用的方向和结构，提出实现规划的政策和措施；省级的土地利用总体规划根据全国土地利用总体规划的要求，结合本省的特点，确定本省（直辖市）的土地利用方向和结构；市、县及乡镇的土地利用规划要根据上一级的土地利用规划总体规划的要求，结合本地特点，确定本地区的土地利用结构和方向，划分一定的土地利用区域。各层次的土地利用总体规划由各级人民政府负责，下级的土地利用规划依据上级的土地利用总体规划来确定，上级的土地利用总体规划依据下级和各用地部门提供的土地利用的基础数据制定，因此土地利用总体规划往往需要经过上下级之间、各用地部门之间多次协商，直至最后达成一个确定的方案。土地利用总体规划是控制土地利用规模的一个重要手段。土地利用总体规划一旦制定，必须得到执行。

土地利用总体规划是关于土地利用的长期计划，要保障土地利用规划的贯彻落实，必须将土地利用规划目标分解到一定时间和年度进行调节，这就是土地利用计划的内容。土地利用计划分为土地利用中期计划和土地利用年度计划。土地利用中期计划是一段时间内土地利用的计划安排，是土地利用规划的阶段性实施计划。土地利用年度计划是依据土地利用中期计划对一年内可利用的土地做出的具体安排。主管部门通过确定用地计划中的用地指标，可以协调各类用地的数量，控制建设用地数量和规模。用地者向主管部门提出的申请得到批准后便可获得某一地块的土地使用权。不过土地使用权的取得，只是让土地利用人获得土地使用的权利，土地权利人从事开发利用活动还必须得到用地许可。用地许可可以保证土地利用者从事开发建设活动时，不超越土地利用总体规划和土地利用计划中建设用地指标的限度，达到既实现个人利益，又能与公共利益的要求保持一致的目的。

土地利用计划中可利用的土地包括新增的建设用地和旧城改造的存量土地。在城市外延扩张的初期，为了供给土地满足经济建设要求，新增建设用地在土地利用计划占有相当大的比例。最初对新增建设用地占用耕地的管理实行的是分级限额审批制度，国务院、省级人民政府、地（市）级人民政府、县（市）级人民政府都具有耕地占用审批权，不同级别的审批主体享有不同限额的耕地占用审批权。随着工业化和城镇化的发展步伐加快，耕地快速减少的问题日益严峻，国家不得不加强了对占用耕地行为的控制。但是土地的控制权实际上掌握在地方政府的手中，在审批限额内，本地区的用地可以本地区批，而超出审批限额的土地，地方政府可以采取化整为零的办法批，这样耕地被占用的比例仍然呈逐年递增的趋势。1998 年我国从基本国情出发，土地立法中将土地管理的重心转移到耕地保护上来，在管理方式上也实现了从分级限额审批制度向土地用途管制的转变，土地用途管制成为我国土地利用法律制度体系的核心，贯穿于《土地管理法》整个的法律条文中。土地用途管制的内容包括两个方面：一方面，根据土地利用总体规划中关于农用地、建设用地、未利用地的划分，严格限制农用地转为建设用地，控制建设用地的总量，对耕地实行特殊保护；另一方面，土地用途管制对土地利用人的行为进行管制，要求土地利用人遵守许可证中有关土地用途的规定，要求权利人严格按照许可证上所标明的范围、密度、容积和期限等进行土地的开发和利用，并对有违法行为或不履行义务的相对人追究法律责任。

（三）土地利用的法律规范

法律规范是土地利用法律制度中的重要部分，没有法律规范，土地利用的秩序将难以形成。土地法律规范可依据不同的标准进行划分，可以分为实体的法律规范和程序性的法律规范，也可以分为综合性法律规范和单行的法律规范，还可以分为授权性的法律规范和义务性的法律规范等。土地利用中存在不同的关系，相应地，需要运用不同的法律规范来调整。土地利用法律规范大致可分为以下几个层次。

1. 宪法规范

宪法是国家的根本大法，是一切法律规范的基础。我国宪法确立了土地的公有制和土地使用权两项基本的制度。《宪法》第10条规定："城市的土地属于国家所有，农村和城市郊区的土地，除由法律规定属于国家所有的以外，属于集体所有；宅基地和自留地、自留山，也属于集体所有。国家为了公共利益的需要，可以依照法律规定对土地实行征用。任何组织或者个人不得侵占、买卖、或者以其他形式非法转让土地。土地使用权可以依照法律规定转让。"宪法中有关土地权属和开发利用的规定，是土地行政法律规范、土地民事法律规范及其他相关的法律规范的依据。

2. 土地行政法律规范

土地管理的行政法律规范，是指调整因土地行政权的行使而在行政机关与公民、法人和其他组织之间产生的行政关系的一类法律规范。土地行政法律规范主要包括土地行政主体规范、土地行政行为规范、土地行政救济规范等。土地行政主体规范主要是有关土地行政管理体制的一些规定，土地行政行为规范主要体现在地籍管理、耕地保护、建设用地管理等的有关规定。如地籍管理中土地权属登记，耕地保护中耕地占补平衡、基本农田保护、水土保持、用途管制等。建设用地管理中建设用地使用管理、用途转用审批、建设用地出让和转让的管理，闲置土地的管理、乡镇建设用地的管理等。

3. 土地民事法律规范

土地利用的民事法律规范，是指调整平等主体之间土地利用关系的一类法律规范。土地民事法律规范主要包括民法中不动产权利的法律规范和土地管理法中土地物权的法律规范。土地是一种重要的不动产，《民法通则》（1986）中最重要的内容是有关财产权的范围、取得、变更和行使的法律规范，这些为土地使用权的取得和转让奠定了基础。虽然土地管理法中许多是行政法律规范，但是其中有一部分有关土地物权的法律规范，如土地公有制、土地的两种所有权、土地使用权的取得、土地使用权可以依法转让、土地所有权和使用权的保护、土地所有权和使用权争议的处理等，这些规范是对《民法通则》的一个重要补充。土地利用的民事法律规范确定了土地利用权利取得、土地利用享有的民事权利和民事义务，为解决民事纠纷提供了法律依据。

4. 相关的法律规范

主要是指涉及土地利用的其他规范，这些相关规范主要有：（1）经济法律规范。经济法律规范是指调整因国家对土地利用经济活动的管理所产生的社会经济关系的法律规范。主要包括国家对经济行为宏观调控的规范，如财政法律规范、税收法律规范、价格法律规范等。（2）刑事法律规范。为了适应土地法制的需要，扭转耕地大量流失的局面，新刑法增设了“非法转让、倒卖土地使用权罪”、“非法占用耕地罪”、“非法批准征用、占用土地罪”和“非法低价出让国有土地使用权罪”四个条款，包括了管地、用地和流转三个方面，加大了打击土地违法行为力度，为合理开发利用土地，特别是保护耕地提供了强有力的法律武器。（3）诉讼法律规范。土地诉讼法律规范是有关土地利用进行诉讼的程序法律规范，是利用诉讼解决有关土地利用纠纷的法律依据，主要包括《行政诉讼法》（1989）和《民事诉讼法》（1991）的有关规定。这些法律规范与土地管理的行政法律规范、土地民事法律规范一起共同地调整土地利用中的各种关系。

第三节　土地利用中利益调整的法律困境

土地利用法律制度的目的是调整土地利用中的利益矛盾和利益冲突，使各种土地利益达到一种均衡的状态。但是由于土地利用法律制度中存在的问题，致使土地利用中的利益矛盾不能得到有效解决。

一、价值目标选择的分歧

价值定义为在人的选择和公共行动中一再显露出来的强烈偏好[①]，而“得到基本价值良好支持的制度，支持着社会的凝聚力并激励人们在制度框架内行动”[②]。“如果一个社会的基本价值得到坚定而一贯的公认，且如果必要，会得到坚决的维护，它们就构成了该社会的制度支柱，并由此而增加社会有序化的可能性。”[③] 也就是说，对制度的认可和执行完全依赖于社会所主张的价值观念，依赖于制度是否以一个共同体共有的基本价值为基础和准则。在土地利用法律制度中，这种基本价值就是公平和效率。

同一块土地有不同的利用主体，同一个利用主体可以利用不同类型的土地。由于土地供给的稀缺性，不同的主体之间产生了利益冲突。这种利益冲突从表面上看似乎是因为争夺满足人们利

① 柯武刚、史漫飞：《制度经济学——社会秩序和公共政策》，韩朝华译，商务印书馆2000年版，第38页。

② 柯武刚、史漫飞：《制度经济学——社会秩序和公共政策》，韩朝华译，商务印书馆2000年版，第38页。

③ 柯武刚、史漫飞：《制度经济学——社会秩序和公共政策》，韩朝华译，商务印书馆2000年版，第89页。

益需要的对象（土地产出）而产生，人们也常常为了获得某种能够满足自身需要的具体对象而彼此之间发生冲突。但是，正如马克思曾经指出的那样："照最浅薄的理解，分配表现为产品的分配，因此它离开生产很远，似乎对生产是独立的。但是，在分配是产品的分配之前，它是（1）生产工具的分配，（2）社会成员在各类生产之间的分配（个人从属于一定的生产关系）——这是同一关系的进一步规定。这种分配包含在生产过程本身中并且决定生产的结构，产品的分配显然只是这种分配的结果。"① 人们在土地利用中所能获得的实际利益的多寡并不仅仅是直接获得的产品的多少，更为重要的是在土地生产和分配体系中所占地位的优劣，因为这些产品是在一定的生产过程中并通过一定的分配方式才为人们所享用的，一个人所能获得的利益在产品分配之前已经由人们在社会生产和分配体制中所占的地位预先决定，产品分配只是人在社会生产体系和分配体系中所占地位的物质结果。因此人们在土地利用中的利益问题就涉及到公平和效率的问题。

那么，什么是公平呢？在公平的概念上，人们没有一个统一的认识。公平受社会历史条件的限制，受到个人的偏好、期待及价值观的影响。恩格斯在《论住宅问题》中指出，公平是法权本身最抽象的表现，"在法学家和盲目相信他们的人们眼中，法的发展就只不过是使获得法的表现的人类生活状态一再接近于公平理想，即接近于永恒公平。而这个公平则始终只是现存经济关系的或者反映其保守方面、或者反映其革命方面的观念化的神圣化的表现。希腊人和罗马人的公平认为奴隶制度是公平的；1789年资产者的公平要求废除封建制度，因为据说它不公平。在普鲁士的容克看来，甚至可怜的行政区域条例也是对永恒公平的破

① 《马克思恩格斯选集》（第二卷），人民出版社 1995 年版，第 14 页。

坏。所以，关于永恒公平的观念不仅因时因地而变，甚至也因人而异，这种东西正如米尔柏格正确说过的那样，'一个人有一个人的理解'。在日常生活中，需要加以判断的各种情况很简单，公正、不公正、公平、法理感这一类说法甚至应用于社会事物也不致引起什么误会，可是在经济关系方面的科学研究中，如我们所看到的，这些说法却会造成一种不可救药的混乱，就好像在现代化学中试图保留燃素说的术语会引起混乱一样”①。不过，在一定历史时期公平具有客观性，存在一个普遍价值观念支配的基本评判标准，其内容包括“对同样环境中的人一视同仁，并且，应使约束以同样的标准使用于所有人，不问其阶级和身份”。这种程序上的公正是与在法律面前人人平等联系在一起的。这种公正要求不分种族、宗教、贫富或亲疏地保护同等的基本权利。它总是与“消极自由权”即免受非必要的、不平等的管束相连，而与“积极自由权”无关。即在凭自己的资源进行竞争并获得平等待遇上，人人都享有同样的权利。但它绝不意味着人人都同样的幸运或在竞争中都获得同样的结果。②可是我们现在不仅在获取土地的开发利用权问题上无法实现公平，在开发土地获取收益的问题上也不能获得同等待遇。这种情况在农地生产者和非农地生产者之间表现的非常明显。一般来说，土地利用人以土地收益为转移，从事农业生产和生态建设的土地权利人获得的收益比非农产业的收益低，他们将土地转用于可以带来更高利润的土地利用类型是一种内在的利益需要。但是政府为了保证农业生产，基于行政权对其进行了限制，这种限制使享有私人土地产权的人受到经济损失，因此从事农业生产和非农业生产的人们在利用土地获取

① 《马克思恩格斯选集》(第三卷)，人民出版社 1995 年版，第 211～212 页。

② 柯武刚、史漫飞：《制度经济学——社会秩序和公共政策》，韩朝华译，商务印书馆 2000 年版，第 89 页。

收益时并不是公平的。相应地，这影响了农民在保护耕地上的积极性。土地利用人是否保护土地资源，取决于保护土地资源所取得的收益。如果放弃保护措施所获得的收益超过保护的收益，那么土地利用人可能会追求个人利益的最大化，采取不利于社会的土地利用行为。

根据公共财产的私有化模式，有效解决公共土地问题的方式是将公共资源分割开来，以私人对独立财产的使用权替代对资源的共同使用，使个人不再有扩大资源使用的机会，而是致力于开发利用分给自己的那一份资源。这种权利的分割体现了效率的追求。[①]权利意味着土地利用人可以占有土地、利用土地获取收益，满足其利益需要。一项没有或不能带来收益的权利不能算做真正意义上的权利，马克思主义创始人曾将仅仅强调意志性而忽略或否认收益性的权利斥之为法律幻想。[②]由于土地产权制度划清了不同权利主体的利益界区，为个人不断努力提供一种持续的激励。因此产权的明确可以提高权利人利用资源的效率。但是土地权利如何分配，分配的标准是什么，公共财产模式并没有给出解决问题的答案。在土地稀缺不能满足每个人多样化利益的条件下，法律需要在复杂多样的利益中选择，通过权利设定确认需要保护的利益，赋予权利主体在法律上特定的资格。

通常学者们考虑最多的是按市场价格出让土地，再由市场调节需求。但是深入的研究之后，我们就会发现，这种市场调节只是同一种土地利用类型内的调整方式，事实上在市场调节之前，政府的土地利用分区和土地供应计划中就已经在农业用地和建设用地之间，工业、商业和居住用地之间作出了安排。但是分配的

① 詹姆斯·布坎南：《财产与自由》，中国社会科学出版社2002年版，第7页。

② 田培炎、蒋兆康：《论权利与效率——一种法律经济学观点》，载《法学研究》1992年第6期。

标准是什么，不仅学者们之间存在争议，政府部门之间的意见也不能统一，在农业土地向城市建设用地转变的问题上尤其如此。有的认为农地向城市流转是一种社会进步的表现，城市土地特有的区位条件、便捷的交通网络和较发达的基础设施，极大地提高了土地的利用率，并且城市扩张并不一定对全国农地供给产生严重的威胁，即使是某些地方情况较为严重，但每年城市用地的扩张对解决人地矛盾是必须的。有的部门则认为城市扩张剥夺了国家的优质农地，迫使开发质量等级偏低的后备农地；另外，城市蔓延对较为脆弱的环境、生态系统冲击很大，对自然景观也造成极大的损坏。虽然争论仍在继续，但是农业土地仍然是城市土地潜在的来源，“当距离远比高地价的支付更便于对付时，城市的边缘就继续推进到更远的农业地区去。”① 农业土地是城市的粮食和原料来源，城市人口越多，这种依赖性表现得越明显。但是我们不能单纯追求公平、在配置农业用地和城市建设用地时平均分配。城市建设用地土地利用效率高，要解决更多人的生存问题，必须要有一定数量的土地用于能产生较大效益的产业生产。那么，建设用地要有多大规模，耕地保护的限度是什么，在安排各种用地类型时遵循什么原则，我国现有的法律制度中似乎并没有给出一个答案，以至于实践中土地利用结构不合理的情况非常普遍。

在生产力相对低下的时期，人们利用土地获取的利益是有限的，上一代利益的增加，不仅不会减少后代人利益，而且在某种程度上为后代人在土地中获取更多的利益奠定了基础。到了现代，人类从土地中获取利益的速度超过了利益对象（土地）的自我更新和自我恢复的速度时，当代人的利益与后代人利益在土地

---

① 伊利、莫尔豪斯：《土地经济学原理》，滕维藻译，商务印书馆 1982 年版，第 75 页。

利用中的矛盾显现出来。

如果说代内公平是人类始终在追求的目标的话，那么代际公平的提出则是对人类过去，尤其是近几十年的经济增长而发生的大量变化所作出的反应。“这种变化或许是耗尽已知的或易于获得的自然资源存量，或许是日益增多的生产和消费活动所积累起来的、难以消除的遗留物——污水、垃圾和拥挤。”① 人们对环保的需求不再停留在对安全的渴求，而是对当代人不考虑后代人的做法感到不安，提倡保护后代人的利益和权利。因为将一个破坏的环境留给后代，让后代生活在一个趋于崩溃的自然系统，剥夺他们发展的自由，无论从道义上还是从情理上，都不能算公平。

但是传统的道德观并不完全支持当代人对后代人负有道义责任的论点。一些功利主义者认为当代人可以为后代创造巨大的物质财富，可让他们过上一个非常“富足”的生活，后代的他或她并没有受到不公正的对待，因此现代人对后代没有义务。可持续发展道德观对功利主义道德观进行了修正，但仍然停留在对人类利益的关注。在关于环境争论中，还有另外一种观点——生态中心论。他们将生态系统理解为一种共同体，人只是这个共同体的一个成员；人对其所属的共同体负有直接的道德义务。因此对人类的关切和人类的价值不应当是全部人类活动的尺度，生态系统的利益应放在与人类利益同等、甚至更高的位置。人类的需求应当与动物、植物及物质世界其他要素的需求平衡，在对环境的损害是不可逆的时候，应当甚至在受怀疑的有害行为与环境效应之间的联系尚未得到科学证明的时候，采取一切预防措施。

然而，“规定某种建立在当前的这一套或者那一套伦理基础

① 柯武刚、史漫飞：《制度经济学——社会秩序和公共政策》，韩朝华译，商务印书馆1999年版，第103页。

上的道德义务将会是比较容易的。但是任何伦理体系都免不了要受到批评。任何伦理的解决方案都是某种个人印象的结果，这种个人印象对于唤起直觉而言是非常适合的，但并非出自于某种严格的论证。现代意识要求对它所面对的社会问题做出一个建立在对现实进行理性观察基础之上的明确解答”[①]。公平观念的争论使人们在对土地资源保护概念的理解和行动计划上出现了分歧。在现代汉语中，保护的含义是指合理利用自然资源。英语中却有不同的理解，与之对应的有 Preservation（保存）、Conservaition（保育）、Pretection（保护），这些词在意义上存在一定的差别。保存含有留待将来使用的意思；Conservation（保育）比 Preservation（保存）层次高一些，如《世界自然资源保护（Conservation）大纲》[②] 认为“保育”（Conservation）的定义是“安排人类对生物圈的合理使用，使目前这一代人得到最大的持久性利益，并保持它的潜力，以满足后代的需要。所以保护是积极的、有控制的保存、维持，持久性利用、恢复和改善自然环境”；而保护意味着“挽救某物使之避免损害、衰退，并不是因为任何真正、潜在的用途，而是因为某种被认识的内在价值”[③]，保护土地意味着防止土地受到损害、衰退和流失。具体到法律制度上，资源保护和自然保护的效果是不同的。资源一般定义为在当前和可预见未来的经济技术条件下，能作为人类生产和生活所用的一切资料。资源保护以人类为中心，总是关心人类从资源中所能获得的收益和满足；同时又或多或少地关心人类的未来、继承人的利

---

① 莱昂·狄骥：《公法的变迁》，郑戈、冷静译，辽海出版社/春风文艺出版社1999年版，第47页。

② 国际资源和自然保护联合会（IUCN）、联合国环境署（UNEP）、世界野生生物基金会（WWF）编制。

③ A.S. 马瑟：《土地利用》，国土局土地利用规划司译，中国财政经济出版社1991年版，第191页。

益和后代的福利。它强调节约利用资源和避免资源的浪费，在此意义上说，资源保护是一种"保存"。而自然保护则更多地强调自然的内在价值，倾向于维持自然界的原貌，使之不受到人类行为的影响。这种概念的分歧也反映到土地资源的保护中。两者的真正差别在于人类在开发利用土地资源时是注重对土地物质属性的保护，还是为了土地的非功利主义价值而保护。

二、我国当前土地利用法律制度存在的缺陷

传统的冲突理论从两个方面探讨了利益冲突的根源，一些学者认为利益冲突源于人性本身，人类的自私自利的本性决定了人们利益冲突的必然性，还有的学者将利益冲突的原因归结为利益对象（土地）供给不足，由于利益对象有限供给不能满足人们的需求导致人们利益的冲突。历史唯物主义的观点认为，利益冲突根源于制度安排的缺陷，是人们在实现自身利益过程中所依赖的社会制度本身的缺陷造成的。①

在谈到土地利用法律制度时，许多人可能自然而然地会想到有法不依、执法不严的问题。的确，土地利用中存在有法不依、执法不严的问题，但更主要的原因是法律制度供给不足的问题。法律制度供给不足，不只是立法数量不足造成制度功能的单调，还在于立法质量不足表现出的制度可行性差。下面以农地制度为例进行分析。

---

① 恩格斯指出："每一个人的利益、福利和幸福同其他人的福利有不可分割的联系，这一事实却是一个显而易见的不言而喻的真理，虽然我们大家都应该承认，没有自己的伙伴我们就寸步难行，应该承认仅仅是利益把我们大家联系起来，但是我们却以我们的行动来践踏这一真理，我们把我们的社会安排得好像我们的利益不但不能一致，而且还是直接对立。"马克思指出："一切历史冲突都根源于生产力和交往形式之间的矛盾。"《马克思恩格斯全集》（第二卷），人民出版社 1957 年版，第 605 页；《马克思恩格斯选集》（第一卷），人民出版社 1995 年版，第 115 页。转引自张玉堂：《利益论——关于利益冲突与协调问题的研究》，武汉大学出版社 2001 年版，第 61～71 页。

（一）制度功能的单调

任何制度安排都不可能处于一种静止不变的状态，当个体在现有制度安排的收益小于成本，或制度安排的成本比过去更高时，都会产生制度变迁的需求。在某种程度上说，制度的变迁是当事人根据收益最大化或成本最小化原则作出的选择。但是制度变迁的需求不一定导致新的制度安排的产生。因为新的制度安排需要一定的制度环境，“即使制度变迁的预期收益大于预期成本，如果新的制度安排超过制度环境所允许的边界，那么新的制度安排就难以出现”①。当强制性制度供给不能满足制度需求时，制度供给不足的现象就会出现。

农地产权制度是一项重要的法律制度安排。在产权经济学中，产权是“一个人或其他人受益受损的权利”，产权制度就是“界定人们如何受益及如何受损，因而谁必须向谁提供补偿以使他修正人们所采取的行动”②。产权表面上是人对物的关系，但是在土地权利要求和分割的背后是人们的利益动机和利益追求，因此产权实质上反映了由于物的利用而引起的各产权主体之间的关系。“明确的产权为权利人降低成本增加收益提供了最直接的，也是唯一的利益驱动。”③我国的承包经营权就是这样一种产权安排。应该说家庭承包制一开始使农民获得了土地的部分权益，激发了农民的积极性和创造性，得到了人们的拥护和政府的认同，但是随着经济的进一步发展，单一的家庭承包制的缺陷逐步呈现出来。

---

① 卢现祥：《西方制度经济学》，中国发展出版社 1996 年版，第 108 页。

② R. 科斯、A. 阿尔钦、D. 诺斯等著：《财产权利与制度变迁》，上海三联书店 1994 年版，第 97 页。

③ 田培炎、蒋兆康：《论权利与效率——一种法律经济学观点》，载《法学研究》1992 年第 6 期。

均田承包是家庭承包制的基本形态，它采取“公平”的办法，将土地按人口或劳动力平均分配到户，农户独立承担土地经营的整个过程，集体只提供不同程度的管理和服务。“一个在家庭责任制下的劳动者劳动激励最高，这不仅是因为他获得了他努力的边际报酬率的全部份额，而且还因为它节约了监督费用。”①但是这种激励没有发挥持久的作用，主要表现在：“一是农户对承包土地使用的期限预期不足，对预期净收益的顾虑不能形成有效的农业投入和积累机制，影响土地产出效益；二是土地使用权属不充分，无法在更大范围内实现土地的流转，影响资源配置效率。”②这其中的原因在于，家庭承包制首先考虑的是人人均分土地的公平原则，“社区内倘若不存在人口增减带来土地重新调整的压力，尤其假若市场经济足够发达，城乡开通的屏障完全消失，农民能够顺利地进入城镇和比较稳定地从事农外产业。那么，均田承包产生的制度预期不足和土地利用效率问题是不难解决的”③。当农民在家庭承包责任制环境下追求利益受到限制时，就出现了制度供给的要求，但是这种制度供给的要求不能得到满足。首先，农地对于农民来说不仅是一种生产经营方式和生活方式，而且还是自身生存和发展的保障。从这个意义上说，家庭承包制的安排主要发挥着社会保障的功能，其激励的功能只是在短期内发挥作用，随着人口增减的变化，承包关系的不断调整，农民的承包经营权始终处于不稳定的状态，产权的激励功能就难以继续发挥作用。其次，农业剩余劳动力是影响农业生产率的一个

① 林毅夫：《制度、技术与中国农业发展》，上海三联书店1992年版，第55页。

② 张宏宇：《中国农村的土地制度变迁》，中国农业出版社2002年版，第81页。

③ 张宏宇：《中国农村的土地制度变迁》，中国农业出版社2002年版，第81页。

重要因素。在产出数量一定的情况下，农业人口越多，生产率越低，农业生产效益越低下，农民收入增长越缓慢。劳动力的转移是伴随工业化的推进而发生、发展的。一方面农业在国民经济中的主导地位下降，农村出现了大量的剩余劳动力，农业剩余劳动力自发地向工业大量转移。另一方面非农业的发展和城市的扩张，创造了大量的就业机会，形成了对劳动力的需求。但是，当工业的发展难以吸收过多的剩余劳动力时，为了维持城市的稳定，只能通过严格的城乡分离的户籍制度限制农村人口的迁移，通过二元的经济和社会结构迫使大量的农业剩余劳动力滞留在有限的土地上，降低了农村单位劳动所产生的收益。再次，随着农业现代化水平的提高，农业生产的规模需要适度扩大，向一些最有才能的人手中积聚。但是由于农民无法从土地上转移出去，致使我国大部分地区土地流动的范围小，土地细碎化的问题得不到解决，获得土地的农户无法实现规模经营及经济效益的提高。另外，家庭承包制使农民家庭独立地承担收益和成本，这时收入成为决定农户土地经营行为的一个最重要的因素，只要非农投入的边际产出大于农业投入的边际产出，农户的生产必然向非农产业转移，单纯地控制产权的处分，只能形成抛荒、撂荒的局面。可见，产权激励作用的发挥还有赖于配套的制度来共同实施，单一的家庭承包责任制难以满足农民利益要求。

总之，土地利用法律制度应当是一个功能齐全、内容完备的法律制度体。如果应当立法的各个方面都制定了相应的法律，应当调整的法律行为和法律事项都已经被法律制度规定得清楚明白，这样的法律制度调整才是有效的。[①]如果法律制度的规定不能满足立法、执法、守法、法律监督各个环节与整体协同的实际

① 卓泽渊：《法治国家论》，中国方正出版社 2001 年版，第 139 页。

需要，致使无法可依，有法难依，就会出现法律制度供给不足的问题。

（二）制度的可行性差

制度系统可能由内在规则、外在规则或者内在规则和外在规则的混合组成。内在规则由于是在人类长期的实践中演化而来，因此受到的抵制较少，执行的效果比外在规则好得多。外在规则由政府通过外部的强制力实施，监督和执行成本会限制效果的发挥。如果没有形成自发性的服从，“政府靠强制在任何时候最多只能执行全部法律规范的3%～7%”[①]。因此从这个意义上说，农地产权安排的制度变迁是由政府作出或农民作出是有区别的。

两田制是将农地区分为口粮田和责任田的一种土地承包方式。在这种制度安排下，口粮田按人口平均分配，满足农户的基本生活要求，提供社会保障。责任田按人、按劳或招标承包，主要解决收入、就业等功能。这一制度是为了克服家庭承包制土地产出效益不足的问题，对均田制进行的修正。早期两田制在社区决策者和农户双向选择的基础上，实行两田分离，在土地的生产经营中引入竞争机制，同时土地生产有了一定程度专业化的规模经营，克服了均田承包的效率损失，表现出明显的绩效。但是到了后期不少社区为了获得更多的承包金以及可供支配的土地，强行将农民的承包田集中起来，除划给农民一部分口粮田外，将其余的土地全部高价招标或出租，使农民失去大部分土地的使用权，使制度偏离了原来的方向。

如果说两田制还具某种诱致性制度变迁的特征的话，规模经营制度安排则更多地表现出强制性制度变迁的特征。所谓规模经

① 柯武刚、史漫飞：《制度经济学——社会秩序和公共政策》，韩朝华译，商务印书馆1999年版，第167页。

营，是指把承包给农户家庭的集体土地，采取农户经营、大户经营或集体经营的方式，形成相对较大的土地经营规模。规模经营的制度安排是由地方政府决策的，其目的是解决耕地减少问题，稳定粮食生产，避免耕地撂荒。但是规模经营在实践中暴露出一些问题。以江苏和浙江的规模经营为例，主要问题表现在："规模经营推进过程中出现了强迫命令，违背了农民意愿；其二是规模经营常伴随土地的大调整，影响了农户土地的稳定；其三是规模经营后，土地'农转非'的交易成本尽管相对较低，但侵犯了农民的利益；其四是从事规模经营的土地承包期限很短，影响了承包农户预期和对土地的投入；其五是规模经营生产效率不高，社区对规模经营的大量补贴，实际上是以牺牲小农的利益补贴大农；……"① 为了使规模经营的制度安排表现出一些好的绩效来，一些地区对其进行了修正，采用"反承包"、"异地承包"、股份合作制、反租倒包等形式。但是对最近几年大量的"反租倒包"制度失效的案例分析表明，在许多情况下，"反租倒包"主要是企业和社区集体经济组织，甚至是企业与某些社区决策者个人单一行为的结果，而并非是在社区全体或大部分农民同意的前提下签约的。农民利益没有得到满足，以致造成了农村社会的不稳定。一些地方政府明确表示，实施规模经营一要讲条件，二要尊重农民意愿，应当只是在少数二三产业比较发达，大部分劳动力转向非农产业并有稳定收入的地方，可以从实际出发，尊重农民的意愿，对承包土地作必要的调整，实行适度的规模经营。②

与此相比较，"四荒"使用权拍卖制度来自于农民的选择，

① 张宏宇：《中国农村的土地制度变迁》，中国农业出版社 2002 年版，第 90 页。

② 张宏宇：《中国农村的土地制度变迁》，中国农业出版社 2002 年版，第 90 页。

是一种典型的需求诱致性制度变迁。所谓“四荒”使用权拍卖是指，“四荒”所有权权属不变，拍卖其使用权，谁购买、谁治理、谁受益，使用期限50～100年，使用权可转让、可入股、可出租、可抵押。“四荒”使用权的拍卖实质上是家庭承包责任制的继续和发展，所不同的是“四荒”使用权的客体不同，一方面这些非耕地资源不必承担社会保障的责任，无须不断地调整产权；另一方面生产投入更多、产出的滞后期长，需要有足够期限保证使用权人收回投资，因而产权稳定，满足了农民的利益要求，表现出明显的制度绩效。

土地利用法律制度是否可行，首先要看其是否代表大多数人的利益，反映他们的要求。“一套法律制度只有达到了下面这种程度的要求，才是切实的——即创设并认可那些满足一个既存社会中的人们在某个特定时刻的需要的规则。法律制度就是满足人们上述需要的产物；如果事实并非如此，或者说这套法律制度并不满足这些需要，那么它就是某个立法者或法学家人为建构出来的产物，因此也不具有效率和强制力。”①土地利用法律制度只有满足人们的基本需求，才能使制度得到拥护，这样的制度才易于落实、便于执行。反过来说，土地利用法律制度只有实施得力，才能有效实现土地利用法律制度的目标，树立制度的权威，增强人们的制度意识，调动人们执行法律制度的积极性。

---

① 莱昂·狄骥：《公法的变迁》，郑戈、冷静译，辽海出版社/春风文艺出版社1999年版，第35页。

小 结

土地利用是人类将主观需要和客观对象——土地相结合的过程。广义上的土地利用不仅包括土地的分配，而且包括人们直接与土地进行物质和能量交换的过程。土地利用不是一个单一的概念，包含土地开发、利用、整理和保护四个方面的内容，土地利用是一定主体的行为，表现和反映着主体的意志，内涵着主体对土地价值的认识，进而影响土地利用的结果。由于人们在土地利用中不仅存在个人利益和个人利益之间的矛盾，而且存在个人利益与公共利益之间的冲突，因此需要利用法律制度规范人们的土地利用行为，合理调整土地利用中的利益关系。

对土地利用中的利益关系进行调整的法律规范主要分为两大类：公法和私法，公法和私法互相配合，共同调整土地利用中的利益关系，并形成一个土地利用的法律制度体系。在早期，解决土地利用矛盾时私法所占的比例较大，随着土地开发利用活动的增加和影响范围的扩大，公法解决土地利用问题发挥的作用更大。我国现有的土地利用法律制度体系具有自身的特点，原则上主要表现为土地所有权与使用权分离、耕地保护、可持续利用、经济使用和国家干预等等；在制度上则形成一个以土地利用总体规划为基础、以土地用途管制为核心，通过用地许可实现公私益一致的法律制度体系；在规范上体现为宪法规范、行政法律规范、民事法律规范等多种规范相结合。

我国在建立土地利用法律制度体系的过程中存在两个方面的问题：一个是法律制度价值选择的问题，另一个问题是制度安排上的问题。制度的建立需要以一个共同体共有的基本价值作为基础和准则，这样的制度在执行时才能得到社会的认可和配合。由于对公平和效率的认识存在分歧，所以我国土地利用法律制度在选择这些基本法律价值时陷入一种混乱的境地。历史唯物主义的观点认为，利益冲突根源于制度安排的缺陷，是人们在实现自身利益过程中所依赖的社会制度本身的缺陷造成的。从耕地保护的例子可以看到我国当前的土地利用法律制度表现出制度功能单调、制度可行性差等问题。

第二章　土地利用中的利益及其调整

第一节　概　述

一、利益的概念

对于利益的概念，古往今来的思想家、理论家在不同的领域、从不同的角度进行了阐述，其中真正把利益问题提到社会生活首要位置的是18世纪的法国唯物主义者爱尔维修。他认为利益是社会生活中唯一的、普遍起作用的因素，利益推动人类物质生产活动，决定着社会生活的一切领域，包括人的思想、感情、道德、政治和文化艺术等。他还用利益去解释社会不同集团、不同阶级、不同阶层的矛盾和冲突的原因。从此，利益的重要性得到人们的认识。

继爱尔维修之后，英国古典经济学家亚当·斯密从经济学的角度对利益进行了研究。他最早运用“经济人”假设并在此基础上建立了他的分工和交换的学说。他认为“经济人”是最大自我利益的追求者，由于每个人在追求自己的私利时又不得不考虑他人的私利，因此他们倾向于互通有无，物物交换。不过物物交易只是他们进行社会分工的结果，而社会分工才是满足人类利益需要的基本条件。无论是在原始氏族公社的自然分工中，还是在现代的社会分工中，劳动虽然以特定的形式固定在特定的个人身上，成为人们谋取利益、满足个人多样化利益需要的手段，但是"人类几乎随时随地都需要同胞的协助，要想仅仅依赖他人的恩惠，那是一定不行的。如果能够刺激他们的利己心，使有利于他，并告诉他们，为他做事，是对他们自己有利的，他要达到的目的就容易得多了"，"我们每天所需的食物和饮料，不是出自屠户、酿酒家或烙面师的恩惠，而是出于他们自利的打算。我们不说唤起他们利他心的话，说唤起他们利己心的话。我们不说自己有需要，而说对他们有利"①。可见，亚当·斯密实际上将利益看做人类的经济活动的内在动力，在利益的推动下，人们通过劳动的分工和产品的交换来满足自身的需要，比爱尔维修简单地从抽象人性基础分析利益问题更前进了一步。

在利益的问题上，行为科学吸收了心理学的成果，即当人产生某种需要而又未得到满足时，会产生一种紧张不安的心理状态，在遇到能够满足需要的目标时，这种紧张不安的心理活动就转化为思想动机，在思想动机的引发下，进行满足需要的活动。② 因此可以认为人的需要引起动机，动机支配行动。不过行为科学并没有在此停留，而是试图从更深的层次来认识利益问题，进一步探讨了人的需要与动物的个体生理需要不同，认为人的需要是一种社会需要，人的需要不仅具有自然的属性，而且具有社会性。其原因主要在于人的劳动是谋生的手段和需要的源

① 亚当·斯密：《国民财富的性质和原因研究（上）》，商务印书馆 1979 年版，第 14～16 页。

② 王伟光、郭宝平：《社会利益论》，人民出版社 1988 年版，第 119 页。

泉，而人是社会中的一员。在社会中，劳动之间存在分工，单个的人不可能独自满足自己的需要，必须同其他的人合作或者交换，他们彼此之间形成一定的经济关系。这样“经过经济关系过滤和渗透，经过经济关系的编织，人的需要不是单个的个体需要，而成为相互联系、相互矛盾、相互冲突的社会需要”。对此，普列汉诺夫作精辟的论述。在他看来，人的需要“首先是一种生理需要。但是人们为了满足生理的需要，必须生产某些物品，而这种生产的进步又使另一种需要发生，这些需要和原有的那些需要同样实际，不过它们的性质不再是生理的了，他们是经济的，因为这些需要是生产发展所引起的后果，是人们在生产进步中必须进入的相互联系所引起的后果”①。换句话说也就是，人的需要首先要受到生产资料占有形式的制约，然后经过分配、交换，才能与人的欲求发生关系，这样一来人的需要就成为一种相互联系、相互矛盾的社会需要，人的需要就转化为利益。行为科学从社会的角度来界定利益，认为利益是一定生产关系中人的需要的社会形式。

相比之下，哲学对利益的理解更接近法学的概念。哲学家们从利益的主体和客体两个方面来进行研究。法国启蒙思想家霍尔巴赫可以说是较早给利益下定义的人。他提出：“利益是人们行为的唯一动力”，他认为“所谓利益，就是每一个人根据自己的性情和思想使自身的幸福观与之联系起来的东西；换句话说，利益其实就是我们每一个人认为对自己幸福来说是必要的东西”②。他将利益看成是满足人需要的东西，代表客观说。这种观点在德

① 《普列汉诺夫哲学著作选》(第二卷)，上海三联书店1961年版，第129～130页。

② 霍尔巴赫：《自然的体系》，商务印书馆1964年版，第271页。

国公法学界得到普遍的共识。[①] 而庞德则持一种主观说，他认为利益“是人类个别地或在集团社会中谋求得到满足的一种欲望或要求”，[②] 是人对客观事物的一种主观需要。马克思主义哲学将利益的主体和客体联系起来，指出利益不是主体或客体相互独立的实体范畴，而是一个主客体的关系范畴。它表示主体的存在和发展的要求，在与客体的结合中得到肯定，或者说客体以自己的属性满足了主体的需要，肯定了主体的发展，是主体及客体间的关系。[③] 在主体和客体的关系中，人得以表现自己发展自己。“人们奋斗所争取的一切，都同他们的利益有关”，正是人们的自身利益的要求，又有满足人们利益要求的对象，两者结合起来才形成利益。在本书中，笔者倾向于主观说和主客观结合的观点，即利益是人们的一种客观需要，是客观事物对主体需要的肯定。

二、土地利用中的利益

作为主体的个人、群体在使土地满足其需要的过程中，都会形成一定的利益，土地中的利益反映了土地对主体的存在和发展的肯定性关系，是主体需要与满足主体需要的土地在主体的土地利用行为下的统一。具体地说，土地中的利益至少应当包含以下几个方面的要素：

1. 主体

土地利用中利益的主体指享受利益的人，包括个人、群体。利益是一定主体的利益，主体是利益的享受者和实现者。任何利益都是主体的利益，没有主体就不存在利益。

---

① 陈新民：《德国公法学基础理论》上册，山东人民出版社 2001 年版，第 182 页。

② 庞德：《通过法律的社会控制·法律的任务》，商务印书馆 1984 年版，第 81 页。

③ 《马克思恩格斯全集》（第三卷），人民出版社 1960 年版，第 31 页。

2. 主体的需要

人的需要是不依人的意志转移的客观要求，反映了人对自然的依存关系。人最基本的需要是生存的需要。马克思恩格斯在对人类的需要进行过深入的研究后指出："人们为了能够'创造历史'，必须能够生活。但是为了生活，首先就需要衣、食、住以及其他东西。人类的第一个历史活动就是生产满足这些需要的资料，即生产物质生活本身。"由于生存对人类来说是首要的，而生存就必须摄取物质，完成人作为生物体的新陈代谢及其他生命过程，所以人的需要是客观存在的，是人类与自然关系的必然结果，不是一个主观臆想的产物。如果人类不依赖物质来进行生命的活动，自然就不存在需要。另外，人的需要不是固定不变的，马克思就认为已经得到满足的第一个需要本身，满足需要的活动和已经获得的为满足需要用的工具又引起新的需要。[①]需要是同满足需要的手段一同发展的，而且是依靠这些手段发展的。随着劳动生产力的提高，人的需要在内容和层次上都得到扩展，人不再仅限于满足自身生存的要求，不仅对物质需求层次更高，而且还有精神的需要和追求。

3. 土地资源：主体需要的客观对象

人生存和发展的需要是客观存在的，而满足需要的生产离不开物质对象本身，因而提供这些物质对象的土地资源就成为主体需要的内容和对象。土地资源之所以构成人类需要的对象，就在于它不仅是人类栖息的场所和生活资料的来源，而且它具有满足人们精神、文化、情感、宗教等需要的功能属性。这些属性满足了人们的多种多样的需求结构。

4. 人的活动：主体需要与客观对象的结合形成利益

马克思指出，人们决不是首先"处在这种对外界物的理论关

① 《马克思恩格斯全集》(第三卷)，人民出版社1960年版，第32页。

系中”。……而是积极地活动，通过活动来取得一定的外界物，从而满足自己的需要。[①] 人的土地利用活动就是将主体需要和客观对象结合的过程，在这个过程中，土地提供人们所需要的物质或服务，使利益得以实现。“没有主体的这种活动，前三种要素处在互相分散的静止状态，是利益的静止因素，这只是利益存在的可能状态。只有通过主体的活动，才能使这三者结合起来，构成利益的现实状态。”[②]

主体、客观对象、主体需要和客观对象结合是利益产生的要素，随着人类生产力的发展，利益进一步发展并分裂为公益和私益。私益是与公益相对而言的概念，公益和私益的分裂并不是在人类社会刚一出现就存在，而是随着人类生产力的发展而形成。原始社会的生产力水平很低，人们主要依靠自然的产出，所获得的产品仅仅只能维持生存。这个时候个人的需要与集体的生存紧紧地联系在一起，人们的利益在根本上是一致的。到了原始社会后期，随着生产力的发展，人们之间出现了利益差别，包括因个人生理的差异而形成的部落内部男女之间的利益差别；因地域的自然条件不同而形成的部落和部落之间的利益差别。不过，真正造成利益差别的重要因素是生产力发展后劳动的分工。劳动分工造成生产资料占有的差异，进一步影响生活资料的种类和数量上的差异，同一氏族内部的财产差别把利益一致变为氏族成员之间的利益差别。[③] 而在畜牧业和农业、农业和手工业、商业和其他产业之间进行的三次大的分工，进一步造成城市和乡村、脑力和

① 《马克思恩格斯全集》（第四十二卷），人民出版社 1979 年版，第 123～126 页。

② 黄建武：《法的实现：法的一种社会学分析》，中国人民大学出版社 1997 年版，第 56 页。

③ 《马克思恩格斯选集》（第四卷），人民出版社 1995 年版，第 165～169 页。

体力劳动、工业和农业差别，使利益差别扩展到社会的每一个角落。马克思认为随着分工的发展也产生了个人利益或单个家庭利益与所有互相交往的人们的共同利益之间的矛盾，即个人利益与社会利益分裂。①

三、土地利用法律关系归根到底是一种利益关系

法律关系是一种社会关系，而社会关系的实质是一种利益关系，因此法律关系归根到底是一种利益关系。作为法律关系中的一种特殊类型，土地利用法律关系也是一种利益关系。

马克思认为“社会——不管其形式如何——究竟是什么呢?是人们交互作用的产物”，②每个人在进行物质生产的过程中彼此之间产生了一定的联系，形成各种各样的关系。这种在物质基础上结成各种关系的人们的总体构成了人类社会。人们在物质资料的生产过程中结成各种各样的关系就是社会关系。马克思认为社会关系的含义是许多人的合作，他们进行合作的目的是为了满足自身的需要。正是由于这样的利益要求才把人们联系起来，使人们结成各种关系。③而根据马克思的理论，利益不仅仅作为个人的东西存在于观念之中，而且首先是作为彼此分工的个人之间的相互依存关系存在于现实之中。④在社会中，利益的主体是多样的，不仅有大大小小的利益群体，而且有各种各样的利益个体，他们都有自己的特殊利益，这些利益之间互相作用、互相影响、互相制约，形成了一种错综复杂的利益关系。这些关系构成了人

---

① 《马克思恩格斯全集》(第三卷)，人民出版社 1960 年版，第 37 页。

② 《马克思恩格斯选集》(第四卷)，人民出版社 1972 年版，第 320 页。

③ 《马克思恩格斯选集》(第三卷)，人民出版社 1960 年版，第 33 页。

④ 《马克思恩格斯全集》(第三卷)，人民出版社 1960 年版，第 37 页。

类社会的基础。所以社会关系实质上是利益关系。[①]

在这些社会关系中，一些社会关系得到法律的确认和调整，成为了法律关系。社会关系是法律规范调整的对象，法律关系是法律规范对社会关系调整的结果。恩格斯曾在《论住宅问题》一文中描述过法律产生的起因，他认为在社会发展的某个很早的阶段，产生了这样一种需要：把每天重复着的生产、分配和交换产品的行为用一个共同的规则概括起来，设法使个人服从生产和交换的一般条件。这个规则首先表现为习惯，后来便成为法律。[②]所谓法律关系是“法律规范在指引人们的社会行为、调整社会关系的过程中所形成的人们之间的权利和义务联系，是社会内容和法的形式的统一”[③]；“是根据法律规范产生的，以主体之间的权利与义务关系的形式表现出来的特殊的社会关系”[④]；“是法律规范调整人们行为形成的，以权利和义务为内容的特殊的社会关系”。[⑤]

可见，法律关系归根到底是一种利益关系，法律关系是被法律确认和调整的利益关系。土地利用法律关系是一种特殊的、具体的、由土地利用法所确认和调整的利益关系。从恩格斯的论述中，我们看到法律的产生是一定社会生产、分配、交换正常进行的客观要求。而生产、分配、交换的正常进行，对主体来说，就是利益形成和实现的过程。这是因为个人利益的实现是与一定社会的再生产过程相联系的：生产创造出满足需要的对象后，依照

① 对两者关系的论证，还包含：利益关系和社会关系的主体都是人，利益是人们发生联系的出发点和归宿，利益只能存在与社会关系之中，社会关系是分析利益的钥匙。参见叶必丰著：《行政法学》，武汉大学出版社 1996 年版，第 57 页。

② 《马克思恩格斯全集》（第三卷），人民出版社 2001 年版，第 211 页。

③ 张文显：《法律基本范畴研究》，中国政法大学出版社 1993 年版，第 160 页。

④ 沈宗灵主编：《法理学》，高等教育出版社 1994 年版，第 372 页。

⑤ 卓泽渊主编：《法理学》，法律出版社 1998 年版，第 141 页。

一定的社会规律把需要的对象分配给有关的主体，然后个人之间进行交换把已经分配的东西再分配，以满足不同的主体的多样化的需要。因此，法律制度的形成是利益调整定型化的结果。法律作为一种协调手段，是一种具有普遍意义的形式，它以其定型的、基本的行为规则，协调各个方面人们之间的利益关系。法律实质上是通过建立一种衡量利益的尺度，在各种利益中进行选择，确定需要肯定、否定或限制的利益，对各种利益的要求和范围做出合理的安排，从而使社会按照确定的利益方向发展，将冲突调和在一定的秩序范围内。正如庞德所说，法律是实行“社会控制”、建设“社会工程”的工具。由于人们的利益本能，不可避免地会发生利益冲突。法律的目的就在于以最小的浪费来调整各种互相冲突的利益，从而实现社会控制。

第二节　土地利用中的公益及其调整

一、概述

（一）公益的概念

与利益的概念相比，公共利益的概念比较模糊。公共利益的概念不能确定，还表现在对“公共”的理解上。英文中与之对应的是 public，指“公众的、与公众有关的”；辞海中，公共即指公共的、共同的使用或享有。但是公共的范围是多大或公众到底指多少人，人们还是无法从词义中了解。因而有的学者提出根本就不存在一个所谓的公共利益，“个人利益是唯一现实的利益”，

"公共利益是所有个人利益之和"①。不过更多的人愿意接受"公共利益是指不特定多数人的利益"② 的观点。虽然仍然有学者提出，这种不确定多数人利益的观点实际上仍然使人们无法理解，不能解决实践中面临的许多困惑。但是从这一概念我们可以对公共利益有一个基本的认识：

首先，公共利益即指社会主体的一种共同需要。这种公共利益具有普遍性，它反映了社会中人们之间的一种相互依存的关系。无论是在人类社会的哪一个时期都存在公共利益。在人类的早期，由于受到物质条件、自身生活能力和生产方式的限制，人们不得不以结成一定的群体的形式，通过共同劳动实现共同利益来满足自身的需要。尽管以后私有制的发展使利益出现了分化，特别是统治阶级和被统治阶级利益之间的根本冲突似乎占据了主导地位，但是，社会仍然存在着一些不以人的意志转移的、某种程度和范围的共同利益的需要。"在劳动农民那里，同地主有某种，有一些，有 A/N 的共同性。"③ 我们不能否认公共利益的存在。

其次，公共利益是社会主体利益中共同的那一部分。尽管定义利益的角度有所不同，但是从这些定义中我们都可以看出，利益实际上是人的一种主观感受，表达主体的一种价值观念。而"价值判断是人类所运用进行的精神行为，是主体对客体价值评判后所得到的结果。"④因此不同的人有不同的利益。公共利益只

---

① 转引自北京大学法律系编：《西方法律思想史》，北京大学出版社 1983 年版，第 350 页。

② 陈新民：《德国公法学基础理论》上册，山东人民出版社 2001 年版，第 184 页。

③ 转引自苏宏章：《利益论》，辽宁大学出版社 1991 年版，第 45 页。

④ 陈新民：《德国公法学基础理论》上册，山东人民出版社 2001 年版，第 185 页。

是将个人利益中共同的部分提出来而形成的那一部分，并不是所有个人利益的总和。

再次，公共利益的内容多元化。公共利益内容的多元化源于利益概念本身。利益是主体对客观事物的一种主观需要，这种主观需要通过一定的经济活动或非经济活动与客体结合才能实现，因而在社会生活中，人的利益分为经济利益和非经济利益两个方面，在不同领域非经济利益的形式又不同。

最后，公共利益是不特定多数人的利益。公益是法律追求的目标，但是公共利益的形成却受到许多因素的制约。“不特定多数人的利益”的界定不仅可以让任何人都可以享有利益，体现其共同性的一面，而且可以尽可能地将更多的人包括进去。

（二）公共利益与相关概念

1. 公共利益与国家利益

在纽曼关于公共的概念中，其实还有一个更为重要的地方，就是将公共与国家联系起来，他将其称为客观的公益，即国家或地方自治团体等所设立、维持之设施所掌握的职务[①]，是一种基于国家、社会所需要的重要之目的或目标。按照这种观点，公益不限于在数量上确立为不确定多数人的利益，而更注重质的方面，即只要是国家和社会需要、符合现代宪法理念的少数人的利益都可以纳入到公益的范畴。

公益的概念从量的标准转移到质的标准，致使公益的内容随着国家目标（任务）的变化而变化。因为在通过法律制度使公益观念具体化的过程中，“国家是创立法律规定的一个直接因素，

① 陈新民：《德国公法学基础理论》上册，山东人民出版社 2001 年版，第 185 页。

也是实施这些规定的主要力量”[1]。尽管国家并不创造利益，但是可以确认某种利益的合法性，从而影响公共利益的结构和内容。不同的时期因国家的目标（任务）的不同，公益具有不同的内容。例如，19 世纪盛行的自由法治国家理论改变了传统观念中认为国家在实现公益的时候，无须对人民的基本权利予以保障的做法，强调国家必须依法律方可限制人民的权利，“政府（国家）之目的，就只在于保障人民自由、生命及财产的消极目的之上”，而“不能够促进幸福和积极的福祉”[2]，公益的内容只限于治安和国防。随着科学技术的发展，人们之间联系的范围扩大，垄断资本主义时期民众需要国家提供更多的服务，国家的职能范围也随之发生变化，“公益的范围由原先狭窄的治安转移到一切民众所需要之范围”。而国家经济复苏、人民生活水平提高之后，倡导最好的政府是最少干预的政府的“新自由主义”学者提出：“公共利益是国家责无旁贷的绝对任务。但是，这种国家追求、实现公益的行为，必须在社会的个人，凭自己的努力，都无法获得利益，也因此使公共利益无法获得时，方得为之，故是一种次要性的补助性质的辅助行为。”[3] 还有学者更进一步提出：“国家不是作为人民追求利益、幸福的监护者，而是要保障人民都有一个可以独立追求自己幸福的活动（自由）空间。故须以法律来界定这种空间的范围。”[4] 可见公益的内容是不确定性的，需要依

① B. B. 拉扎列夫：《法与国家的一般原理》，王哲等译，法律出版社 1999 年版，第 76 页。

② 陈新民：《德国公法学基础理论》上册，山东人民出版社 2001 年版，第 188 页。

③ 陈新民：《德国公法学基础理论》上册，山东人民出版社 2001 年版，第 189 页。

④ 陈新民：《德国公法学基础理论》上册，山东人民出版社 2001 年版，第 191 页。

当时的国家和社会的需要，随着国家职能的变化而变化。

公益的内容即国家的任务，国家的职能是实现公益，但是国家利益是否就是公共利益呢？在国家产生之初，由于社会存在一些共同的需要，如对社会生产和分配的管理、社会秩序和安全等，需要有一个凌驾于各个利益主体之上的组织来代表总体利益，以协调各成员的利益，因此国家利益与公共利益是一致的。但是随着阶级的产生，国家利益就偏离了公共利益。国家利益本质上是统治阶级共同利益的体现。当统治阶级是少数社会成员时，国家利益就不是社会成员的共同利益。即便统治阶级是大多数，国家利益也只是多数人的共同利益，与全社会的公共利益存在差别。

2. 公共利益与区域利益

在界定公共的内涵时，有的学者提出以地域来界定人群的范围，认为一个地区的大多数人的利益可以称为公共利益，少数人的利益只能算是私益，这种地域大多以一个国家的行政区域来划分，一个行政区域就是一个地域范围。①

区域利益是指一个区域范围内居民的共同利益。通常，共同利益可以指两个人或两个以上的个人所共同享有的利益，不同的群体，如一个组织、一个社区、一个区域以致一个国家，都存在共同利益。这些共同利益在性质和价值取向上有所不同。区域利益虽然不同于单个人一己之利，表现为区域共同的需要，但是区域利益毕竟只是一部分人的集合利益，可能与整个国家的公共利益一致，也可能与整个国家的公共利益存在冲突和矛盾。从区域利益形成的原因我们可以看到，区域地理位置、资源状况、人口数量、经济结构、国家政策等都会造成区域在经济水平、居民收

---

① 陈新民：《德国公法学基础理论》上册，山东人民出版社 2001 年版，第 181 页。

人、产业发展方面存在差距，区域利益的目标与整个国家的公共利益目标就会由于侧重点的不同而出现不一致。因而我们不能简单地以地域范围作为判断“公共”的标准。再则一些群体如区域外的人们也可能存在与区域内的人群同样的利益和需要，如果以地域作为界定的标准，这种跨区域的利益显然不属于公共利益的范围。因此，以地域的观点解释公共利益的概念，将公共利益界定为一个区域内的大多数人的利益，存在一定的局限性。

3. 公共利益与政府利益

政府的职能是维护和促进公共利益的实现，但是政府的职能需要由政府机构及其工作人员代为行使。政府机构的工作人员有着双重身份。作为个人，他们追求个人的价值、职位、金钱和舒适的生活。作为公务人员，他代表所在的政府机关行使行政权力，是政策的决定和执行的具体操作者。在理性的情况下，“一个理性的人必然受到对其行动有影响的刺激机制的支配。无论他自己的个人欲望是什么，如果某种活动将带来惩罚，他必然会取消这种活动；如果能带来较大利益，将会吸引他趋向这种活动。胡萝卜和棍棒对科学家和政治学家的支配作用是一样的”①。作为一个政府机构，同样也有自己的利益，如追求更多的部门权力和资源。这样，作为代理人的政府机构或其工作人员可能违背委托人的意志，去追求自己的利益，从而偏离公共利益的方向。或者，政府机构及其工作人员为一些有影响的特殊利益集团所左右，“为了受管制企业和受保护企业之私人利益而暗中破坏了公共利益”②。作为整体的政府，也有自己的利益。政府是从社会分工中分化出来的、从事一种专业化、专门性工作的群体，是一个

① 欧文·休斯：《公共管理导论》，人民大学出版社 2001 版，第 13 页。

② 理查德·B. 斯图尔特：《美国行政法的重构》，商务印书馆 2002 年版，第 61 页。

独立的利益集团。韦伯认为，“虽然在理论上科层组织是非人格的部门，但实际上它形成了政府中的独立群体，拥有本身的利益、价值和权力基础”[①]。在可能的情况下，政府也会追求自己的利益，如政府权力的扩大以及财政预算、税收收入等。因此公共利益与政府利益并不一致。

（三）公共利益与法律

公共福利的思想早在柏拉图的《理想国》里就有表达。柏拉图主张依照公正的观点制定法律，提出治国者立法的宗旨不能以一部分公民的幸福为根据，必须以全体公民的幸福为依据。柏拉图在《法律篇》中还指出，政治学不是研究个人的善，而是研究公共的善。为了实现公共的善，单靠教育是不行的，因为人的本性只考虑个人的利益而不谋求公共的利益，所以必须有法律，通过法律可以制裁或惩罚人们的不善行为。亚里士多德发展了柏拉图的法律观，把法律看做是正义的具体化。他在谈到法律的作用时说，“法律的实际意义应该是促进全邦人民都能进于正义和善德”[②]。无论是基本法还是非基本法，他们的作用和目的全在于为了城邦的“善业”，为了谋求“公共福利”和“整体的幸福”。西塞罗在继承和发展希腊法律思想的同时，糅合进罗马法的理论。他认为，法律的目的是为了维护国家的统一和人民的安全和幸福，凡是各国制定的法律，符合这种目的的才是具有“真正的法律”性质。但是国家和执政者制定的法律，并不都是“真正的法律”，而是由于某种特权的需要而制定的有利于少数人利益，损害多数人利益的法律。他认为“真正的法律”与“正义”是同

① 转引自杨冠琼：《政府治理体系创新》，经济管理出版社2000年版，第317～318页。

② 北京大学法学系编：《西方法律思想史》，北京大学出版社1983年版，第43页。

义语，而正义是自然界所固有的，是人类集体福利的必要条件。

中世纪的托马斯·阿奎那把法律的目的归纳成是为了人们的公共幸福，他认为，法律必须以整个社会的福利为其真正的目标。他关于法律定义的结论是，法律“不外乎是对种种有关公共幸福的事项的合理安排，由任何负有管理社会职责的人予以公布”①。在他看来，正义的法律是以公共福利为目的的法律，或就其法律制定者来说，即所制定的法律并不超越制定者的权力；或者就其形式而论，法律规定公民所承担的义务，是按他们增进公共福利的程度而实行分配的。马西利从“人的理性”的观点来解释法律问题。他根据亚里士多德学说，把法律同国家联系起来加以考察，提出了“法律的目的是达到社会共同的需要”②的观点。他认为，法律产生的原因和目的都是同国家一致的。国家产生的原因，是基于人们对共同需要的认识，但是人类还存在自私、损人的一面。人类的“理性”认识到某种行为不仅有损于社会，也有损于行为人自己的利益，而损人不利己的行为破坏了大家的合作，于是人们制定了许多行为规则，即“自然法”。法律是判断在社会上什么是公道，哪些是公共福利的标准，其目的就是达到社会的共同需要。

不过，古代和中世纪的思想家们只是探讨了法律的作用和目标的问题，并没有回答如何使真正的法律和现实的法律之间保持一致，即如何使法律服务于公共福利（公共利益）的问题。近代革命时期的洛克以此为突破口，从社会契约的角度进行了论述。他认为人生而享有自然权利，但是这种享有很不安全，也很不稳

① 北京大学法学系编：《西方法律思想史》，北京大学出版社 1983 年版，第 95 页。

② 北京大学法学系编：《西方法律思想史》，北京大学出版社 1983 年版，第 109 页。

定，因此他们通过订立社会契约，摆脱了“尽管自由却是充满危险的自然状态，进入了政治社会，也就是建立了政府”[①]。洛克强调指出，人们在订立契约时，所以把一部分权利交给社会，由立法机关按社会利益所要求的程度加以处理，也只是为了用来为他们谋求共同福利和保护他们的生命、自由和财产。社会或立法机关行使自己的权力，也必须符合这个重大和主要的目的，否则就超出了“公共福利”的要求。由于权力的滥用对个人权利会造成最大的伤害，因此权力应当受到法律的约束。在此基础上，孟德斯鸠将近代的法治理论进行了制度化的设计，提出了立法权、司法权和行政权的分权理论。随后卢梭也在社会契约论的基础上提出了自己的思想。他认为社会契约给予政治体或国家以生命和意志，这个意志就是大多数人的意志的“公意”。“凡是实行法治的国家——无论它的行政形式如何——我就称之为共和国；因为惟有在这里才是公共利益的统治着，公共事物才是作数的。”[②]可见，在近代革命时期，思想家们主要强调法治，利用法律控制权力，以防止其对公益目标的偏离。

自由时期的法律思想继承了近代革命时期的法治思想，进而提出法律的目的是保障个人的自由和权利。其中最有代表性的是英国著名的思想家边沁。他认为个人利益是唯一现实的利益，社会利益只是一种抽象。他在《惩罚和奖赏的理论》中说：“个人利益必须服从社会利益。但是……这是什么意思呢？每个人不都是像其他一切人一样，构成了社会的一部分吗？你们所人格化的利益是一种抽象：它不过是个人利益的总和……如果承认为了增进他人的幸福而牺牲一个人的幸福，是一件好事，那么，为此而

---

① 北京大学法学系编：《西方法律思想史》，北京大学出版社1983年版，第200页。

② 卢梭：《社会契约论》，何兆武译，商务印书馆1982年版，第51页。

牺牲第二个人、第三个人，以至于无数人的幸福，就更是好事了……。个人利益是唯一现实的利益。”[1] 法律的目的是“增进最大多数人的最大幸福”，“法律的全部作用可归纳为四个方面：供应口粮、达到富裕、促进平等、维护安全”。在这四个目标中，维护安全是第一位的，经济上的个人主义和私有财产是必要的，国家富裕的唯一办法是维护财产平等，鼓励私人的创造性和进取心。[2] 边沁的思想反映了当时自由资本主义经济的要求，在这个时期具有很大的影响。因此自由主义时期的法治思想是保障人民的自由和权利，法律在实现公益方面只发挥有限的作用。

随着科学技术的发展，人们之间联系范围的扩大，垄断资本主义时期国家的一切行为是实现公益，法律的目的是增进公益，“公益的范围由原先狭窄的治安转移到一切民众所需要之范围”。而国家经济复苏、人民生活水平提高之后，法律的目的虽然也是促进公益，但是它主要界定公共利益，保障个人活动的空间。各国比较通行的做法是，“一方面对公共利益之保障，是国家公共利益所必须，保障人民的基本权利皆可认为合乎公益之要求。但是，在另一方面，对于限制人民的基本权利，也必须基于公益方可以为之”[3]。具体来说，国家对个人利益的保护主要表现在：其一，国家保障公民的基本权利，保障人民的基本权利是公益的内容，保障人民的基本权利是各国宪法的主要内容。其二，由于人民自由权的行使，可能影响到其他公益的实现，因此在公共利益的需要下，国家可依据法律的规定对人民的基本权利予以适当

① 转引自苏宏章：《利益论》，辽宁大学出版社 1991 年版，第 10 页。

② 北京大学法学系编：《西方法律思想史》，北京大学出版社 1983 年版，第 350 页。

③ 陈新民：《德国公法学基础理论》上册，山东人民出版社 2001 年版，第 196 页。

的限制。

（四）公共利益内容的具体化

公共利益是宪法中的一个重要概念，一个国家法律体系中的公益理念取决于宪法中的公益理念。但是宪法中并没有明确公共利益的内容。公共利益内容的具体化是通过立法、行政、司法来逐步完成的。

尽管各国宪法授权立法基于公共利益可以限制财产权，确立了公共利益与个人利益的关系，但是立法机关不能也不愿意对公共利益进行明确地界定。其原因在于，经济因素、政治因素、环境因素在不断地变化，立法机关不可能制定一个可以在长时间内固守的、详尽的政策；另一方面，由于社会是一个有机的整体，富人的利益、穷人的利益及其他成员的利益都被捆绑在一起。他们之间存在普遍的、一般的、影响大多数人的利益，在这些不同人群享有共同利益的许多事项中，强势者利益和弱势者利益之间的界限经常是不准确和模糊的。因此运用综合的公益概念来认可这种分散的利益，可以调和不同人群的利益，避免利益的冲突和对立。

但是抽象的、概括地制定法律法规导致行政机关享有越来越多的自由裁量权，并且威胁到以行政法为依据的行政行为的合法性。许多人现在不仅仅是要对行政机关保护“公共利益”的能力提出疑问，而且还怀疑是否存在一个清晰可辨的“公共利益”，可以在真正意义上指导行政决定的作出。在这种情况下，法院不仅在特定的个案中对法律中公益条款进行具体的阐释，而且开始要求行政机关的决策考虑所有可能受到影响的利益，作为一个必要的依据来“平衡公共利益作出公正决定所必须考虑的所有因素”①。其主要方法就是扩展有资格对行政主体的行为提起司法审查的利益主体范围，规定所有受到影响或可能受到影响的利益都可以要求获得利益。“起诉资格扩展至越来越多的利害关系人，是法院针对行政机关没有公正代表这些利益而作出的回应，也是法院进行司法审查以矫正行政机关失职的需要”②。

司法上起诉资格的扩展带来了参与行政程序权利的扩展。在缺乏含义明确的法律规定和可确定的公共利益的情况下，公正的结果出自一个所有利害关系人参与其中、所有利害关系人都得到考虑的程序③。但是，广泛的参与并不能保证所有的相关利益都在行政程序中得到代表，“公共利益代理人”制度虽然可以为如此广泛分散的利益提供代表，但是这种代理主要是由私人律师或私营公司来承担，但是哪些“公共利益”会在行政程序中被代表，主要取决于私人律师及其背后的组织，而许多未经组织的利益却不能像有组织的利益那样得到有效的代表，“行政法转向利益代表制引发的问题，也许可以由更为直接和明确的、保证受行政决定影响之所有利益都获得代表的政治机制来更好的解决”④。这样解决行政程序中利益代表制的问题又回到政治领域。因而有的学者认为，“公共利益法是社会中弱势群体斗争的一部分，代表弱势群体的利益，其目的是运用这些法律解决机会、权利的不

① 理查德·B. 斯图尔特：《美国行政法的重构》，商务印书馆 2002 年版，第 21 页。

② 理查德·B. 斯图尔特：《美国行政法的重构》，商务印书馆 2002 年版，第 85 页。

③ 理查德·B. 斯图尔特：《美国行政法的重构》，商务印书馆 2002 年版，第 113 页。

④ 理查德·B. 斯图尔特：《美国行政法的重构》，商务印书馆 2002 年版，第 169 页。

平等分配产生的社会和经济问题，以及代际公平问题，制止人类现在和将来对自然资源不必要的开发行为”[①]。

应当说公共利益法是近代历史的产物，不仅仅因为国内外局势动荡不安以及经济衰退，公众迫切要求国家在促进经济增长、增进公共福利方面发挥更大的作用，更重要的是，公众通过寻求保护弱者利益的立法及其法律服务，可以确保所有受到影响的利益在立法中得到公平的代表，保证政策的合法性。毫无疑问，近代西方国家的政治活动产生出一些主要致力于在一些重要的政治、经济问题上促成政治妥协的政治团体，法律上则强调当代法律和法律程序的可伸缩性以对不同的权利要求和预期作出回应。[②]

二、土地利用中公益的内容

经过以上的分析，我们对土地利用中的公益概念有了一个大致的轮廓，即土地利用中的公益是不确定多数人的利益。这种公共利益是客观存在的，公共利益的客观性表现在它是不依赖于人的意志而存在的。无论人是否意识到，它都将存在。缺少了它，人们可能无法生存，它是人们生产和生活中的一种共同需要。这种共同的需要可能是人生来所必需的，如依靠土地的生态功能，维系着整个生态系统的平衡。也可能是发展形成的，例如修铁路、桥梁，建电厂，修水利，开办学校及其他。依据利益的类别我们可以给土地利用中公共利益的内容划定一个大致的范围。

1. 经济公益

经济公益是指人们对开发利用土地资源时获取物质财富的需

---

① Jeremy cooper and Rajeev Dbavan (1986), *Public interest law*, copyright Basil Blackwell, p. 21.

② Jeremy cooper and Rajeev Dbavan (1986), *Public interest law*, copyright Basil Blackwell.

要。在使用价值上，它表现为利用土地所取得的产品和劳务的数量；在价值形式上表现为以货币代表的一定时期的国民生产总值或总收入。人类的需要是多种多样的，它包括衣、食、住、娱乐和文化等多个方面，而且这些需要的数量和质量时时都在发生着变化。土地就是用来满足这些需要的物质基础，土地的任何一种用途都对满足人类的需要有着重要的意义。对于人类来说，将土地用于一种产品的生产，并不是一种最好的结果，我们需要的是土地提供的这些物品和劳务按一定比例来满足需要。也就是说，商品的供给和它们的需求要达到一个均衡的状态。由于土地是有限供给的，为了不至于使生产失去平衡，也为了使人们多样化的需要得到最大限度的满足，确定土地利用的类型和规模、合理配置土地，使土地能更好地满足公众的需要成为各国土地利用公益的重要内容。

2. 环境公益

所谓环境公益是指人们对土地生态环境的一种需要。土地是一个自然因素的综合体，它既是一种环境资源①，又是一种自然资源，两者都是人类生存和发展所不可缺少的。土地中的自然资源可分为可更新的资源（如生物、水、土壤）和不可更新的资源（如各种矿藏）。随着人类生产力的发展和提高，自然资源中为人类利用的部分不断扩大，这些自然资源在不合理的开发利用过程中，不仅消耗了环境资源，而且对环境资源中的生态平衡和景观优美性造成了破坏。为了避免人口增长和经济发展对原始生态环境的破坏，各国主要采取两种方式进行保护：限制土地的利用和设立自然保护区。

---

① 李启家：《环境资源的使用权》，载蔡守秋主编：《环境资源法》，武汉大学出版社 1996 年版，第 275 页。

3. 社会利益

所谓社会利益，是指在促进社会发展和进步、维护社会稳定方面的需要，它们关系到社会的稳定和发展，是经济利益实现不可缺少的一个基础和条件。社会利益的主体是公众，因此人们经常将社会利益与公共利益混同。其实社会利益与公共利益是不同的概念。从各国立法来看，社会利益的内容基本上都涉及经济秩序和社会公德两个方面的内容。[①] 而公共利益则是社会作为一个共同体存在和发展的需要，即除了经济秩序和社会公德，还包括经济发展的需要和环境保护的需要。具体来说，土地利用中的社会利益包括：（1）土地利用的秩序和安全；（2）社会弱者利益的保障；（3）人类文明进步所必需的公共设施、教育、卫生等事业的发展。

应该说，各种公益之间的划分其实并不存在一个非常明确的界限，例如，耕地保护的原因主要是因为人口数量的激增，导致人均耕地减少，同时城市扩张、非农建设占用大量的农田，特别是城市边缘的优质农田，以及自然灾害和环境污染引起耕地损坏和土地退化，使耕地的总量不断减少，影响食物的供应和食物的价格，进而影响国家在国际粮食市场的地位。实际上，耕地保护更深层次的原因是因为耕地的保护关系到农业及其相关行业的发展，甚至可能危及国家安全。另外，由于利益的内容具有不确定性，“利益的形成及利益价值的认定，恒为当时社会客观事实所左右，公益内容的保障成形时，自然的必然是随着发展的及动态的国家社会情形而有所不同”[②]。因此公益的具体内容会随着时间的发展会有所不同。

---

① 孙笑侠：《论法律与社会利益》，载《中国法学》1995 年第 4 期。

② 陈新民：《德国公法学基础理论》上册，山东人民出版社 2001 年版，第 183 页。

三、土地利用规划和分区的历史与发展

公益的概念需要通过立法将其具体化，“惟有用法律形式表现出来的公共利益，才属于公共利益”[①]。土地利用中公益具体化的一个重要法律制度就是土地利用规划和分区。美国是最早制订综合性土地利用区划的国家，我们可以简要回顾其发展历程。

（一）警察权与土地利用区划

土地利用规划是国家为了维护和分配公共利益，对土地利用规模和利用结构的配置。土地利用分区依据土地利用规划将土地划分为不同的用途区域，并限制这些区域内的土地用途的变化，其主要内容是“管理和限制工业、居住及其他用途土地占用的比例、位置、建筑物高度及其他结构，空地的大小和人口密集度”。土地分区的目的是为了“考虑区域特征、土地的特殊用途，历史建筑物的保存，防止火灾和其他危险的发生，提高健康和整个福利，提供足够的阳光和空气，防止土地过分拥挤，避免不必要的人口集中，便利运输、上、下水道、学校、公园或其他公共要求的供给，鼓励更合理的土地利用”[②]。

土地利用分区是土地利用规划的一项重要内容，是实现土地利用规划的基本手段。土地利用分区必须与土地利用规划相一致，这种一致是指“分区中的多种土地利用要与规划中的目标、政策、土地利用总体情况和专项方案相适应”。具体地说，“如果土地利用类型、密度、大小、时间和其他方面的开发与规划相一致，并且满足规划中的目标、政策、土地利用类型、密集度要求，符合当地的所有其他标准，那么地方政府赞助或从事的开发

① 陈新民：《德国公法学基础理论》上册，山东人民出版社 2001 年版，第 195 页。

② Daniel R Mandelker（1988），*Land Use Law*，Second Edition，The Michie Company，p. 8.

就与规划相一致”[1]。另外，规划一般明确指出某一个区域将来的发展类型和发展的每一个阶段，发展的阶段性是一致性中的一个重要内容。

土地利用区划作为对土地利用管理的一个重要手段，其合法性问题与警察权密切相关。所谓警察权是指政府为维护公共安全、公共福祉、社会秩序及道德而有权限制人民的财产权（包括土地使用和开发）的权力。如关于限制建筑物高度以免街道陷于永久的阴影里，防止在居民区进行某些工业或商业设施建设，防止私人开发商对土地的过密开发而导致相邻街道过分拥挤等的相关法律条文都是警察权的体现。警察权是分区规划存在之法律依据，美国宪法将治安权赋予各个州，而各个州又进而将其授权于地方政府以实施分区规划。[2]

但是，在美国，财产权被视为其政治、经济和法律系统的一个特征。美国不同层级的政府依此建立，并被要求保护这些权利。同时这些权利又是限制政府干预、实现重要政策目标的一个手段。因而警察权的行使不可避免地与财产权的目标发生碰撞。

为了在两者之间保持一种适当的平衡，美国宪法中规定了征用条款，这一条款要求：“非经正当法律程序，不得剥夺人民的生命、自由和财产；未有公平补偿，私有财产亦不得予以公用征收。”法院将征用条款解释为：其一，政府只有为了公共使用，才能征用私有财产；其二，政府征用必须提供公正补偿。合理的公共使用要求基于这一事实，即权利人有权保留可向购买者要求的任何剩余价值，相应地，政府运用其优势权力通过公平补偿的

---

① Daniel R Mandelker (1988), *Land Use Law*, Second Edition, The Michie Company, p. 85.

② Cullingworth, *J. B. Planning in the USA: Policies, issues, and processes*, Routledge, London, New York, 197, 65.

方式可以迫使私人接受损失，这种补偿应等同于权利人在征用前对财产的最佳使用。允许政府不经协商获取所有可交易的剩余价值的前提是，政府只能为公共谋取利益①。公共使用的要求通常由法院作出解释，即使财产被政府征用，并给予其他个人，法院也认为存在公共使用的情况。因为只要财产征用用于整个公众，那么就是一种公共使用。另一个要求是公正的补偿。法院实际要求补偿的数额依赖于政府的行为。如果政府征用了财产的全部权利束，政府必须补偿其市场价值。如果政府实质性地侵入私人财产或要求土地主允许别人实质性地侵入私人财产，尽管只是暂时的，法院也要求政府为这种征用提供补偿。

但是赔偿的事项在政府试图管理私有财产权利人对其财产的使用时变得非常困难。一方面，政府的管理涉及公共物品。通常这种管理削弱了私人财产潜在的使用或经济开发。在所有这些情况下要求补偿必然迫使政府通过购买的方式来管理，这样政府的管理工作将无法继续. 因此法院认识到必须为一些政府管理事项提供保护。

在普通法中政府一直享有权力制止财产权的有害使用行为。早期征用法的发展表明，当政府采取措施制止妨害时无须补偿财产权利人。1887 年法院首次通过马克诉堪萨斯州政府案例解决了妨害法与征用条款的矛盾②。案件起因是堪萨斯州政府制定了一个法律条款，禁止在州内生产和销售酒。为了使这个条款生效，该州通过法令，对任何在该州内生产、销售和储存酒的人追究刑事责任。马克在该条款出台之前建了一个一万美元的啤酒

① Bruce Yandle，*Land Right－The* 1990*s Property Right Rebellion*，Rowman Littlefield Publishers，INC，33.

② Bruce Yandle，*Land Right－The* 1990*s Property Right Rebellion*，Rowman Littlefield Publishers，INC，33.

厂，并因此获利。禁令颁布后，土地及啤酒厂价值减少到 2500 美元，因此他认为其财产被非法征用。法院认为，他的啤酒厂是一个典型的公共妨害，个人财产权不应包括使用财产对社会造成损害的权利。政府有权禁止个人使用财产可能对健康、道德和公共安全造成损害，政府没有、也不应对土地主未经批准使用土地、有害使用土地或损害社会所造成的金钱损失承担责任。法院认为政府可以使用警察权利保护社会安全、健康和道德，即使财产的主要价值受到影响；对财产使用的禁止仅仅是为了健康、道德和社会安全，不是在任何情况下都被认为是征用或为公共利益占用财产。

1915 年发生的另一个案件有着同样的结果①。《城市法令》规定在居民区内建砖厂不合法，但某业主仍继续在禁止的地域内制砖，因为他的土地上有很好的原材料，而且也不容易搬到其他地方去生产。当追究其刑事责任时，业主宣称其土地被征用。他认为他的经营是无害的，没有噪声和有害气体。但是城市认为其窑厂强烈的气味、气体、蒸汽、烟灰、粉尘有时会造成附近居民的不适，甚至生病。虽然砖厂有市场价值，但是它在这个特殊的位置运营，与这个区域的特点不相一致。法院认为私人利益必须让位于公共需要，尽管城市管理给土地权利人造成很大损失，但无须补偿。

这两个早期案例中的妨害观念对后来的案例有着深远的影响。警察权行使的目的是阻止财产权的有害使用，维护公共健康和安全。警察权可以对土地权利人的行为予以限制或剥夺，而无须对土地权利人给予补偿。因此后来在 1926 年著名的“欧几里得区划案例”中，最高法院认为土地分区使用的区划规定，不准

---

① Bruce Yandle, *Land Right－The* 1990*s Property Right Rebellion*, Rowman Littlefield Publishers, INC, 33.

许在住宅区内兴建工厂及商业大楼；不准在家庭住宅区内兴建高层公寓，虽然对个人财产造成损失，但属于理智的警察权的行使，其有助于公共健康和安全的维护。另外在实行都市计划方面，对私有土地，命令予以填补坑洞、禁止挖掘等立法行为，亦属警察权之行使。[①]

将警察权与土地利用管理联系起来，可以帮助我们理解规划的目的，即维护公共健康、安全和福利。美国的区划虽然作为政府的一种管理手段来限制个人土地权利的运用，但是它受到了民众的欢迎。其中的原因就在于分区规划与个人财产权利的保护要求是一致的。在城市化发展的过程中，随着大量人群涌入城市，不仅城市基础设施难以承受、道路交通设施负荷过大，而且由于城市发展过快引发市区结构频繁变化、卫生环境状况恶化等问题。由于害怕这些因素造成社区居民生活和居住环境发生变化，进而导致房地产价值的贬值，激发了人们对分区规划的需求。分区规划将这些不确定因素明确化，为土地权利人提供了长期的安全保障，同时将一些不受欢迎的土地用途排除在社区之外，保证了社区的发展和物业的增值，因此可以说分区规划既维护公众健康、安全和福利，又保护了私人财产权利。

（二）运用土地利用分区实现环境公益

土地利用分区最初是为了解决土地利用纠纷而产生的，学者们一般将土地利用分区视为“妨害法”的合理延伸[②]。这是因为，尽管妨害法在解决土地利用冲突中仍然有效，特别是在分区法缺乏效力的时候可以适用，但是其作用却由于某些实体和程序

① 陈新民：《德国公法学基础理论》下册，山东人民出版社 2001 年版，第 438 页。

② Daniel R Mandelker（1988），*Land Use Law*，Second Edition，The Michie Company，p. 107.

方面的要件而受到限制。一般来说，侵权诉讼只在少量的土地利用冲突如工业利用侵犯居住地中适用，在处理商业用地的案子中，如果物质侵害不明显，法院难以禁止其利用。即使妨害法在工业侵权领域非常有效，但是由于这些案例中经常是单个的居民反对在社区有经济价值的工厂，法院也不会绝对地禁止工厂的土地利用而保持居住地的安静。妨害法的另一个限制是侵权诉讼不能运用于预期妨害，司法倾向于在建好的居民区解决侵权问题，不会禁止在未开发区域的侵入利用，因为在那里没有一个成熟的利用界限。在混合的居住和非居住区，法院也找不到要保护的区域类型。在这种情况下，土地利用分区作为控制土地利用的措施广泛采用。土地利用分区之所以能起到妨害法所不能起到的作用，是因为它的分区及相应的管制制度。分区的一个作用是将不相容的两种土地从空间上隔开，如将土地分为工业用地、农业用地、商业用地，避免了各区域之间因土地利用产生的纠纷。分区的另一个作用是由于各种用途的土地在转变的过程中受到管制，需要行政的许可，所以避免了各种土地利用类型间的转换，尤其是避免农地向工业和商业用地转换，保护了耕地和其他的土地资源。

将土地利用分区与环境保护联系起来是随着环境问题的深化而逐步提出的。一些环境法律法规，如大气污染防治法、水污染控制法、野生动植物保护法等，在实施的过程中对土地利用都或多或少地产生了一些影响，但是环保部门仍局限于解决一些大的和明显的企业污染源，而在对农业经营活动、城市街道径流等非点源进行管理时，或者在建议采取措施干预汽车行业时，往往得不到支持。然而，环境法的发展却不断冲击着土地利用的管理，

要求控制土地的使用。这主要表现在：①

1. 指导思想的转变

环境法的一大转变就是它更加关注生态问题。在以前的环境法规定中，只有湿地、濒危物种自然保护区管理涉及这一方面。然而生态管理远远不止限于自然保护区，人们对生态系统的关注反映了对以前环境法的反思。这些环境法的缺陷在于每一种法只关注一种媒介——空气或水，一个客体——如湿地或濒危物种，然而真正起作用的是整个自然环境的生态状况。垃圾填埋可能对地下水造成污染，影响居民的健康和生活，严格管理空气和水质，不仅处理的费用增加，而且可能转向土地的处理，环境法不得不着眼于研究更为复杂的整体——土地。因此 1995 年克林顿政府的管理预算报告中指出，新的政府“强调一种对整个生态系统的管理方式，不再采用过去那种对土地、水、空气、濒危物种、矿藏和其他资源进行一个接一个的单一管理方式”②。

2. 管理手段转变的影响

随着对空气和水环境问题的进一步深入研究，许多事实已表明老的命令控制管理政策越来越僵硬。它们倾向于强加一种技术标准，抑或寻求替代的低费用的保护措施，这从政治上和经济上不再可行。而且对一些大的企业来说，只要费用可以以较高的价格转移给消费者，就不再极力反对环境法的实施。相反，很多的小企业污染和汽车污染问题却越来越大。从最初依靠管理转向使用经济手段的积极意义在于，它们应用于每一个使用者和小企业时同应用于大企业一样容易。在运用环境经济手段后，环保部门

① 参见操小娟：《浅谈土地使用的法律控制》，载《中国环境管理》2001 年第 1 期。

② Bruce Yandle，*Land Right－The 1990s Property Right Rebellion*，Rowman Littlefield Publishers，INC，298.

不再只针对主要的排污企业，而是逐步影响到小企业和土地使用者个人的行为。但是管理控制到一定程度就必须控制土地使用。

3. 管理深化的要求

尽管环保部门在土地污染防治中拥有权力，但在土地利用中却难以插手。这种状况持续了多年，而且至今没有改变的迹象。一系列问题仍然摆在我们面前。例如，排放污染物的新的土地利用形式在超过空气质量标准的区域内是否可获得批准？没有超过空气质量标准的区域（除特殊保护地外）对新的土地利用形式是否应该有所限制？如果没有超过空气质量标准，是否意味着可以在此区域引进工业生产工具项目，直到空气质量降到最低的、可以接受的水平？目前的情况是，环保部门尽力消除了大企业污染源对空气的污染，使达标排放的企业越来越多；然而，大量新增的污染源（包括汽车污染源）却又抵消甚至超过了单纯治理的效果，致使空气质量仍难以提高。水污染也存在同样的问题。在工业污染控制取得了一定的成效之后，生活污染和农业面源污染问题便呈现出来。水体富营养化主要来源于生活污染源和农业污染源中的氮、磷，工业污染中的氮、磷只占其污染负荷总量的一小部分。从水体的治理工作可以看到，对土地利用的控制势在必行。

由于有关“土地利用争议的解决，土地资源利用与保护的安排，计划政策和方案的准备，发展申请的考虑这些都会对地方、区域和国家的环境产生重大的影响”①。因此在土地开发和利用的过程中，需要将土地的开发利用和环境保护结合起来考虑，尤其在考虑配置土地资源的土地利用分区中应当作出有利于环境保护的安排。

---

① Gerry Bates（1995），*Environmental Law in Australia*，4th Edition，Butterworth Sydney Adelaide Brisbane Canberra Melbourne Perth ，p. 110.

（三）土地利用区划的制定和实施

自1916年纽约市首先引入区划以来，区划在全国范围内迅速传播。土地利用区划代表着土地利用政策领域的一个重大的变化。在此之前的每个妨害个案都是通过事后控制发挥作用，而且在决定是否构成妨害时还可能有一些不可预料的变化。而分区在妨害发生之前就建立了一个标准，可以为将来的土地开发者提供一个明确的指导，起到了预防的作用。另外，分区还被认为是城市综合土地利用计划的一个必要的法律工具。20世纪早期人们对引进综合土地利用计划将带来更美丽、更高效的城市寄予很高的希望，将它视为对社会进行科学管理的一部分，而科学管理则是当时美国政治生活的核心。

区划的实施对城市发展的贡献是有目共睹的，而且传统的分区经过近100年的发展，已经有了许多变化。现代的分区不仅加强了对区域内部的管理，规定每块土地上的容积率，而且随着分区细划，出现了许多针对特殊区域的区划条例，同时加强了区划的灵活性，便于更好地实施管理。在土地利用规划和分区制定和实施中引人注目的主要有以下几个问题：

1. 计划的合理性和科学性问题

要实现土地利用管理的目标，土地利用计划的科学性和合理性显得非常重要，它不仅需要了解资源和土地目前的利用类型与数量、土地利用的空间布局、土地利用的综合效益、土地利用的外部因素，而且需要对土地性能进行评价，包括土地资源的自然潜力、土地利用的社会、经济和环境价值，对土地的可能用途、土地利用的费用和利润进行综合分析，以确定土地用途的适宜性和可持续性，从而对土地利用的类型和结构作出合理的安排。同时，土地与其他种类的物品不同，土地不可能被消耗，也不可能再生，只会出现生产能力和价值的变化。对土地及其产出价格的预测，影响人们土地利用的行为，使土地利用的方式和程度发生变化，影响人们现在和将来可能的需求。如果不能对土地利用的各种信息进行综合的分析和处理，对土地利用目标精确而详细的规定，并将其定量化，那么土地利用规划的效果就难以确定。受认识能力和自身素质的影响，没有机构能考虑所有的可能性，控制所有可能发生的情况。由于不可能考虑所有的可能性，土地利用规划可能出现决策上的失误和偏差。因此有人对规划提出批评，认为规划是不科学的，因为任何人都不可能控制影响土地发展的因素，如不可能预测经济条件的变化，而且规划可能忽视社区发展的非物质性影响，如环境因素的变化和社会因素的影响，这些因素难以测量和定量。①

因此美国在编制规划的过程中，一般将主持起草土地利用计划的专家和部门的有关信息散发到其他有关机关、专家协会征求意见，散发给规划区域内的民众、具有利害关系的其他个人或机构广泛征求意见。在交付批准或颁布的时候，也会给公众一个审查和发表意见的机会，在通常情况下，讨论规划的公开听证会也会安排在这一阶段。这些程序给公众提供了一个发表意见、表达利益要求的机会，为规划制定者回应批评意见提供一个渠道，实际上这是公民和政府之间反复接触、磋商的博弈过程，公民参与可以改变政府政策的利益分配状况，最终达成一个令双方满意的利益分配结果。同时，它还为各专家、机构提供了响应和支持规划的机会，这样既保证了规划的科学性，也便于规划更好地实施。

美国土地利用规划的另一个显著的特点是，大量采取地理信息系统（GIs）及其与遥感和自动制图相结合的现代技术。地理

① Daniel R Mandelker（1988），*Land Use Law*，Second Edition，The Michie Company，p. 107.

信息系统（GIs）可以在图像输入和处理、空间数据分析、土地资源评价、规划决策到自动制图等项工序中发挥作用，成为编制规划的基本手段。土地利用规划中运用 GIs 的优势表现在[①]：①快速编制和修改规划。如 1993 年 4 月有关部门根据克林顿总统要求编制西部海岸地带（包括加利福尼亚、俄勒冈和华盛顿三个州约 1000 万公顷土地）生态规划，由于运用了 GIs 技术不到半年就拿出了规划方案，而如果按过去的方法则至少需两年时间。运用 GIs 能够实现快速编制和修改规划，是由它有很强的空间分析功能，实现空间数据与属性数据的自动连接以及 GIs 与遥感信息和自动制图相结合所决定的。②实现多要素的综合分析。规划涉及的因素一般很多，靠人脑和传统办法只能分析和处理为数很少的因素，容易造成决策失误，而运用 CIs 则能综合多种因素进行分析，保证决策的科学可靠。③有利于协调政府与公众的关系。政府部门从整体上所作的规划决策往往与个体利益发生矛盾，引起公众对政府决策的不满。GIs 的广泛应用，便于公众参与分析决策的整体效果，从而理解和支持政府部门的规划决策。美国的土地利用规划非常重视公众参与，GIs 的运用无疑有助于规划被公众接受。

2. 分区冲突的协调问题[②]

尽管主张计划和分区的学者认为城市区域或其他大的区域有管辖权限，可以使土地开发协调发展，但是地方在土地利用事项上传统的独立性过于强大难以克服。虽然计划和分区仍会继续，但是计划者经常提出的问题是，城市之间的行动经常不一致，如果区域与区域的计划彼此分离，那么区域计划就不可能真正有效

① 严金明：《中国土地利用规划》，经济管理出版社 2001 年版，第 322 页。

② Daniel R Mandelker（1988），*Land Use Law*，Second Edition，The Michie Company ，p. 127.

的实施。

(1) 边界分区冲突的法律问题

城市边缘的土地可能不在计划或分区的范围内，或者可能受郊区的分区管辖，而与城市的计划和分区政策不一致。一般做法是在法律的授权下，将邻地纳入城市控制的范围，以控制邻地的发展，不过控制的范围限制在城市边界线几里的范围内。但是当授权城市采取域外分区的权力时，涉及到非居民投票权的问题。

一种观点认为，城市的法令应该有非居民的投票，因为这些分区法影响了他们的利益。如在城市边缘的建房许可。如果不给这些域外的人以投票决定分区法的权利，将违反平等保护的条款，因为这些人不能投票决定对他们适用的分区。

第二种观点认为，投票权的问题只适用于城市内部居民，否则将难以实施。根据平等保护原则的要求，政府限制投票权时应该有令人信服的公共利益。城市分区在临近城市区域实施必要的政府权力时有合法利益，域外分区合理地促进了这一利益，因此即使它限制非居民的投票权，并没有违反平等保护的条款。

第三个观点认为，域外分区是警察权利的合法行使，其目的是为了管理临近地区的开发活动。

以上的分歧，可以通过法律明确的授权予以解决，即明确规定城市实施域外分区管理的权力。法律授权时可以对城市分区的权力进行限制，城市域外的分区权涉及的域外区域应该合理，以便将来的发展不受到限制或者损害。如果城市郊区的土地已进行分区，那么城市就不能行使域外分区的权力。这种情况下，城市必须根据现有或计划的城市开发活动，通过法令界定域内分区的范围，同时城市与郊区可以在域外的区域订立一个协议，规定统一行动的程序，以对边界区域进行管理。

(2) 政府间土地利用冲突

一般来说，对个人土地利用的申请可以依据分区法的规定来决定是否予以批准，但是对于政府机构（包括上一级政府机构、行使上一级政府权力的地方机构①、上一级批准建立的公用设施和企业、同一级的其他地方政府）是否也依据地方分区法的要求来选址，法律有时并没有作出明确规定。② 虽然一般在法律效力上低层次的法律的效率低于高层次的法律，但是确认高层次的分区优于低层次的分区的条款并没有清楚地说明土地利用冲突问题。当城市对上一级管理机构批准的公私机构适用分区法时就产生一系列的政府间的土地利用冲突。例如，上一级政府机构许可的、在地方建设的污水处理厂，上一级公共事业许可的企业。

一般有三种观点：一是认为政府机构享有当然的豁免权，不应当受到地方分区法的限制。二是认为政府机构也应受到地方分区法的限制。第三种观点认为，政府机构并不是绝对享有豁免权，而是应当根据具体情况，采用一些准则来决定分区是否适用于公共机构的基本设施。

从理论上说，上级政府的管理地位确立了其机构享受地方豁免权。但是承认政府机构的绝对豁免权会忽视了这些机构对地方分区政策的影响。因为土地分区是根据地方的需要，综合考虑各方面因素后对地方土地用途的划分，主要用于控制地方各种类型用地的发展，如果政府机构不受到地方分区法的限制，会使地方分区混乱，使地方法失去效力。而且禁止政府机构在一个地方定位，他总可以另外找到一个适合的位置。

但是，地方分区法也不是在任何时候都优先，如当历史遗迹

① 一般将这些在地方上行使上一级政府权力的机构视为广义上的上一级政府。

② 我国《土地管理法》第二十条只是规定："县级土地利用总体规划应当划分土地利用区，明确土地用途。乡（镇）土地利用总体规划应当划分土地利用区，根据土地使用条件，确定每一块土地的用途，并予以公告。"

保存与分区存在冲突的时候，一般认为历史遗迹保护应优先于地方分区，因为历史遗迹一旦破坏，无可恢复，因此历史遗迹保护具有更高的地位。而地方政府也可能会违反有关的法规，因为“一处有保存价值的历史遗迹不仅会被个人所破坏，而且还会被公共机构所破坏”[①]。在考虑是否承认地方分区法优先时，应当考虑一些因素，如寻求豁免事项的性质和范围，涉及的功能和土地利用类型，公共利益的范围和程度，地方土地管理对有关企业的效果，对合法的地方利益的影响等。

四、我国土地利用规划制度的现状及存在的问题

（一）我国土地利用规划制度的现状

土地利用规划实际上就是给土地利用类型划定范围，确定各地块边界，控制土地利用数量和规模的一个重要依据。1986 年，针对第一轮的用地热，国土资源部成立后第一件大事就是编制土地利用总体规划，开展了国家、省、市（地）、县（区）和乡（镇）的五级土地利用总体规划编制工作，并制定了《省级土地利用总体规划编制要点》以及《县级土地利用总体规划编制要点》，为我国土地利用规划体系的建立奠定了基础。1997 年国家第二次编制《全国土地利用总体规划纲要（1997～2010）》，确立了耕地保护的规划目标，并采用指标加分区的方法，对用地进行自上而下的层层控制。2005 年我国又开始了第三轮土地规划的编制。我国土地利用规划制度的特点是：

1. 法律地位不断提高

1986 年的《土地管理法》第一次明确了土地利用规划的法律地位，并规定土地利用总体规划编制的主体是各级人民政府，

① Daniel R Mandelker（1988），*Land Use Law*，Second Edition，The Michie Company，p. 127.

同时城市规划和土地利用总体规划应当协调。1998年修订的《土地管理法》将土地利用总体规划作为专章，除对规划编制、编制的原则、审批进一步明确之外，还对专项规划的编制提出了要求。虽然目前我国还没有专门的土地利用规划立法，但是随着土地管理的不断加强，土地利用规划的法律地位正在不断的提高。

2. 多级的管理

与其他国家的规划体系相似，我国的土地利用规划也是一个多层次的规划体系，不仅按行政区域可以划分为几个等级，而且根据土地的自然特性和经济特性，制定跨区域的专项规划。所不同的就在于我国有全国土地利用的总体规划和地方土地利用总体规划，地方的土地利用总体规划应与全国土地利用总体规划相一致。而其他国家，如美国、英国等没有一个全国性的规划，主要由地方制定详细的规划。

3. 以耕地保护作为基本原则

鉴于耕地占用问题严重，1998年修订的《土地管理法》规定在土地利用规划中划分土地用途，同时限制农用地转为建设用地，对耕地实行特殊的保护。这一思想贯穿了整个新的《土地管理法》，表明我国土地利用管理不仅在管理方式上实现了从限额审批到用途管制变革，而且管理的目标也从保障建设用地转变为保护耕地。

4. 注重生态环境的保护

保护和改善生态环境，保障土地的可持续利用，是编制土地利用总体规划的一个重要原则。这一原则主要表现在：开垦未利用的土地必须在土地利用总体规划划定的可开垦区域内，经依法批准后进行；根据土地利用总体规划，对破坏生态环境开垦、围垦的土地，要有计划、有步骤地退耕还林、还牧、还湖等。

应该说，我国土地利用规划的指导思想是很好的，与我国现在的国情是相符合的。但是土地利用规划在实践中没有充分发挥作用，城镇的土地利用总量经常超出土地利用总体规划的范围。1997 年我国编制了《全国土地利用总体规划纲要（1997～2010)》，现在离这一规划到期年限还有几年，但是不少地方规划用地指标已经提前超支、透支，造成“寅吃卯粮”现象。其中有一些市、县规划指标已经用完，其新增用地指标主要靠省内地区调剂和使用整理折抵置换指标。现行的全国土地利用总体规划管到 2010 年，可是许多地方已经或正在编制 2020 年城市规划、村镇规划等专业、专项规划，甚至已经把规划“超前”做到 2050 年![1] 土地利用规划不能控制土地利用，显然无法完成控制土地利用的目标，无法有效解决土地利用问题。

经济发展必然会带来土地需求的增长，特别是在我国目前经济高速发展的时期，保证经济发展对土地的需求是必要的。问题是经济发展对土地利用的需求是否合理。我国城市建设中普遍存在的问题是内部土地利用利用效率不高、浪费和闲置严重，外部“摊大饼”式无休止地蔓延扩展，侵占大量优质的农田。所以目前真正的问题应当是如何在控制土地利用总量的情况下实现经济发展。

（二）我国土地利用规划制度存在的问题

土地利用规划是土地利用控制的基础。土地利用的规划控制一般分为以下几个步骤：首先国家确定土地利用开发的总量；在总量下，各城镇依据耕地保有量、建设用地总量和用地指标，制定自己的城镇规划，进行土地利用分区并确定各种土地利用类型

---

① 范利祥：《第三次土地利用扼遏制透资规划用地》，载《21 世纪经济报道》2004 年 7 月 16 日。

的数量和规模；在此基础上企业和市政部门根据批准的数量和类型进行土地开发利用。各土地利用单位和个人要遵守用地要求，如果超出确定的范围，将要受到处罚。

可是我国的实际情形是颠倒的。在经济发展和城市建设过程中，往往由开发商和投资者决定用地。当实际需要供应的土地超出土地利用总体规划时，地方政府往往违法批地或越权批地，甚至修改土地利用规划。所以我国的土地利用总体规划实际上并没有发挥太大作用。

有的学者认为土地规划没有单独立法，是土地滥用严重、规划形同虚设的一个主要原因。现在曝光的土地案件，无不可以用“违反土地规划”一言以蔽之。但是严格地说起来，可以用违规、违纪处理，却还很难说当事者“违法”。所以当前应当增强土地利用规划的法律效力，制定专门的土地利用规划法，强化其约束力。①

的确，我国目前很多土地案件表现出管理者和用地者对土地利用规划的漠视。管理者随意修改规划，以土地寻租谋取自己或小集团的利益；用地者违法占地，不按要求开发利用土地。然而，仅仅将这一问题归结为土地利用规划缺乏效力，只是规范土地利用规划的审批、许可和修订，其作用又是有限的。因为土地利用规划中还存在许多不能通过强化规划法律效力解决的问题：

1. 土地规划脱离公众需求的问题

我国土地利用规划实施有一个自上而下的指标分解过程。规划指标分解落实的主要依据是各地历年用地情况统计、土地后备资源调查数据和产业发展规划等基础数据，这些数据信息的不完备，在一定程度上影响了规划分解的准确性。另外，具体的土地

① 姜洪桥等：《第三轮土地规划正式启动，田风山之后新政》，载《中国经营报》2003年11月23日。

利用计划和安排也需要根据国家的发展战略（如加强基础设施建设、调整经济结构和布局、加快生态环境建设、推进城市化进程、实施科教兴国战略和西部大开发战略、调整行政区划、改革户籍管理制度等）和各地实际发展情况（如经济发展速度、产业调整、投资引进水平、人口变化等）作出一些调整和修改，这样土地供求之间有时就会出现较大差距。这种自上而下的规划不能满足需求，也是一些城市为了满足建设用地需要突破了上级规划指标的客观原因。

2. 土地利用总体规划偏离公共利益目标的问题

在地方土地利用规划实施的过程中，地方政府的强制力是有效的，它可以通过对违法者追究责任的方式迫使违法者遵守用地要求。但是地方政府的强制力不能解决地方土地利用规划偏离公共利益目标的问题。依据我国土地管理法的规定，地方土地利用规划制定的主体是各级人民政府，在自身利益的驱动下，其制定的规划可能偏离公共利益的目标，服务于政府部门或政府部门中的某些个人。

3. 国家土地利益和地方土地利益之间的协调问题

全国的土地利用总体规划着眼于全国土地资源的合理配置和利用，强调优先保护耕地，控制建设用地规模。而地方考虑的是如何供给土地满足生产和投资的需要，关注的是局部的经济利益。虽然《土地管理法》规定，下级的土地利用总体规划应当依据上级的土地利用总体规划编制，地方土地利用总体规划中的建设指标不得超过上一级土地利用总体规划确定的控制指标。但是，由于国家土地利用规划的具体实施仍然依赖于地方，针对国家的刚性指标，地方往往采取消极的方式对抗，甚至违反全国土地利用总体规划的要求。对此，却很难适用集体制裁的方法。因为集体制裁适用于一个集体中的所有成员。集体制裁可能使那些应受处罚的免于受罚，而无辜的人则受处罚。[①]

4. 部门利益之间的协调问题

我国土地利用总体规划及城市规划等专项规划分别由各主管部门组织制定。虽然《土地管理法》规定土地利用总体规划由土地管理部门会同有关的部门来拟定，各专项规划应当与土地利用总体规划相衔接。但是由于管理体制上的问题，实际上每个部门都从自己部门的利益出发，制定和实施自己的规划。即使城建、工业、水利、电力、交通等部门能坐在一起，也并不是实事求是地提出自己的用地要求，而是倾向于夸大自己的需求。[②] 这种利益的冲突导致土地利用总体规划实际上并不能控制其他部门的用地规模。

5. 公益之间的协调问题

保护耕地的一个重要的内容是控制城市建设用地。但是在目前经济快速发展，建设用地仍不断占用耕地的情况下，为了保障耕地的数量，往往牺牲一些林地、草地或其他一些生态环境区域。在建设用地不断占用耕地的情况下，如何协调各公益目标之间的关系，土地利用规划中并没有明确，实践中由于“占优补劣”导致耕地整体质量下降、生态环境被破坏。

（三）完善我国土地利用规划制度的思路

土地利用规划制度是实现公益目标的基本手段。要实现公益目标，必须解决土地利用规划中所存在的各种可能偏离公共利益的问题。

---

① 罗伯特·A. 达尔：《现代政治分析》，上海译文出版社 1987 年版，第 125 页。

② 王立彬：《土地规划：跟着“谁”在走》，载《中国纪检监察报》2004 年 5 月 12 日。

1. 各公益目标的协调发展

耕地保护非常重要，但是耕地保护并非土地利用规划的唯一目标。我国目前正处于经济高速发展的时期，提高全体国民的生活水平，增进国民的福利，也是公共利益的要求。经济要发展，就必定会占用土地。虽然新《土地管理法 》立法指导思想从保障建设用地转移到保护耕地，但并不意味着我们无须发展经济，不再供应建设用地。依据《全国生态环境建设规划》的要求，我国退耕还林、还草、还湖的力度将明显加大，而全国可供开发的后备资源又多处于生态环境脆弱的地区，因此我们必须处理好耕地保护和环境保护两者之间的关系。应该说，这两个目标并不矛盾，保护和改善生态环境，可以减少水土流失，减少自然灾害，增加粮食产量，促进全国粮食生产的良性循环。我们可以在土地利用规划中将土地用途划分得更细一些，在城市建设用地和农用土地之间合理分配，在农用地内部也应作出一个合理的划分。只有合理确定建设用地、耕地、森林、草地和保护地的数量和规模，使管理的目标具体化，才可能使各公益目标协调发展，避免顾此失彼的状况发生。

2. 土地利用规划应满足公众需求

制定专门的土地利用规划法，增强土地利用规划的法律效力是必要的。土地利用规划必须对用地者的行为进行有效的调节，才能发挥作用，达到其预期的目的。在土地利用规划实施的过程中，政府的强制力是有效的，它可以通过对违法者追究责任的方式迫使违法者遵守用地要求。不过政府的强制力又是有限的。土地利用行为的分散化，以及信息的不对称性，需要政府有足够的权威，加大执法的力度，同时还要加大监督的力度，防止用地者和执法者串通，才有可能使土地利用规划得以执行和落实。如果执法和监督不力，通过规划管理土地的目的就可能无法实现。土地利用涉及公众的根本利益要求，“如果说普通公民在政策制定之前和政策制定过程中可能不会主动地表达自己的利益需求，并向决策者施加压力以使其在政策中得到体现，那么当政策经过官僚系统层层贯彻下来，付诸实施时，他们在政策实施过程中很可能会以一定的方式寻求实现自己的利益，宣泄自己受到压抑的不满。对于一个涉及自己具体利益的政策，公民一定会对它有所反应。他们可能不会因为有利益要求，就有影响政府的政治行为，也可能不能够对高层管理人形成直接而强烈的政治压力。利益要求转化为政治行动，需要借助一系列的中介。但是，在利益需求的驱动下，公民有可能以社会行为方式来反映自己的政策偏好，以更好地实现自己的利用，并因此对政策绩效发生根本的影响”①。所以土地利用规划制度首先需要解决的是土地利用规划是否满足公众实际需求的问题。如果土地利用规划制定时不考虑其需求，用地者可以在政策实施过程中发挥重要的影响力。人们常说：“三分规划、七分实施”，要保证规划的效果，除了加强规划的科学性之外，更重要的是要使规划能切实的满足公众需求。

3. 处理好地方与国家之间的利益矛盾

我国的土地利用规划是一个多层次的规划体系。如果权力集中在中央，那么在具体的实施过程中存在指标分解的技术性问题。我国国土面积大，各地的自然条件、经济状况、社会发展水平有很大差距。由国家制定一个非常详尽的规划，没有可能也不现实。另外，具体的土地利用计划和安排需要根据国家的发展战略和各地实际发展情况适时地作出一些调整和修改，如果土地利用规划的指标过于刚性，土地供求之间也会出现较大差距。如果权力下放到地方。低层次土地利用规划常用来实现他们的土地利

① 赵成根：《民主与公共政策研究》，黑龙江人民出版社 2003 年版，第 187 页。

益目标，这样就有可能出现群体的目标与国家的目标不一致，或者虽然一致，但是成员的行为却表现出与目标不一致的情况。这个时候，高层次或上一级的土地利用规划容易被低层次群体所忽略或拒绝，而低层次的土地利用规划虽然效力方面差一些，甚至没有强制措施，也会得到人们的遵守。这主要基于两个方面的原因：其一，遵守低层次规划的人可能认为这样做有助于低层次群体目标的实现，从个人因素来考虑，他们更多地希望得到低层次群体内其他人的认同和接受，那些地位低的成员可能比地位高的人满足这些需要的愿望更为强烈。其二，低层次规划可以更直接地以积极的或消极的形式影响个人、低层次群体利益实现的效率，可能不服从的成本比遵守低层次群体规则的成本要高得多，而这可能会威胁到个人利益。当然遵守低层次规划可以建立在个人或群体积极支持规范的基础上。如果个人或较低层次群体的行为和态度对群体规划的目标认同，那么他们的行为自然与规划的要求一致。

仔细分析，我们可以看到这其实是一个体制问题。理论上说，下级的土地利用规划服从上级的土地利用规划。但是国家在对全国的土地进行统一安排时，对地方土地开发的限制将影响到当地经济的发展，对地方缺乏激励，而土地利用规划的实施又依赖于地方，因此土地利用规划要想达到一个良好的效果，既要体现地方经济发展的要求，又要在全国的范围内进行土地利用的综合平衡。这就意味着，中央和地方政府都要参与到土地利用规划编制的过程中，“这种中央和地方政府都参与的两重性有一个很大的优点，即将同时考虑国家和地方利益。但它也意味着存在一些冲突，当两级政府政治上所面临的局面不同时尤其如此。这类问题同样发生在不同级别的地方政府之间”①。

第三节　土地利用中的私益及其调整

私益是相对于公益而言的，私益一般分为个人私益和群体私益。个人私益，简单地说就是个人所拥有的利益。土地利用中也存在个人利益，而且土地利用中个人利益的调整经历了一个很长的发展过程。

一、土地利用中个人利益的调整

（一）利益调整与土地产权制度的发展

1. 早期土地利用中利益的法律调整与土地所有权制度的形成

学者们一般认为，所有权概念和制度产生的真正原因是稀缺。康芒斯在探讨了所有权与稀缺的关系后，指出：“所有权的基础是稀少性。若是一种东西预期会非常丰富，人人可以取得，不必请求任何人或政府的同意，它就不会成为任何人的财产。若是供给有限，它就会成为私有的或公有的财产。”② 最早成为所有权客体的是狩猎的动物、采集的植物以及一些个人物品，后来随着农业的发展，土地所有权的客体发展到土地。可以说，土地权利的界定和配置是人们对土地占有、分配和产品消费的需要划分的结果。土地所有权起先是一种“农业的排他性公有产权”，其目的在于防止外来人员的享用，确保群落的生存需要和利益。但是共有产权形式“有某种激励使得个人或群落忽视某种成本，

① A.S. 马瑟：《土地利用》，国土局土地利用规划司译，中国财政经济出版社1991年版，第234页。

② J.R. 康芒斯著：《制度经济学》（上），商务印书馆1962年版，第298页。

而这些成本会导致资源过分使用，甚至会使个人或群落的持续存在受到威胁”[①]。于是为了保证部落利益，进一步提高土地的利用率，土地作为财产对象被分配给个人，共同体建立规则来限制内部成员的行为，“群落原则上至少会通过规则、禁忌和戒令来约束其成员，并利用农业方面提供的生产机会，这样做的有效程度几乎与已经建立起来的私有产权相当”[②]。不过，这种产权只是一种非法律的财产权，直到希腊人、罗马人和希伯来人将习惯和习俗中的经验的成果写成法律条文，这种占有权才表现为一种由法律确认、受到法律保护的财产权。

2. 利益调整方法的分野与土地产权制度的构建

在古希腊的梭伦时代，土地和住宅都已成为家庭私有，所有者有权将土地转让给氏族以外的人，虽然当时没有描述“财产法”、“物权”和所有的抽象词汇，但是财产私有的观念已深入人心，并产生了一系列财产取得、变更、消灭的规则，已经有地役权和类似用益权的概念。罗马法中的所有权“Dominium”也没有明确的含义，但已基本具备了现代法中所有权的全部内涵。“Dominium 意味着从有限的家父权转化为对物的完全支配权，其产生的过程实质上是罗马土地公有制与私有制的斗争过程。”[③]土地所有权被视为“对物最完全的支配权”，土地所有人可以独立地支配其土地，排除他人对土地利用行为的干预。但是所有权的绝对性一开始就产生了土地占有和利用的矛盾，于是罗马人将物分为有体物和无体物，在所有权的基础上设立了他物权。“将

① 道格拉斯·C. 诺思著：《经济史中的结构与变迁》，上海三联书店 1991 年版，第 90～96 页。

② 《马克思恩格斯全集》（第四十五卷），人民出版社 1985 年版。

③ 彼德罗·彭梵得：《罗马法教科书》，黄风译，中国政法大学出版社 1996 年版，第 191 页。

权利归于一种无体物，为所有权权能的区分、分离及转让，提供了一种依据和途径。”[①]

中世纪日耳曼法中的土地所有权不同于罗马法的“一物一权”原则，同一块土地上存在着双重的所有权：领主（地主）对土地的管辖权、处分权和耕作人对土地的使用权、收益权。也就是说，土地的管理处分等方面服从团体或领主的支配，在使用收益方面服从团体成员或臣下的支配。[②] 在日耳曼法中，只有完全自由的所有权和不完全、负有负担的所有权的区别，即在所有权的权能范围存在区别，不存在罗马法中自己物和他人物的区别。这种所有权具有浓厚的团体主义色彩。“在古代日耳曼法中，即使没有土地所有的事实，更确切地说只要存在对土地事实上的利用，也就表现为某种形式的物权。”[③] 古罗马和古日耳曼对土地利用方式的不同使其产生两种不同的土地使用形式：构筑于所有权权能分离基础上的土地使用制度和构建于地产风格基础上的日耳曼财产法。

3. 利益调整方法的流变与土地产权观念的更新

到了近代，由于市民革命要求人权和自然权，所有权被看做是物质、精神和人格的统一体，被看做是人类最基本的权利，因此这一时期土地所有权具有绝对性。法国革命时的《人权宣言》中“所有权是与自由、安全以及对抗压制的权利相并列的自然法上的权利，以保全这些权利为目的建立了国家”以及“所有权是神圣不可侵犯的权利，非经合法确认为公共利益所必要且事前进行正当的补偿不得被剥夺”[④]的规定反映了这一时期土地所有权

① 杨汉平、刘剑文：《私有财产法律保护》，法律出版社 2000 年版，第 54 页。
② 杨汉平、刘剑文：《私有财产法律保护》，法律出版社 2000 年版，第 65 页。
③ 杨汉平、刘剑文：《私有财产法律保护》，法律出版社 2000 年版，第 67 页。
④ 法国《人权宣言》第二条和第十七条。

的特点。在英国，市民革命促使土地所有权从封建的国王（上级）所有权解放出来，并向完全所有权转化。虽然法律也加强了对土地租赁人权利的保护，但是这种保护仍取决于土地所有人和使用人之间的约定，没有对土地所有权的限制。国家对土地所有权人也没有限制，只有源于普通法“妨害”的规定。在18世纪的美国，土地所有权是一种绝对的支配权，凡是妨害土地权利的行为都可以请求制止。当时的法律包括两个基本方面：其一，在侵权行为法上对于侵害土地自然权利的行为规定了广泛的无过失责任。其二，承认先行利用土地者的优先权，例如现在一块土地上建筑房屋的人经过一定期间后取得享有“历史性阳光”的地域权，可以阻止他人在相邻的土地上营造足以妨害其日照的建筑物。总的来说，近代法上土地财产权的核心价值还是在于所有，而不是社会利用。

4. 利益调整观念与现代的土地产权制度的形成

20世纪初各国立法加强对土地所有权的限制，土地所有权开始向土地用益权让步。这是因为在近代资本主义社会，“代表土地的地主阶级、代表资本的资本家阶级以及代表劳动力的劳动者阶级三位一体共同构成当时社会的三种基本阶级”[①]。资本家从地主手中借来土地，从事工农业生产以获取利润，但是土地所有人却随意干涉租赁人的行为、任意变更租赁期限，所有权的优越地位影响到土地使用人的权利，而且“随着农业和工业被第三产业代替，土地作为生产手段的重要性减退”。在这种背景下，资本主义法律加强了对土地实际利用人的保护，赋予“用益权对抗所有权的效力”[②]，土地所有权的重要地位逐渐衰退，土地所有

① 杨汉平、刘剑文：《私有财产法律保护》，法律出版社2000年版，第84页。

② 转引自杨汉平、刘剑文：《私有财产法律保护》，法律出版社2000年版，第84页。

权的价值目标和功能从个人本位到社会本位发生了转变。1919年的魏玛宪法被认为是土地所有权由所有向利用发展的转折点，它不仅规定了对土地所有权的保护，而且规定在公共福利的情况下可以对土地利用进行限制。

二、我国土地使用权的概念和本质特征

（一）我国土地使用权的概念

我国的《民法通则》并没有土地使用权的确切定义，只是将它归为“与财产所有权有关的财产权”。学者们对土地使用权有广义和狭义两种解释。狭义的土地使用权指民事主体依法从国家无偿无限期划拨取得或有偿有限期出让、转让取得对国有土地的开发、利用的民事权利。[①] 广义的土地使用权指土地使用者依照法律的规定，对依法占有的土地享有利用和取得收益的权利。[②] 本书取广义，即本书所指的土地使用权既包括国有土地的使用权，又包括集体土地的承包经营权，具体而言包括以下基本含义：

第一，土地使用权是土地使用人对利益追求的可能性。“法律权利是用来保护应予以确认的利益的手段”[③]，法律不能满足每一个人的每一项利益。而只是对社会中的各种利益进行选择，对特定的利益以权利分配的形式予以确认，或者拒绝承认特定的利益应受法律的保护，这种选择表现为两个方面：利益主体和利益内容。在土地利用中，则表现为谁有权获取土地，利用土地可以获取那些方面的利益。土地权利只是主体为实现利益而依照法

① 陈泉生等：《海峡两岸土地法律制度比较》，香港社会科学出版社1997年版，第118页。

② 皮纯协主编：《新编土地管理法的理论和适用》，法律出版社2000年版，第66页。

③ 庞德：《普通法的精神》，唐前宏等译，法律出版社2001年版，第64页。

律为某种行为或不为某种行为的可能性，这种行为是追求利益的手段，但是这种行为并不能导致必然获得利益。

第二，土地使用权是主体行为选择的一种自由，它是法律对权利人行为方式、程度、界限和范围的认可。由于人的社会性，一人的自由不得危害他人和社会公众的自由，这种自由并不是无限度的。法律对自由的限制表现为义务，土地使用权内涵着一定的义务。如法律规定，土地使用人有合理使用土地的义务，依法缴纳土地使用的税费，如果土地使用权人超过使用期限、撂荒或污染、破坏、滥用土地，违反了义务，可以对使用权人实施处罚，甚至取消其土地使用权。

第三，土地使用权人的行为是具有一定意志的行为，它不是盲目的。土地使用权人的行为是受主体意志支配的、有目的的行为，这种意志指引着行为人主张、维护和实现自己的权利。

第四，土地使用权人具有独立的地位，享有一定的自主权。这种自主权表现为在不违反法律规定的情况下，他们有权以他们自己的方式使用土地，不受其他人的干涉；有权占有土地的收益，寻求土地的最大产出；有权按他们认为合适的方式处分他们的土地；对于侵犯其自主权的行为，可以依法请求予以制止或惩罚。

根据以上的叙述，实际上我们可以看出土地使用权具有如下的特点：

第一，土地使用权是我国特别设立的一种物权，表现为土地使用权的主体对土地享有支配权。由于土地使用权可以获得收益并可以排除他人干涉，因此土地使用的成本收益直接影响土地使用权人的预期和决策，土地使用权人的个人效益可以实现最大化。

第二，土地使用权是不动产物权。土地的不动产属性导致土地使用权与其他财产权的本质区别。相对于动产而言，不动产具有位置不可移动的特点，出于权利保护的需要，其权利的设置和转移必须经过登记，得到管理机关的认可。其次，土地使用权人为了自己利用土地的方便，可以依据相邻权合理地使用他人土地。这一方面可以解释为土地使用人一方的权利，另一方面也可以理解为相邻另一方权利行使而受到的限制。

第三，土地使用权是用益物权。用益物权是在一定范围和期限内，占有和使用他人的不动产取得收益的权利。土地使用权作为用益物权，具有一定的限制性。这主要表现在其权利行使的范围和期限存在限制。土地使用权的行使范围一般只及于土地表面，“土地上方的空间，在与土地使用者有利害关系的范围内，应视为使用权的一部分”[①]。我国现行的法律法规和政策对使用权的期限作了具体的规定，如居住用地 70 年，工业用地 50 年，商业、旅游、娱乐用地 40 年，农用地承包经营期为 30 年。[②]

第四，土地使用权是一种他物权。土地使用权独立于土地所有权，它包含占有、使用、收益和处分四项权能。土地使用权源于土地所有权中使用权能与所有权能的分离，在所有者和使用者之间存在一个利益分割问题，一方面，土地所有权和使用权分离，所有者需要将土地有效地配置给使用人，使土地的有偿使用规范化和制度化；另一方面，由于土地使用者易受到所有者行为的干涉，需要对不同使用权的内容和限制明确予以规定，使土地使用人的权利具有稳定性。土地所有权和使用权的关系属于物权关系，受物权法调整。土地使用权和所有权的关系如何处理，一直是学者们探讨的重大课题。由于我国土地使用权行使受到所有

① 朱征夫：《土地使用权的法律性质》，载《法学评论》1999 年第 6 期。

② 《城镇国有土地使用权出让和转让暂行条例》，第 12 条。《土地管理法》，第 14 条。

权的干预，没有发挥建立使用权制度应有的绩效，学者们提出应将国家行使土地所有权的行为纳入法治轨道。①

（二）土地使用权的本质特征

在传统的物权理论中，一般将物权的特征归纳为支配性、排他性、绝对性，其主要立足于权利主体能够不受干涉地支配客体，使主体更好地利用物，实现物的价值。而物的价值的实现还有赖于物权的可转让性。因此，支配性、绝对性、排他性和可转让性这四个方面的属性共同构成物权的本质特征。在这里，我们主要讨论土地使用权的排他性和可转让性。

1. 土地使用权的排他性

土地使用权的排他性指土地使用权人有权排除他人对其物权的干涉。排他性既可以使权利人独自享有利用土地时的收益，又可以使他独自承担土地利用中所发生的成本。“排他性是所有者自主权的前提条件，也是使私人产权得以发挥作用的激励机制所需要的前提条件。”② 由于土地权利人可以自主的利用其物，并享有利用物所获得的收益成本，因此排他性可以激发权利人的积极性、主动性和创造性。如果个人利用土地所获得的收益一部分为他人所无偿占有，则权利主体充分利用物的积极性就会不足。“只有当其他人不能分享产权所界定的效益和成本时，这些效益和成本才可能被‘内部化’，即才能对财产所有者的预期和决策产生完全的、直接的影响。只有那样，才能将他人对该财产使用的估价传送给所有者，所有者才有动力将其财产投于他人欢迎的

① 王卫国：《中国土地权利研究》，中国政法大学出版社 1997 年版，第 74 页。

② 柯武刚、史漫飞：《制度经济学——社会秩序和公共政策》，韩朝华译，商务印书馆 2000 年版，第 215 页。

用途。"[①] 排他性还划定了不同权利人之间的利益界限，一方面，权利人在自己权利的范围内合法地行使自己的权利，如果双方同意，那么物品和劳务就可以以一定的价格供给，"在确保按他人需要决定私人产权的用途上，排他性至关重要。这种激励是通过盈亏信号起作用的，而供应他人所需物品和服务不过是这种激励机制的副产品"[②]；另一方面，在发生侵权时可以维护自己的权利，并通过谈判实现自己的利益。

土地使用权的排他性要求土地利用中减少公有产权，实现私有产权。因为公有产权意味着个人利用土地时不能阻止其他人的利用，个人利用土地的收益和成本一部分为其他人所享有或承担，私有产权比公有产权有更大的排他性。对于物权的排他性的经济意义，王泽鉴先生提出"共有制度不利于物之利用"。我国台湾在法律及其实务上通过增强排他性改变共有制度，这些改进包括：（1）防止共有发生，例如耕地移转共有之禁止；（2）共有土地或建筑处分、变更及设定负担限制之放宽；（3）便于共有物分割或利用。[③]

2. 土地使用权的可转让性

土地使用权的可转让性指土地使用权可以在不同的权利人之间转移。"为了促进资源由较小价值用途向较大价值用途的转移，财产权原则上应该是可以自由转让的。"[④] 这是因为土地资源的

---

① 柯武刚、史漫飞：《制度经济学——社会秩序和公共政策》，韩朝华译，商务印书馆 2000 年版，第 215 页。

② 柯武刚、史漫飞：《制度经济学——社会秩序和公共政策》，韩朝华译，商务印书馆 2000 年版，第 216 页。

③ 周林彬、李胜兰：《物权新论》，载《人大复印资料（民商法学）》2001 年第 5 期。

④ 理查德·A. 波斯纳：《法律的经济分析》上册，蒋兆康译，中国大百科全书出版社 1997 年版，第 92 页。

稀缺一直存在着，土地资源给予我们的似乎总是少于我们希望得到的。土地使用权的界定只是解决了某一时刻谁有权去追求自己的利益问题，但是不能随着时间的变化及时解决人们在土地利用中的利益冲突。某一个人获得权利利用一块土地，意味着别的人可能失去机会，也可能意味着其他物品的生产减少。为了生存，人们要求得到土地利用的权利，要求土地产生更多的效用，生活在土地上的人们为了满足自己的利益，彼此之间进行着竞争。这种竞争不仅表现在同一块土地上的争夺，而且表现在一块土地上对不同的用途进行着选择和取舍。这种竞争促使了土地权利的转移。

土地使用权的流转是土地使用权可转让性的内容和要求。农地使用权流转的含义，就是拥有农地承包经营权的农户将土地经营权（使用权）转让给其他农户或经济组织，也即保留承包权，转让使用权。其主要形式有转让、转包、入股、互换等。转包是土地使用权自发流转的主要形式，转包后原土地承包关系不变，原承包方继续履行土地承包合同规定的权利义务。转让是指承包农户经社区同意将承包期内全部土地或部分土地让渡给第三方经营，由第三方履行土地承包合同的权利义务，转让后原承包关系终止。互换即承包农户之间和社区之间为便于耕作之类的需要，相互交换地块，以解决土地细碎化和经营分散问题。租赁则是指维持原承包农户双方约定的权利义务关系，接包者只交纳租金给原承包农户和社区。

土地使用权的流转可以促使土地向具有才能的人集中，使有限的土地资源得到更有效合理的利用。因为占有土地，就可以占有土地的收益，土地权利的转移就是土地收益的转移。而“在同一块土地上，最好的农场主比拙劣的农场主得到更大的收入。因此，当一块地被列为‘边际’农地，即‘无利可图’的土地的时候，究竟这种分类是根据最优秀的农场主、普通农场主作出的呢，还是根据拙劣农场主的耕作来作出的呢，这其间是有区别的。拙劣的农场主赔了钱的那块地如果落在优秀的农场主手里，或许是有钱可赚的。如果把这个事实加以进一步研究，就会发现农产品总产量的大小，是要以最有利的方法把人和地结合在一起的理想实现程度为转移的”①。由于土地使用权的流转可以使土地向有才能的人手中转移，从而在有限的土地上实现土地的最大产出。其次，土地使用权的流转可以实现土地资源的优化配置。人们购买土地是为了获得土地上的收益，而买卖是通过价格来进行的。“价格反映了土地的稀少程度”②，如果市场对某种土地产品和服务的需求数量大于土地实际产出的数量，那么这种土地产品和服务的价格就高，在利益的驱动下，土地利用人就会改变土地用途，根据市场的要求来生产，这样有限的土地就向具有较高经济效益的产业部门流动，使土地资源的分配更加合理。再次，土地使用权流转可以避免对土地的耗竭性利用。土地既不可能消灭也不可能再重新生产出来，土地的产品和服务将伴随土地的权利存在，而整个社会的土地总量是不变的，所以现在拥有土地，即使在很久的将来都能有价值，因此作为土地价值反映的土地价格“总是含有预期的因素在内，其售价不但包括土地劳务的现在价值，而且包括这些劳务的将来估价价值”。土地使用权流转可以全面体现土地的价值，使土地权利人在利用土地的同时保存土地的剩余价值，避免对土地的污染和破坏。

但是土地流转应受到必要的限制。首先，土地产权流转要适

① 伊利、莫尔豪斯：《土地经济学原理》，滕维藻译，商务印书馆 1982 年版，第 43 页。

② 伊利、莫尔豪斯：《土地经济学原理》，滕维藻译，商务印书馆 1982 年版，第 44 页。

当。适当是指土地流转应保持一定的速度和规模。土地流转的目的是为了更好地提高土地利用的效率，但是过于频繁可能会使土地利用人无视土地的再生能力，对土地构成掠夺性的利用。这种流转可能不会带来农业总产量的持续稳定地增长。另一方面，土地流转的结果最终会形成规模经营，但规模与效率之间并非绝对的正相关。规模并非越大越好，规模越大监督成本越高。大规模经营虽然可以降低单位成本，提高劳动效率，但不能增加单位面积产量或土地生产效率。① 其次，土地使用权的流转应当遵守土地用途管制的要求。利益往往决定人类对土地的利用结构、利用方式和利用程度。同一种资源，在同样的技术条件、经济发展状况和投入水平下，人们选择经济效益高的利用方式无可非议，因为人们总是以自己的利益满足作为衡量行为的标准。但是在与工业和商业用地的竞争中，农业用地因为产出率低、风险较大，季节性强而处于劣势。从理论上说，城市土地的优势在于区位，而农地的优势在于肥力，由于农地的低廉价格抵消了其区位的不足，农地（特别是优质农地）大量向市地流转成为现今各国的普遍现象。由于农地保护对于粮食安全、城市生产和生活资料的供给，维持生态平衡和生物多样性具有重大的意义，因此在土地使用权的流转中应当满足土地用途管制的要求，控制农地向城市土地转移，农业土地流转不得任意改变用途。再次，土地用途管制的另一方面是分区管制，土地用途分区是按照土地基本用途的不同划分用地区域，由于在同一个区域土地利用类型相同，土地用途分区可以避免因土地用途混杂而造成的土地利用纠纷，因此土地使用权的流转也应满足分区管制的要求。另外，以划拨方式取

① 林毅夫：《制度技术与中国农业发展》，上海三联书店 1994 年版；R. A. 贝利：《发展中国家的土地结构与生产率》，转引自《论中国农业的集约发展战略》，载《人大报刊复印资料（农业经济）》1996 年第 8 期。

得土地使用权的土地不能进入市场。这些土地享受了国家的优惠待遇，如果需要进入市场，必须依照规定转变为经营性用地。

三、农民土地利益的调整[①]

（一）农民土地利益的内涵及实现的基础

1. 农民土地利益的内涵

利益是人们为满足“客观的需要而出现的一种集中的、持续时间较长的意向。这种意向反映到人的行动上就是不断地、努力地、顽强地、有时甚至是热情地追求这种需要的满足，也就是贯彻和实现他们的利益”[②]。在土地利用中，农民也存在利益。传统的经济学认为，农民也是经济人，他们追求土地利益的最大化，从事农业生产是谋取利益的手段。农民的土地利益包括生存利益和财产利益两个方面。[③] 生存利益指利用土地来保证生活或生存的需要。财产利益指土地权利人将土地作为财产持有或利用的利益，包括所有利益（占有利益）和资本利益。所有人自己不利用土地，仅因保有土地而产生利益，为所有利益，非所有人则表现为一种占有利益；土地权利人将土地作为生产资料，投入劳力、资本，对土地加以利用所产生的利益，为资本利益。

2. 农民土地利益实现的基础

土地承包经营权是对农民土地生存利益和占有利益的确认。根据公共财产的私有化模式，有效解决公共土地问题的方式是将公共资源分割开来，以私人对独立财产的使用权替代对资源的共

---

① 操小娟：《农民土地利益实现的制度障碍及其治理》，载《武汉大学学报》2004年第6期。

② 奥塔·希克：《第三条道路——马克思列宁主义理论与现代工业社会》，人民出版社1982年版，第31页。

③ 渡边洋三：《土地与财产权》，第90页；温丰文，《现代社会与土地所有权理论之发展》，五南图书出版公司1984年版，第129页。转引自陈华彬：《物权法原理》，国家行政学院出版社1998年版，第263页。

同使用，使个人不再有扩大资源使用的机会，而是致力于开发利用分给自己的那一份资源。作为一种基本的农地使用制度，土地承包经营权经历了“包工”、“包产”到“包干”的过程。由于承包人在农业生产中自行投入种子、化肥及生产工具，自己享有承包地上的种植物并独立承担经营风险，这一制度已逐步演变为对承包地的排他性占有、使用、收益的权利。只要占有土地，享有土地承包经营权，就可以为土地利用人带来收益，满足其生存利益要求。虽然土地承包经营权是农民自己作出的选择，开始并没有得到决策者的承认，但短短几年内能在全国范围展开，却是政府主导性制度安排的结果。在后来的制度变迁中，政府政策反复强调稳定农民的承包关系，其实质就是希望满足农民对土地占有的预期，保障农民的土地生存利益。

农地使用权流转是实现土地资本利益的条件。土地应如何利用，主要取决于土地出产物的市场价格。如果土地出产物的价格高，土地利用人就会在利益的驱动下，改变土地用途。因此土地使用权的流转可以优化土地利用结构和农业生产结构，从而更好地满足土地利用人的生存利益要求。不仅如此，土地使用权的流转还有利于受让方实现土地的资本利益，这是因为土地使用权的流转可以促使土地向具有经营管理或使用才能的人转移，使零散的土地集中起来，实现土地的规模化经营和专业化生产，降低单位成本，提高土地收益。

(二) 我国农民土地利益实现的制度障碍

1. 我国农地使用制度的现状

(1) 土地承包经营权的稳定性差

家庭经营是大多数国家都采用的一种农业生产方式，但不断调整土地来适应社区人口变化却是我国特有的现象。虽然政府为了增强农户对土地经营和投入的预期，将农户承包期从 20 世纪

80 年代年中期的 15 年延长到 90 年代的 30 年，但是为了满足社区人口不断变化对土地均分的要求，使土地满足社区每个人的生存利益需要，实际上农村土地在社区承包者之间进行着不断的调整。对此，农民的态度也是矛盾的。一方面他们希望得到稳定的土地使用权，使自己有预期的土地收益；另一方面，当家庭人口增加时，他们又希望增加土地以抚养新增家庭成员。农户的人口在 30 年内肯定会发生增减变化，许多农民认为“土地承包 30 年不变会导致不公平”[①]。这一因素在导致土地调整的各因素中所占比例相当高。土地不断调整的结果是导致土地更加细碎，阻碍农业机械的采用和农业现代化的实现，影响生产效率并造成极大的成本浪费 。[②] 土地承包经营权的不稳定使农民不能通过长期有效的投入和积累来实现收益的增加。

（2）土地使用权流转的市场尚未形成

如果土地使用权流转市场发达，从事土地经营的农户就可以随时从市场上获得自己需要的土地，不仅可以实现土地有效配置，而且新增人口对土地的需求问题也能得到解决。但是，这样的市场在我国还没有形成。土地承包经营权是集体组织内部成员基于其特有的身份所享有的权利，当农民家庭成员增加时，农民可以凭借其集体成员的身份，迫使集体组织利用行政手段调整土地承包经营权，而不是通过市场来解决土地利益矛盾。与靠行政手段频繁调整土地相比，市场规则下的土地使用权流转相对要少得多，而且很不稳定。这种不稳定与外出务工的农民收入的不稳定有直接关系。城市农民工大多从事一些服务业和建筑业，其收

① 罗伊·普·罗斯特曼等：《对中国执行“增人不增地，减人不减地”政策的展望》，RDI 学术报告。

② 谭淑豪等：《土地细碎化的成因及其影响因素分析》，载《中国农村观察》2003 年第 6 期。

入易受经济和社会不确定因素的影响。农民收入的不稳定，导致土地使用权流转的不稳定。[①]

2. 农民土地利益实现的制度障碍

农地权利给土地权利人提供了追求利益的可能性，提高了个人利用土地的效率。土地使用权的流转将土地与有才能的人结合起来，提高了土地的产出率。然而这些制度并没有带来持久的绩效，因为权利不等同于利益。行使权利，可能会通过权利的活动而得到利益，也可能得不到利益。农用土地制度只是一定程度上解决了农民土地权利问题，农民利益的实现还存在某些制度障碍。

(1) 政府在产业之间的偏斜

在工业化发展的不同阶段，工业和农业关系表现出不同的特点。一般而言，发展中国家的资本积累不足，劳动力素质普遍不高，科学技术落后。我国还存在人口众多、人均资源量极少的压力。因此，国民经济各产业部门的现代化不可能同时进行，必须在各种相对稀缺的资源环境中，选择能获得较大收益的产业优先发展。由于农业部门比较利益低，在国民经济中所占比重逐步下降，而制造业在总产业中所占比重逐步上升，因此形成一种二元结构。从表面上看，这是工业化过程中存在的客观规律，也符合市场经济条件下市场的趋利性。然而这种全局利益观念却恰恰产生了忽视农民收益的政策行为，它们主要表现为：

一是投入倾斜。在资源有限的情况下，国家总是优先增加工业供给，压缩农业供给，明显表现出对工业过度倾斜，对农业投

① 张宏宇：《中国农村的土地制度变迁》，中国农业出版社2002年版，第141～142页。

资不足。[①] 近些年来，农业基础设施投资保持较高水平，但直接用于农业的投资仍然不多。[②]

二是限制人口流动。由于农业的比较利益低，农业剩余劳动力有一种自发的向工业流转的趋势。但是为了确保城市农产品供应，减轻城市巨大的就业压力，维护城市稳定，只能牺牲农民的利益，限制农村劳动力的转移，使大量剩余劳动力滞留在土地上，造成农业生产中单位劳动所创造的收益降低。

三是市场价格管制。为了保证工业化的发展和向工业的倾斜，在各国工业化初期的资本积累中，大多采取改变工农业产品在市场上的价格来转移农业剩余的办法，[③] 即工业品按高于价值的价格出售，而农产品则按低于价值的价格出售，通过价格“剪刀差”将农业剩余转移到工业，使农民在交换中处于一种非常不利的地位，对农民的利益造成极大的损害。近几年来，虽然我国农产品的价格有所提高，但是农产品的生产成本也在不断增加，致使农民所获得的净收益并没有得到提高。

（2）地方政府及职能部门对农民土地利益的侵蚀

低价征用土地。土地是农民利益的保证，当承包的土地被征用后，作为土地权利人理应得到合理的补偿，但是在计划经济体制下确保工业用地所规定的低补偿机制现在仍然继续沿用，由于支付的价格远远低于市场价格，使农民的土地利益受到极大损害。一些地方对土地征用的补偿费进行层层盘剥，甚至挪作他用，使农民的生存都失去保障。农民负担问题是近几年来备受关

① 牛若峰等：《中国经济偏斜发展与农业曲折发展》，中国人民大学出版社1991年版，第92页。

② 陈劲松等：《2002年中国农村经济形势分析与2003年展望》，载《中国农业经济》2003年第2期。

③ 刘建平：《农业比较利益论》，华中科技大学出版社2001年版，第104～110页。

注的问题。虽然中央对农民减负的力度一次比一次大，但是农民的负担却一直难以减下来，这与地方职能部门有很大关系。一些地方县、乡财政收入很少，而各级政府机构臃肿，行政开支入不敷出，于是地方政府就把手伸向了农民，采取各种搭车收费形式加重农用土地权利人的负担。

（3）缺乏来自村集体或村委会的支持

依据法律的规定，集体所有的土地归农民集体所有，集体土地的所有权由村集体和村委会行使，但是很多村集体和村委会被少数村干部所控制，他们不是积极地维护集体内部成员的土地利益，而是利用其手中的权力，通过任意调整土地，利用行政手段干预土地流转，加重提留和统筹等方式牟取私利，直接侵害农民土地利益。

3. 农民土地利益实现的制度障碍的系统分析

“人类—环境”系统是一个多层次复合系统，土地利用是其中的一个子系统。土地利用关系既体现人与土地之间的关系，受到自然因素的制约，又体现人与社会之间的矛盾，受到政治体制、经济关系及其他社会关系的影响，因此土地利用制度不仅横向上要与经济、政治、文化、社会制度相协调，而且纵向上应统一配套。具体地说，在横向上，各方面的土地利用法律制度与经济、政治、文化、社会制度等配套，避免顾此失彼。同时土地资源系统是一个复杂的生态系统，其组成部分（水、生物、气候等因素）之间既相互联系、又相互制约地构成一个具有连动性的整体，其中任何资源的变动都会引起其他资源的连锁反应以致整体结构的变化，因此土地利用的法律制度与影响土地利用的其他资源的法律制度应相互协调，统筹安排。土地利用法律制度在纵向上一定要上下一致，使总政策、基本政策和具体政策，或宏观政策、中观政策和微观政策形成一个上下一致的整体，使土地利用政策得到具体的落实。只有土地利用法律制度与影响土地利用的其他法律制度相互协调、统一安排，使整个制度系统协调，才能做到从整体上思考和解决问题。考察这些制度，我们可以发现，当前存在的问题的实质就在于农地使用制度与其他制度之间存在不协调的情况。

土地权利人的行为不是盲目的，而是受主体意志支配的、有目的的行为。主体意志指引着行为人主张、维护和实现自己的利益。个人自主权表现为在不违反法律规定的情况下，个人有权以他们自己确立的方式使用土地，不受其他人的干涉；有权占有土地的收益，寻求土地的最大产出；有权按他们认为合适的方式处分他们的土地。权利主体选择做或不做某行为的原因在于权利主体对利益的考虑。但是，在土地用途管制下，土地权利人只能从事比较利益低的农业生产活动，不能完全实现自己的利益，对此政府虽然有相应的补偿，但是对农业的投入仍然严重不足。在通常情况下，权利主体是根据自我利益来选择做或不做的方式来行使权利。对于一个享有土地使用权的人来说，如果土地利用的结果是入不敷出，他就会停止行使土地使用权，让土地荒芜。如果一种土地利用类型的收益大于另一种土地利用类型的收益，土地使用权人就会选择前者而不是后者。因此，即使可以禁止农民变更土地用途，也不能防止他们荒废、闲置土地。

在土地产权明确的情况下，个人可以独立地占有、控制、使用和处置属于自己的那份土地，可以在效用最大化原则的支配下，“最适宜或者最有效率”地使用资源。但是仅靠个体的人力和小规模的土地，利润达到一定限度就无法继续增长。要进一步提高效率，只有寻求专业化生产，或增加土地和技术投入。这时他们需要进入土地使用权市场，以获得更多数量的土地，产生更高价值。但是土地使用权的流转与“区域第二、三产业发展水平及商品经济发展水平密切相关”，“在经济发达地区，由于第二、三产业构成比例大，农村劳动力非农化程度高，因此，也就有较多农户主动出让承包农地的经营使用权，农户的农地流转行为比较普遍”。[①] 在我国很多地区土地使用权的流转并不多见，已发生的流转也只限于社区内部或者出现在亲戚朋友间。这样的流转显然不利于土地资源在更大范围内优化配置。一方面，土地流动的范围小，土地细碎化的问题仍然得不到解决，获得土地的农户难以实现规模经营及经济效益的提高。另一方面，土地流转并没有获利，只是转移了税负，许多以非农产业为主的农户选择撂荒和粗放经营，转让土地的积极性不高，土地使用效率得不到提高。

农业易受自然风险、经济和社会风险因素的影响，不适合大规模集体协作的生产方式。这样农民在市场中便处于一种弱势地位，难以与从事工业生产的企业相抗衡。我国当前整个农业社会化服务体系中的突出矛盾，表现在服务组织体系不健全，农民组织化程度低。真正能够满足农户商品生产需求，能够帮助农户降低生产成本、疏通流通渠道、实现产品深加工、增加农民收入等方面的服务非常薄弱。[②] 同样，面对来自各方面对自己土地权益侵害的行为，农民的土地承包经营权的物权性质没有得到确立，还不足以对抗来自包括集体在内的其他任何人的侵害。

当个人或家庭期望用超出自用的剩余换回其所需的物品时，他必然受制于“市场的盲目力量”，或者受到市场中其他人行为选择的影响。正是这种因市场交换而形成的依赖关系为不平等的

① 钟涨宝等：《农地流转过程中的农户行为分析——湖北、浙江等地的农户问卷调查》，载《中国农村观察》2003 年第 6 期。

② 张忠根等：《中日韩农业现代化比较研究》，中国农业出版社 2002 年版，第 112 页。

交换和分配创造了潜在的条件。在参加交易之前，个人可能会认识到参加市场交易可能带来的伤害，如果他可以选择退出市场，就可以避免市场的不公正对自己造成的损害。[①] 从理论上说，社会分工是满足人们利益需要的基本条件，土地利用是经济人获取收益的方式，各土地利用人之间并无区别。当农业土地不能满足土地利用人利益需求时，土地权利人应该可以选择放弃农业土地的经营而进入城市中其他产业。但是进入城市的农民，由于受到户籍、子女教育、婚姻、社会保障等因素的影响，难以融入城市，而且这种就业和收入非常不稳定。因此，即使农业收入在他们的经营收入中占很少的部分，他们也不敢退出农用土地的经营，而选择保有土地，享受占有利益。城乡的二元经济和社会结构将城市居民和农民分割开来，迫使大量的农村人口滞留在农用土地上，农业生产率难以提高。

（三）农民土地利益实现的对策

农民的土地利用活动，受到自然、社会和经济等多方面因素的影响，单一的农地使用制度只是为农民提供了获取利益的可能性，农民土地利益的实现需要对农地利用的产前和产后提供制度保障。

1. 对农地利用提供支持

农业与其他产业部门相比具有明显的弱势。农业生产受地域、季节和气候影响，风险性较大。即使能够排除自然条件的限制，农业还要受土地报酬递减律的限制，规模经济效益没有工业显著。在选择土地利用类型时，土地权利人更倾向于能带来较大收益的工业类型。但是农业又是不可缺少的，它涉及到整个国家

---

① 詹姆斯·布坎南：《财产与自由》，中国社会科学出版社 2002 年版，第 20 页。

的粮食供应和国家安全，又必须有人从事农业生产活动。这就意味着农用土地利用人在利用土地为自己谋取利益的过程中为社会承担了一定的义务，并因此受到了损失。从公平的角度来讲，应当对产生正外部性的农用土地利用者进行补偿，具体体现为以下制度：

(1) 风险预防制度

对于国家来说，农业生产遭受灾害时，特别是发生大面积的自然灾害时，农民的生活、生产购买力就会大幅度下降，从而导致农业以及与农业相关产业的波动，甚至影响整个社会的稳定。尽管我国现在对重大的自然灾害有行政救助，但是这些只能维持农民的生活和生产的基本需要，其发挥的作用非常有限，同时也增加了政府财政的负担。建立风险预防机制，不仅可以筹集一部分资金，增强农民抗灾的能力，及时地恢复生产，进而达到稳定农村经济的目的，更重要的是，它可以对农民的收入和收益进行保险，保证农民的收入与其他的土地利用活动一样不受自然因素的影响。由于农业风险巨大，完全自负盈亏的保险公司往往无力承担建立农业风险预防制度的重担，可以采取由政府和保险公司共同经营，或者保险公司经营、政府提供经营管理费和保险费补贴等办法。

(2) 技术支持制度

在决定劳动生产率的各项因素中，农业科学技术在农业生产中有着非常重要的作用，它决定了农民在单位面积的土地上所获得的收益水平。但是我国农业生产手段相当落后，仍停留在以手工工具为主的阶段。加之农业科技开发和指导不够，基本上凭生产经验从事土地生产经营活动，这样平均到单位面积的土地产量很少，土地利益不能得到最大限度的实现。提高土地收益，必须强化科学技术在农业生产中的运用。具体来说，应当加强农业科学技术基础研究的政府投入，建立适应市场需求的农业科研风险投资机制；加强农业技术的推广和运用，尽快地将农业科技的成果转化为现实的生产力，建立多层次、多方位的立体组织结构形式，形成一个既分工负责，又密切联系的服务网络；强化农村职业技术教育，使农民掌握科学种田的技术。

(3) 资本支持制度

当农业生产的目的是为了满足生存利益需要时，农民对资本的需求很少。当利用土地从事农业生产活动不仅是为了生存，更是作为一种追求资本利益的手段时，农民就需要有大量的资本投入来扩大经营规模，购买生产资料、土地和农业机械等。这时仅靠农民自身或者向亲戚朋友借贷已不能满足需求，只能是转向银行及其他信贷系统。因此需要建立比较完善的信贷系统来满足农民对资本的需求。目前，国债投资主要用于农业基础设施投资，商业性银行虽然可以为农业生产提供一些资本需求，但是由于农业风险大，利润低，商业银行表现出明显的趋利性和短期性：一是随着生产经营规模的扩大及需求的增加，农业信贷供应量变化不大或者相对比重下降；二是投资结构失衡，农业生产中的中长期贷款下降，资本投向能带来最大效益的非农建设活动或能产生较大利润的经济作物。因此在农村信贷方面，仍然需要政府对农民生产提供大力支持。

2. 土地利益实现市场的培育

在土地市场中，任何对供应者和购买者以及他们之间交易的强制，都会影响到农用土地权利人的利益。完善的市场是农民利益的保障，可以使他们在交换中避免受到某种不公平的待遇，获取专业化所带来的全部利益。因此，农用土地权利人的利益需要强有力的保障措施，这种利益保障“只有在一种完全竞争经济存在并且运行的情况下才会产生”，“这种完全竞争的经济被明确地描述为在一种足够大的市场关系当中——其规模大到足以保证可以存在许多同时作为市场上的买方和卖方的经济单位，很容易参与和退出所有的生产活动”。[①] 具体来说，培育实现土地产后利益的市场主要包括以下方面：

(1) 市场主体的培育

首先，将农用土地的社会保障功能剥离出去，建立新的社会保障机制，可以使农民获得选择的自由，成为市场主体。社会保障制度是一个国家或社区为改善和提高成员的物质和精神生活而提供的社会服务及其采取的相关措施。农村存在大量的劳动力剩余，而且随着大量土地转变为城市用地，又有许多农民失去土地。显然，土地难以继续承担农村人口的社会保障功能。因此，需要适应市场资源流转的趋势，给退出农用土地经营的人口建立一个新的社会保障机制，如提供最低的生活保障，提供养老保险，提供医疗保障，提供教育和培训的机会等。这些社会保障机制的建立使农民可以对失去土地后的前景有一个良好的预期，因此具有明显的积极作用：一方面，已经失去土地的农民生活安全得到保障；另一方面，没有失去土地的农民可以在利润的支配下自由选择，而不是被迫留在土地上。其次，提高农民的自组织能力，增强农民在市场中的竞争力。农业生产的特点决定了其只能采取分散经营的方式，但是在市场中，他们面对的却是一些经济实力雄厚的工业生产企业。为了保证农民利益得到最大限度的实现，需要农民自我组织起来。农业合作组织便是这样的理想形式，它既不影响农户对土地使用的经营自主权，同时又可以在需要的领域为农户提供技术服务，提高农业生产的专业化，推动农村现代化的发展。更为重要的是，农业合作组织还能为农户销售

① 詹姆斯·布坎南：《财产与自由》，中国社会科学出版社 2002 年版，第 21 页。

产品提供方便，避免中间商的盘剥，使其能获得产品加工后的增值，增加农户收入；农业合作组织还有利于克服小生产的局限，使分散的农户在互助合作中联合起来，提高农户在市场中的竞争能力。提高农民的自组织能力，不仅需要政府支持，而且需要政府积极推动。

(2) 培育多种类型的市场

完善的市场是农民土地利益实现的保证，也是农业现代化的必然要求。由于农业的构成要素非常多，相应地需要建立的市场也较多，其中主要包括：第一，建立规范有序的农产品市场。实现农民土地利益，必须提高劳动效率，增加农产品的产量。但是农产品产量增加与农民收益的实现并不是直接对应的关系，它还取决于市场对土地出产物的接受程度。农产品的价格是市场需求的信号，农民可以根据价格，了解市场需求，调整自己的种植类型，使土地的出产物能以合适的价格卖出，减少农产品的结构性过剩所造成的损失，达到既增产又增收。因此正确的价格信号是农民实现利益的关键。为农户提供及时、准确的市场信息，可以促进市场的有序发展。第二，促成土地流转市场。土地使用权的流转是土地权利的转移，要充分实现土地价值，保障农民的土地利益，必须增强其物权性，使土地权利具备全部的权能，体现其商品属性。另外，合理的地价是实现农村土地使用权流转的必要前提，充分考虑各种因素，对农村土地进行科学的评估和分等定级，确定土地基准价格是双方公平交易的依据。第三，扩展农用物资市场。农村剩余劳动力自发地转向城市，但是城市却采取一系列限制农村劳动力转移的政策，其根本原因在于城镇工业生产的发展难以消化这些大量涌入的过剩劳动力。解决这一矛盾的方式只能是发展城镇经济，提高非农产业对农村剩余劳动力的消化吸收能力，让更多的农村剩余劳动力从事农用物资供应等产前部门以及农产品运输加工等产后部门的劳动生产，同时将城镇工业生产和农村生产联系起来，扩大农村对农用物资的消费能力。

3. 农民土地收入的保障

(1) 提供产后收入补贴

由于农业的比较利益低，要保证农民土地利益，仍然需要对农民提供收入补贴。收入补贴的方式有直接收入补贴和间接收入补贴两种。直接的收入补贴是指政府为了稳定和提高农民收入或减少政策调整给农民收入带来的损失而对农民进行直接的转移支付。直接补贴通过直接对农民进行支付，保证农民收入达到一定水平。间接补贴主要通过政府进行价格干预，规定农产品价格来间接保证农民获得较高收入。由于对流通领域的粮食进行价格支持表现出低效率、高成本及扭曲贸易的问题，许多国家倾向于直接收入补贴。不过由于直接补贴割断了收入与产量之间的联系，它可能会带来农业生产供给下降的问题，同时我国农业人口多，也不可能无限制地扩大直接补贴的规模，所以应根据具体情况采用合适的补贴方式。

(2) 规范地方行政机构和村集体的行为

第一，规范土地征用行为。严格规定征用的目标、征用的要件、征用的程序，对征用给予充分补偿，限制乱征地行为，保护农民土地利益。第二，切实进行机构改革。臃肿的机构是政府支出过大的主要原因，必须将基层行政机构改革纳入法制化轨道，建立相应的监督和约束机制。第三，规范地方政府的税费行为，切实减轻农民不合理的负担，增强农村税费征收的透明度，使之接受公众的监督。第四，健全农村集体的管理机制。推行政务公开和村民自治，规范村干部的行为，避免农民土地利益受到假公济私行为的侵犯。

四、城市建设用地土地利益的调整[①]

同一地块可以有不同的利用主体，同一个利用主体可以利用不同类型的土地，在追求利益的过程中，不同的主体之间可能会产生利益冲突。我国目前在土地利用中的利益冲突主要表现为：地方利益侵蚀所有者（国家）利益，地方政府运用行政权设租、寻租，直接导致土地所有者的利益受到损失；划拨土地或以非市场价格获得的土地进入隐形市场，使国家失去可观的土地收益，使用者侵蚀所有者利益；竞争不公平导致使用者利益失调；土地产业配置失控，行业利益冲突激化。

（一）土地利益的表现形式

个人是利益主体的最基本单位，但是个人并不是孤立的，他们在追求自己的土地利益过程中不可避免地要与他人结成一定的社会关系，形成一定形式的共同体。也就是说，个人土地利益的实现必须经过土地分配才能达成，个人土地利益依附于共同体的利益。根据共同体的范围大小，可将土地利益分为国家土地利益、区域土地利益、行业土地利益和企业土地利益四种。

国家土地利益，是指生活在一个国土范围内的所有居民的共同利益，是作为一个共同体存在和发展的需要。这种需要不仅包括土地利用秩序和安全、公共卫生和教育、社会弱者利益保护等社会利益的需要，还包括经济发展的需要和环境保护的需要。在我国，国家是土地所有者，国家土地利益就是土地所有者的利益。

区域土地利益，是指一国内部各区域发展所产生的土地需求。虽然各区域土地资源状况、人口数量、经济发展水平不同，

① 参见操小娟：《土地利益调整中的地方政府行为分析》，载《中国软科学》2004年第5期。

但是各个区域的利益目标是一致的，亦即争取更多的建设资金，实现充分就业，扩大地方财政收入或减少支出，以满足区域经济发展的要求，提高区域内居民生活水平。显然，这些经济活动离不开土地的利用，影响着土地利用的结构。区域土地利益更多地表现为区域经济利益，它不仅需要与其他区域在资源上竞争，而且受到国家土地利用总体规划的制约，因此，区域土地利益存在矛盾，区域土地利益目标与国家土地利益目标也表现出一定的冲突。

行业土地利益，指因工作性质、对象和范围而形成的一定人群的共同需要。各行各业的发展都离不了土地。社会分工的不同，使行业有了自身特殊的需要。在土地利用中国家产业政策影响着行业土地利益的实现，国家产业政策的变化也带来行业土地利益的变化。在完善的市场条件下，土地如何使用，主要取决于土地出产物或提供服务的价格，不仅土地资源可以实现优化配置，相应地，行业土地利益也自行得到了调整。如果土地配置取决于供求双方的行为，那么在经济利益的驱使下，一方面，供求双方都倾向于利润率高、见效快的企业；另一方面，由于无法通过市场了解供求信息，导致土地供给后的产业间配置失去控制。这些后果主要表现在：城镇建设用地无限扩张；城市基础工业重复建设；维持城市生态环境的公共绿地严重缺乏等。

企业土地利益是指企业对土地的一种需要。土地是企业的生产要素，是企业生产不可缺少的物质基础。企业的建立和企业规模的扩大，都需要土地。企业土地利益对企业内部来说，是内部成员的一种共同的利益。对于企业来说，只要得到土地，就可以进行生产活动，获取利润。

在以上的利益形式中，区域土地利益是因为自然地理条件而形成的利益，它往往与行政区划联系在一起，是一种现实存在的利益形式。行业土地利益是一种较为松散的组织利益，即非严密的群体内部成员出于共同的利害关系而聚合在一起，从而自发形成的一种组织利益。企业土地利益是一种具有严密结构的组织利益，经过职能部门的正式批准而建立起来，其合法的利益得到法律的确认。由于土地资源有限，企业之间、行业之间、区域与国家之间可能会因为土地利用而产生利益矛盾和冲突。

（二）地方政府对土地利益冲突的介入

地方政府担负着发展地方经济、保障地方福利等职能，同时地方经济目标的实现也关系到当地官员的政绩，直接影响其物质利益的实现和职务的升迁。这些因素往往使地方政府成为地方共同利益的代表，直接干预地方土地的供应和利用，介入土地利益的冲突中，一定程度上导致了冲突的激化。地方政府的行为主要表现在以下几个方面：

1. 地方政府介入区域土地利益冲突

首先，为地方争取有利的土地开发利用条件。获得有利条件的地方可以通过开发利用土地的优势获取租金，这种租金就是寻租者由于农业用地与工业用地、商业用地之间的利润差别获得的利润。地方政府往往会为地方争取有利于地方经济发展的土地利用数量和类型，为争取土地利用开发的权利而与上级政府讨价还价，以求得到比其他地方更多一点的“特殊待遇”。

其次，越权批地，违法用地。当不能得到使用土地的审批权限时，地方政府便以合法的名义违法批地，或者越权批地，片面追求以地生财，将土地作为“第二财政”，单纯追求土地收益；或者为了招商引资，省与省、市与市、县与县、乡与乡相互之间展开恶性竞争，违反国家的有关规定，擅自制定和出台土地优惠政策，竞相降低价格供应土地，甚至无偿赠送。

再次，截留土地使用权出让收益。依据法律、法规规定，中央政府的城市土地收入由两部分构成：一部分是中央企业所得税收入，另一部分是地方政府以分成方式上缴的城市土地有偿使用收入。但是在现实中，地方政府往往出于自身利益的考虑，对出让土地采取抵制政策：(1) 在出让土地时，主要采取不规范的协议方式；或者采取招标的方式，但招投标方互相勾结，尽可能压低出让金水平，使国家的利益受到损失。(2) 在企业普遍缺乏资金的情况下，消极地运用单一的土地出让方式，客观上使有偿出让制陷于一种停滞状态。(3) 以承担一定的建设任务、劳务或其他非货币形式支付或抵补，或者扩大配套费、开发费、管理费等收费比例，以费抵补土地有偿使用收入，将土地收益留在地方，或隐瞒本应上缴中央财政的份额。

2. 地方政府介入企业土地利益冲突

首先，地方政府为引资影响土地的供给。自政府投资权限下放以后，地方政府对基建项目的审批权限增加，融资权限扩大。为了吸引外来投资，给地方经济带来活力，许多地方盲目迎合外资需求，以指定供地对象、供地方式、供地价格或决定减免土地出让金等方式直接干预供地，或以批条子、打招呼等方式要求国土行政主管部门供地。

其次，地方政府通过投资改变土地的用途。现行的分税制在确定企业所得税归属时，保留了按行政隶属关系划分税收的做法，中央企业所得税归中央，地方企业所得税归地方。这种收入分配制度促使地方多办属于自己的企业，特别是多办那些见效快的企业，如小冶炼厂、小化肥厂、小造纸厂、小烟厂和小酒厂，增加土地的产出，推动整个区域的土地产值的增加，使自己的税收最大，收益最多。

3. 地方政府及其职能部门参与行业土地利益竞争

人们通常将行业利益视为部门利益，这是因为长期以来我国的行政机构是根据行业对口设置的，如电力部门管理电力行业，林业部管理林业，农业部管理农业，所以事实上政府部门总是与特定的行业胶着在一起。随着政府体制改革的深入，政府职能部门逐渐成为一个独立的利益群体。地方职能部门为了自身利益，不与地方政府协调，而与地方政府或其他政府职能部门争夺地方事务管辖权，从而形成多头供地的局面。由于管理主体的混乱，造成土地供过于求，价格低迷，土地利用效率低，土地利用市场混乱等不良后果。

（三）地方政府行为的制度分析

表面上看，地方政府介入土地利益冲突中的内在动因是因为地方政府在分权制度中有了自己的利益，但是这并不能说明分权是错误的。分权的必要性不仅已经由政治学家、经济学家在理论上予以论证，而且也为各国的实践所证明。不过，“在权力下放时，必须有一个强有力的法律制度框架，将地方政府与可靠的规则联系起来，规范地方政府的行为，使其发挥积极性的同时，能够不损害宏观经济的稳定”①。而我国目前缺乏有力的制度对地方政府行为进行规制。

1. 土地收益补偿机制的不健全

税收是土地收益中一个重要的部分。地方资源禀赋存在差异，地方政府在土地供给方面有很大的差异。同时，在国家土地统一规划下，许多地方的土地可能被划入低收益的土地利用类型，其经济发展必然会受到限制。对于这些地方政府来说，政府间的补贴是重要的维持地方政府公共服务能力均衡的保证。这些补贴可以来自邻近的省或地方政府，更主要的是来自中央政府。

① 毛寿龙、李梅：《有限政府的经济分析》，上海三联书店 2000 年版，第 337 页。

政府间的补贴应当是根据地方的资源状况、土地面积、人口、人均GDP等因素来确定，而我国的税收返还政策却将各地方上缴数额作为基数，固化了财政包干制形成的那种各地区负担不合理和财力分配不公平的状况，加大地区差距，而且"一对一"的谈判机制导致了"一省一率、一省一额"，分成比例千差万别的局面，也为以后各行政性分利集团与中央政府讨价还价提供了口实。①

2. 土地管理职能的缺失

土地管理包括供地行为管理和用地行为管理。前者表现为对土地供应总量的控制，包括土地总量管理和土地计划管理。如通过提高存量土地的利用率，控制土地增量供应，对土地总量进行管理；通过土地计划调控土地市场，促进市场供求平衡，实现土地资源的价值和有序开发。后者则表现为对土地利用进行监督和检查，确保土地按确定的用途利用、土地用途转用按法定程序申请和报批、土地利用达到一定的集约利用率、土地利用的经济、社会和环境效益相统一。目前我国土地管理中存在主要的问题包括：（1）土地供应缺乏来自中央政府的监督。从理论上说，地方政府在国家授权的范围内对土地进行管理，应当受到国家的严格监督和控制。但是过多的代理形成一个多层次的监督关系，从而加大监督成本，而且使初始委托人的监督失去意义。（2）土地供应缺乏来自地方政府的监督。由于供给土地和管理土地的是同一主体，在利益的驱动下，当土地利用总体规划、城市规划以及土地供应计划与实际需要供应的土地不一致时，修改规划和计划就可以很容易地使之一致起来，导致土地供应缺乏规划和计划的约束。（3）土地利用行为缺乏规范。由于缺乏中央政府的约束和监

① 郑鹏程：《行政垄断的法律控制研究》，北京大学出版社2002年版，第75页。

督，地方政府与企业之间博弈之后利益达成一致，形成一种不利于土地所有者的结局：违法批地用地，土地利用的产出率低，土地利用外部不经济等。

3. 土地经营机制的不健全

“国家所有、各级政府分级管理”，这主要是对土地管理关系的陈述。如果从土地经营的角度看，国有土地则实际上由各级政府及其职能部门“分级所有”，因此在事实上各级政府及职能部门都有权进行土地使用权的出让，形成多个主体供地的局面。从1996年开始，各地从当地实际情况出发，借鉴其他国家和地区土地收购储备方面的先进经验，相继提出了建立地区性土地收购储备体系的构想和思路，并积极地付诸实践，在一定程度上实现了政府对土地一级市场的垄断，对培育和规范我国土地市场发挥了一定作用。但是这种经营体制仍然存在难以克服的问题，这主要表现在：（1）土地经营目标的扭曲和损害。代理层次越多，初始委托人与最终代理人的双向信息传输越容易发生迟滞和失真的情况，因而委托人的利益和目标越容易被扭曲甚至受到损害，甚至可能发生代理关系中某一或某些代理层次用自己的利益或目标取代初始人的利益或目标的现象。土地经营的目标是土地资产的“保值增值”，这是国家作为土地所有者的目标。但是地方政府的目标是多元的。作为地方土地的管理者，又代表国家行使土地的所有权，地方政府不仅需要保证土地资产的保值增值，而且要最大限度地满足广大人民群众的社会公共需求，包括使自己的收入最大化、使本地区的经济收益最大化、扩大就业、保持社会稳定、保护环境等。这样土地经营的目标就不能保持单一性，甚至还经常受到地方政府领导人意志的影响，随领导者任期而发生变化。（2）用地绩效评估机制的欠缺。地方政府是土地资产的经营者，在国家授权的范围内从事土地经营活动，但是其经营土地资产的盈亏责任不由经营者自己承担，而是由国家来承担无限责任，因此地方政府经营土地资产的行为既缺乏内在的激励，又缺乏一个正确的评价标准和评价方法的约束。“在经济的社会政治目标日趋重要的现代社会，人们很自然、也很坚定认为投资规模、国民生产总值、经济增长率等是评价政府绩效和政府官员是否称职的一个最直接、最恰当、最公正的标准，并据此建立了一个注重扩张的政府绩效评估价指标体系。”① （3）管理制度的牵制。由于土地管理涉及的方面非常广泛，在具体管理工作中与该区域的建委、计委、规划、房管、财政等政府职能部门联系紧密。在计划经济体制下，土地管理走的是先立项再规划最后供地的路子，一切由政府说了算。现在经营性用地采取招标拍卖挂牌方式公开入市后，由于这些工作性质、职能地位各不相同的机构和部门仍然沿用原来的管理模式，在复杂的土地管理中相互不协调甚至相互抵触，以致影响了土地有偿使用制度的推进。

4. 土地违法责任追究制度的缺损

越来越多的事实表明，政府及其职能部门违法在土地违法案件中仍然占有较大比重。近年来政府及职能部门违法案件数量虽比往年有所下降，违法用地案件数量却比往年大幅度增加。但是对于土地违法案件，土地监察部门对本级政府不敢查，上级监察部门下来检查的机会又少。特别是对干部越权批地的查处，由于有些领导干部法制观念淡薄，难以形成共识。有的干部片面认为“为公违法”，问题不大，采取无所谓的态度，往往使查处很难深入下去。以言代法、以权代法，干预土地执法的事件屡见不鲜。② 因此很多时候仅仅是补办手续了事。即使对一些土地违法

① 徐邦友：《在两个转变中革新政府行政观念》，载《甘肃理论学刊》1997年第2期。

② 《国土资源报》，2002年9月4日。

中面积较大、违法性质比较严重的案件进行查处，处理也都比较轻，而且重经济处罚、轻对违法责任人的处理。

（四）土地利益的法律调整思路

企业、行业和区域都有自己的土地利益，承认合理的土地利益，规范政府行为，才能有效调整区域与国家之间、行业之间、企业之间的利益关系。

1. 承认区域合理利益

通过公众参与形成合理的区域土地利益。区域土地利益实现的主体是地方政府，但是区域土地利益的实现往往影响到公众。既然是区域利益，就会涉及到可能受到影响的每一个人。因此公众理应享有表达自己意见的权利。可以使公共意志发挥作用的一个最重要的渠道就是立法过程，“此亦是宪法理念的民主制度之目的。尤其在多元的社会，弥漫在社会的多元价值观念，必须经过充分的公共意思的沟通，方可寻出一个符合多数价值观念的公益概念”①。让公众参与土地利用规划的制定，通过公开讨论确立的公益内容可以为公众接受和认可，并得到他们的遵守，尤其是在跨地区的土地利用中，如果国家和地方各级政府“考虑的问题和可供选择的方案得到广泛的理解”，那么他们的“行动就能得到广泛的支持”；② 另一方面，公众只有参与土地利用规划的制定，才能了解土地利用公益的内容及其可能对自己权利义务的影响，防止公众利益受到侵害或者被扭曲。

规范政府的行为。地方政府积极介入区域利益冲突的原因在于，它在中央政府的分权让利和分灶吃饭的财政体制中有了自己

① 陈新民：《德国公法学基础理论》上册，山东人民出版社 2000 年版，第 196 页。

② 联合国环境规划署等编：《世界资源报告》（1996～1997），中国环境科学出版社 1997 年版，第 86 页。

的利益。实现政府间财政转移支付的规范化是正确处理各级政府间财政分配关系的重要基础，主要的方法包括：以公共服务均等化为目标，通过科学的财政体制、规范的转移支付制度等来满足社会共同需要，消除地区间的贫富差距；根据公共物品的层次性和受益范围，合理划分各级政府的事权和财权；构建以纵向为主、横向为辅，纵横交错的财政转移支付框架，促进各地区之间公共服务能力的均等化；规范财政转移支付的计量标准与资金分配方法等。[①]“为了避免低效率和不平等等问题，有必要使政府间补贴应该是可预测的和透明的。”[②]

2. 通过产业政策调整行业利益

资源产业政策是国家对资源产业发展进行宏观指导的政策，其目的是通过调整产业结构、产业布局、产业组织规模、产业技术政策及贸易政策，控制资源开发利用的规模，调整产业发展的方向。“产业政策是通过干预一国的产业间的资源分配和产业（部门）内的产业组织，达到该国国民的（经济的、非经济的）目标的政策。”[③] 通过产业政策调整行业土地利益是一种合理的选择。对于鼓励发展的行业有计划的多供应土地，对于限制发展的行业少供应或不供应土地，就可以达到调整产业结构的目的。反过来说，产业政策可以促进产业的合理化发展，使各个地方都可以受益，避免因地区倾斜所导致的土地利用不平衡的状况，同时改变因地方“大而全”、“小而全”的工业体系所造成的土地利用结构的趋同现象，从而使土地利用结构得到调整。由于土地利

① 刘建、张小峰：《改进政府财政转移支付制度的政策建议》，载《管理世界》2002年第9期。

② 毛寿龙、李梅：《有限政府的经济分析》，上海三联书店2000年版，第338页。

③ 转引自肖国兴、肖乾刚：《自然资源法》，法律出版社1999年版，第96页。

用状况既是产业结构发展变化的结果，又可以在很大程度上制约产业结构的发展。因此产业的发展应当与土地利用计划保持一致和协调。

通过产业政策调整土地利用中的利益关系需要处理好产业政策调整和市场配置资源的关系。产业政策的作用在于弥补市场机制的缺陷而导致或可能导致的市场资源配置的失效，调整行业土地利益仍然需要发挥市场在土地资源配置中的作用。土地如何利用，往往由土地的出产物或提供的服务在市场所获得的价格来确定，土地出产物或服务的价格越高，那么有土地的企业会转变土地的用途，将土地用于生产最受消费者欢迎的产品，没有土地的企业会在市场上购买土地，以从事土地出产物价格高的产品的生产。这样的土地价格反映了市场需求，在市场的作用下，实现了土地资源的优化配置。如果企业的土地是无偿或低价取得的，由于企业感受不到市场正确的价格和需求，它只会关注市场对产品的需求，而不会注意土地的耗费，显然这时的土地资源就难以优化配置。市场作用的发挥需要提供正确价格和需求信号的市场，需要对市场价格和需求信号作出灵活反应的生产者——企业，因此市场作用的充分发挥还有赖于企业土地使用制度的完善。

3. 对不同类型的土地实行不同的管理方式

土地可以分为经营性用地和非经营性用地，非经营性用地主要包括国家机关用地、军事用地、城市基础设施用地和公益事业用地（国家重点扶持的能源、交通、水利等项目用地及法律法规规定的其他用地），这些土地的利用具有非排他性和非竞争性，其目标是为公众提供社会公共需要，由政府划拨。对于经营性用地，为了实现土地的保值增值的目标，促使土地利用者集约利用土地，提高土地产出，应以出让的方式，通过市场实现土地优化配置。由于两种类型的土地管理所要达到的目标不同，因而应有不同的管理方法：

(1) 规范划拨土地

划拨土地历来是政府及其官员设租、寻租的一个重要的原因，因此依法定的条件对划拨用地的申请严格审查显得非常重要。在国外，非经营性用地的范围仅限于道路、广场、环境物品和其他公用设施用地，而我国出于经济发展的需要，划拨土地的范围要宽一些，将科技、卫生、文化、教育，以及游乐场、体育场馆和公园用地等半经营性用地也纳入到划拨范围。今后我国对于划拨土地范围的确定，需要根据具体情况和经济发展的需要逐步进行调整，对完全不盈利的土地，采取划拨形式；对于有一些收入的项目用地，逐步采取市场供应的形式。在权力配置上，应根据公共需要的范围确定政府相关职能部门的权力，使决策机构之间形成一种相互制约的关系。在政府和公民之间，则通过权利对权力的制约来促进依法行政。①

(2) 经营出让土地

寻租活动是行政权干涉市场经济活动导致不平等竞争而产生收入的行为，减少寻租机会的方法就是将政府对经营性用地的监督管理权与经营权分开，由社会中介组织如国有土地资产经营公司经营国有土地资产，政府则加强对中介组织的监管。在性质上，国有土地资产公司与中央政府的关系不再是原先的代理关系，而是一种信托关系。政府将信托财产转移给受托人之后，作为委托人的政府不再享有对信托财产的处置权，受托人则成为法律上的财产所有人，可以以自己的名义对信托财产进行管理，在不违反法律规定和信托合同约定的情况下，受托人享有对信托财产有关的一切权益。由于受托人的目标是单一的，独立于政府的

① 迈克尔·麦金尼斯主编：《多中心体制与地方公共经济》，上海三联书店2000年版，第73页。

就业、福利及社会稳定的目标之外，能更好地实现资源的保值增值。在国有土地资产信托中，受托人不能违反法律的规定和信托合同的约定，随意改变信托财产的用途，也不能为了自身的利益任意地处置信托财产，同时受托的国有资产还独立于委托人和受托人的财产之外，从而避免了国有土地资产的流失。在机构设置上，有效的国有土地资产经营结构应该是双层的：首先，由国资委（局）代表国家作为委托人和受益人，表达财产所有者的意志，并受到代表公众利益的人大、司法机构、政府内部相关部门的监督。其次，国资委（局）与国有资产经营公司订立信托合同形成信托关系，委托各级信托公司对土地进行经营，负责对信托公司的资产运行状况和经营绩效进行监管，并在信托公司违约的情况下，退出与受托人的信托关系，并追究受托人的民事责任。

第四节　土地利用中公益和私益的调整

一、公益与私益调整的基础

（一）公益和私益的关系

1. 公益与私益的统一关系

从辩证唯物主义的角度来看，公益与私益既存在统一的一面，也存在对立的一面。公益和私益统一，意味着公益和私益之间相互依赖、相互依存和相互转化。这种统一的关系主要表现在三个方面：第一，社会利益是个人利益中共同的东西，是一定社会中人们的一种相互依存关系。马克思对社会利益与个人利益的关系作过精辟的论述。“作为一般的、普遍的和具有共性特点的社会利益，寓于作为个别的、特殊的和具有个性特点的个人利益之中，而个人利益则体现着社会利益的要求，是社会利益在各个个别人身上的利益表现，并且受到社会利益的制约。社会利益是反映在个人利益中的一般的、相对稳定的、不断重复的东西，是人的最强大的利益基础。社会利益不是简单地存在于个人利益之中，而是借助于个人利益以不同的形式和不同的强度表现出来。”[①] 第二，公益向私益转化。公共利益是社会成员的共同利益，最终仍须将其分配给社会成员享用。当公共利益被法律确认为一项具体的权利时，因为主体的具体化而转化为个人利益。如允许个人对某一林地的开发利用，对公众来说是公益，对个人来说是私益。当公共利益分配给一部分人享用时，公益转化为群体的私益。如部分人对某一公共设施的享用。第三，私益向公益转化。当个人利益和个人权利受到侵害现象具有经济秩序或社会正义的普遍性和典型意义时，就会转化为社会利益。[②] 如个人在生命和健康方面的私人利益，需要国家以公共利益的形式加以保障。另外，少数人的某些特殊利益也可经过民主原则转化为公共利益。[③]

2. 公益和私益的对立关系

公共利益与个人利益的对立和冲突主要是指两者之间的相互竞争、相互排斥的关系。之所以在社会利益与个人利益之间发生对立，是因为个人利益总是从自身出发、内容具体和丰富，而公共利益主体虚化、内容抽象，两者在表现形式上存在差异，以致看起来各个人所追求的仅仅是自己的特殊的、对他们来说是同他

① 《马克思恩格斯全集》（第四十六卷（上）），人民出版社 2001 年版，第 102～103 页。

② 孙笑侠：《论法律和社会利益》，载《中国法学》1995 年第 4 期。

③ 陈新民：《德国公法学基础理论》上册，山东人民出版社 2000 年版，第 201 页。

们的共同利益不相符合的利益，所以他们认为，这种共同利益是“异己的”和“不依赖”于他们的，即仍旧是一种特殊的、独特的“普遍”利益。[①] 公共利益是在个人利益的基础上发展和集中形成的、脱离个人需要和个人利益的、一种社会成员的共同利益。由于总的利益是有限的，个人的利益受到社会其他成员的利益的限制，个人利益的增加，意味着其他人利益的减少。

公共利益和个人利益的平衡对抗主要是指两者是相辅相成的，必须同时兼顾，不能偏废。德沃金在其权利理论中提出，处理个人权利与社会目标关系的关键在于使两者妥协，“不是把权利作为一种与总福利相对应的基本价值来强调它的必要性”，“而是强调选择或折衷是必要的这个观念”。[②]

（二）行政法与公私益关系的调整

法的目的是实现公益，行政法的目标也是实现公益，它主要是通过调整个人利益和社会利益的关系来实现公益。不过由于个人利益和公共利益之间存在对立统一关系，是保护某一方面的利益（强调公共利益和个人利益的对立性）还是使双方的利益保持一致（强调公共利益和个人利益之间的统一性），导致行政法出现了两个不同的目标。反映在法律上，英美法保护个人权利、限制行政权力，大陆法系国家则强调法律对个人权利的限制，而在社会主义国家强调公共利益和个人利益的一致性。

在个人主义思潮的影响下，英美行政法的主要内容是控制行政权，防止对个人权利的侵犯。在集体主义本位的大陆法系国家，行政法倾向于强化行政管理，增进公益的实现。英美行政法的基本理念源于洛克的社会契约理论。洛克认为人类原来处于自

① 《马克思恩格斯全集》（第三卷），人民出版社 2001 年版，第 38 页。

② 布·麦基：《思想家》，上海三联书店 1987 年版，第 397 页。

由和平等的自然状态，不仅可以自由地处理其人身和财产，没有人必须服从任何其他人的意志和管辖，但是，自然状态的人们的自由、生命和财产得不到保障，经常受到别人侵犯的威胁，因此人们订立契约，把一部分权利交给政治社会，以保护“他们的生命、特权和地产，即我根据一般的名称称之为财产的东西”①。但是，“虽然人们在参加社会时放弃他们在自然状态中所享有的平等、自由和执行权，而把它们交给社会，由立法机关按社会利益所要求的程度加以处理，但是这只是出于个人为了更好地保护自己、他的自由和财产的动机（因为不能设想，任何理性的动物会抱着每况愈下的目的来改变他的现状）”②。“这种财产权的性质就是：未经本人同意，不能剥夺任何人的财产。”③ 尽管洛克的理论值得推敲，但是不可怀疑，其理论对西方国家法律思想的深远影响。“洛克思想的总的倾向是崇尚个人主义，甚至有时把它置于公共利益之上；与此相适应，他提出了限制国家权利的思想，以至于他被人称为‘个人主义之王’和‘自由主义鼻祖’。”④

在强调社会本位的大陆法系国家，注重利用行政手段限制个人权利，促进公共利益的实现。这主要源于国家的主权理论。主权指组织为一个国家的民族所享有的主观权力。也就是说，国家负有保护个人免受其他人侵害的不可推卸的责任。在法国大革命

① 洛克：《政府论》下篇，叶启芳、瞿菊农译，商务印书馆 1964 年版，第 123 页。

② 洛克：《政府论》下篇，叶启芳、瞿菊农译，商务印书馆 1964 年版，第 131 页。

③ 洛克：《政府论》下篇，叶启芳、瞿菊农译，商务印书馆 1964 年版，第 193 页。

④ 傅殷才、颜鹏飞：《自由经营还是国家干预》，经济科学出版社 1995 年版，第 60 页。

时期，民族国家的主权替换了君主的主权。通过法律的表述，主权成为国家意志的代表。这是一种发布命令的权力。依据这种权力，国家才能规制国家与其他人格主体的关系，使他们服从于国家。个人的权利是与国家权力相对应的。国家为了履行对个人权利保护的义务，才建立起军队、警察和司法机构并维持其运转。因此只要认定行政行为是代表主权的政府的行为，那么就必须承认行政行为对个人限制的是合理的。现在集权制国家公民的意识中始终保持着的对政府的敬畏，就是早期行政行为观念的痕迹。

最值得一提的是前苏联行政法的有关规定，“社会组织和国家组织在全面建设共产主义的时期表达了全体苏联人民的意志和利益”，“苏维埃的法反映并保护个人利益和集体利益的一致。在社会主义社会中，个人和集体之间、个人利益和集体利益之间是没有而且也不应当有不可调和的对立。这种对立之所以不应当有，是因为，集体主义、社会主义并不否认个人利益，而是把个人利益与集体利益结合起来。社会主义是不能撇开个人利益的，只有社会主义社会才能给这种个人利益以最充分的满足。不仅如此，社会主义社会是保护个人利益的唯一牢固的保证”①。这种公共利益高于个人利益，公共利益可以促进个人利益的实现的观点，在很大程度上反映了马克思和恩格斯的思想。他们认为在一个无产阶级专政的国家里，国家代表着大多数人的利益，国家由人民群众自己管理。他们对传统经济学中“经济人”的假设给予了十分深刻的批判。他们认为个人主义并非自然的、永恒的，它是资本主义时期的产物，因此他们在此基础上建立的传统的社会主义理论，“否认或忽视人的利己动机，而代之以利他和集体主

① 转引自沈岿：《平衡论》，北京大学出版社 1999 年版，第 128 页。

义的假设”[1]。

行政法的基础是一定层次的公共利益与个人利益关系，行政行为实质上是对公共利益的维护和分配。但是否认个人利益或者单纯强调个人利益与社会利益的对立性，都未免失之偏颇，因为公共利益和个人利益之间还有统一的一面。个人利益是公共利益的基础，公共利益是从个人利益中抽象出来的共同利益，公共利益的实现可以为个人利益的发展创造更多的条件、提供更多的机会。“行政法是公法、是保护公共利益的观念，或者行政法是控制行政权的法、是保护个人利益的观念，都是不准确的，这种陈旧的行政法人文精神必须抛弃，而应倡导和树立起保护利益一致关系这种新的人文精神。”[2]

在行政法所调整的个人利益和社会利益的一致关系[3]中，是公共利益处于主导地位、个人利益服从公共利益，还是个人利益居于主导地位、公共利益服从个人利益？有学者提出，从地位上或者从持续性上看，公共利益都应当占主导地位，因为“公益是团体的利益，团体是一个多数人组成的单位，这个单位是高于个人的。而可以享受利益的这个团体，可以是一个具有人格的组织体，例如乡镇等公法团体，也可能是无人格的组织体，例如居住于某些市区的居民等等”；“所谓的私益，最久也不会超过私人的一生。而公益的享有，则因为团体成员的更易并不会影响团体的

① 保罗·A. 萨缪尔森、威廉·D. 诺德豪斯：《经济学》下卷，第12版第1302页。转引自沈岿：《平衡论》，北京大学出版社1999年，第142页。柯武刚、史漫飞：《制度经济学——社会秩序和公共政策》，韩朝华译，商务印书馆2000年版，第73页。

② 叶必丰：《行政法的人文精神》，湖北人民出版社1999年版，第152页。

③ 利益一致关系指多个主体为了追求共同利益而形成的利益关系和相互满足各自利益而形成的利益关系。参见叶必丰：《行政法的人文精神》，湖北人民出版社1999年版，第128页。

存在，所以，在利益的享有延长时间上，可以比私益所享有的时间来得更久远"①。狄骥对此提出了批评，认为"多数派的个人即居于多数派的众意，是不能占统治地位的。如果让他们掌握了统治权，我们就不得不坦率地承认所谓的人民主权只不过是强力的主权，是绝对权力的最为绝对的形式。然而，社会又不仅仅是人们及其意志在数量上的集合。它们不是仅由各个数字所组成的，而是具有一个更为强大联合体的社会；这样的社会保障人之为人的权利，以及产生于这种权利的合法利益。……无论是单个人的意志，某些人的意志，还是全体的意志，都只不过是强弱不等的力量罢了。我们反对那种认为仅仅因为某些人代表众意，就应当对这些人的意志进行服从与尊崇的观点"②。笔者以为，从公共利益和个人利益的统一关系似乎更容易理解公益的主导地位，因为公共利益是从个人利益中分离出来的利益，既保证个人利益的安全，使个人利益冲突在公共利益的调节下得到缓解，又可以实现个人利益中个人所无法实现的利益。如果个人利益不服从于公共利益，社会将处于一种无政府的状态。个人利益应以服从公共利益的方式与公共利益保持着一致。当然，以公共利益为主导，并不意味着否认个人利益，社会利益的主要方面是个人的道德和社会生活。个人利益与社会利益息息相关。"虽然我们为社会利益着想，但仍必须重视个人利益。重视人们的整体要求和个人要求，承认并保证人们自由追求个人意愿、实践上帝所赋予的理性的权利。我们应该在承认个人道德、社会生活的基础之上

---

① 陈新民：《德国公法学基础理论》上册，山东人民出版社 2001 年版，第 199 页。

② 莱昂·狄骥：《公法的变迁》，郑戈、冷静译，辽海出版社/春风文艺出版社 1999 年版，第 27 页。

强调社会利益。”[①]

二、土地用途管制的法律界定

（一）土地用途管制的含义

土地用途管制，是指行政主体依据法定的土地利用要求规范土地利用者的开发利用行为，或对土地利用者开发利用行为实行管制的行为。土地用途管制的实质是对土地所有权和使用权的权限进行限制，或对土地利用行为实行管理，以达到对土地的可持续利用。对于土地用途管制，我们可以从以下几个方面把握：

第一，土地用途管制的主体是国家土地行政管理部门。行政主体是有资格以自己的名义行使行政权的组织，行政主体不限于行政机关，它包括各级各类专门行使行政权的行政机关和经法律直接授权行使行政职权并对其承担责任的非行政组织，以及根据法律规定经行政机关授权而获得行政权的组织。但是，我国《土地管理法》规定，土地用途管制的主体主要是行使土地管理和监督权力的土地行政管理部门。

第二，土地用途管制的行政相对人包括土地的所有权人、使用权人及其他利用土地的权利人。在土地法律关系中，土地所有者和土地使用者依法享有对土地的占有、使用、收益和处分的权利，但是土地所有者和使用者对土地的开发和利用必须符合土地利用分区确定的用途和土地使用条件的要求，土地的使用和占用情况要受到土地管理机关的管理和监督。另外，以其他方式（租赁、转让、入股和合营）取得土地权利的人也是土地用途管制的对象。

第三，土地用途管制的内容是国家土地行政管理部门对行政相对人作出一定行为或不作出一定行为的要求。一般来说土地用

① 庞德：《普通法的精神》，唐前宏等译，法律出版社2001年版，第77页。

途管制的内容包括两个方面：一是土地使用密度和容积率的要求。这一管制主要是从住宅环境（空气、阳光等）、建筑物景观、公共设施需求等角度规范私人土地开发；二是限制土地用途的转变。通过划定土地用途区域，限制土地用途转变，特别是限制农地转变为建设用地，控制城市规模的扩张和城市土地的无序开发。随着土地用途管制的推进，土地用途管制还涉及土地利用程度和土地利用效益方面，不仅要求土地利用者土地利用达到一定的集约度，而且要求土地利用的社会、经济、环境三者的综合效益达到最大化。

第四，土地用途管制是土地行政管理部门所作出的一类行政行为。由于土地用途管制的内容多样，因此土地用途管制可以是一个行政行为，也可以是多个行政行为。土地用途管制是土地行政管理部门代表国家实施的一类行为。国家虽然也是土地所有权的主体，但并不能因此认定土地用途管制是一种民事权利的行使。这主要是因为土地用途管制具有强制性，土地利用人必须服从管制的要求。如果土地所有者和使用者擅自改变土地用途、非法占用土地或有其他违法行为，一旦查实，将追究其法律责任。土地用途管制在一些土地私有的国家普遍适用，也从事实上说明土地用途管制是一种行政权力的运用。

综上所述，土地用途管制是土地行政管理部门运用行政权力对土地利用人所实施的一类行政行为。土地用途管制的目标是实现公共利益与个人利益的一致。土地利用规划和分区为土地用途管制提供了一个可预测的标准或一个可遵循的行为规则，行政主体依照这些标准和规则对行政相对人的土地利用行为依法进行管制，使其符合公共利益的要求，行政相对人在行使土地权利时，必须遵守土地使用条件，从而使个人利益与公共利益的要求保持一致。

（二）土地用途管制中主体行为规范模式的选择

在行政法的理论中，各国对于行政行为规范模式的选择不尽一致。有些国家侧重于规则控制，有些国家侧重于程序控制。在这两种控制模式中，相对人的作用是有所区别的。在程序控制中，“权力的理由通过相对人的介入和行政主体共同证成的，通过合理的行政程序的设计来实现控制行政权力的目的”[①]。与此不同，规则控制的特点是，从行政行为结果着眼，注重行政法实体规则的制定，“法律规则被等同于行政管理权力的理由，通过详细的实体规则来实现法律对行政权力的控制功能”[②]。不过随着法律的发展，两种模式都在权力控制的需要下空前地重视正当程序模式。笔者以为，对于行政行为的规范，规则控制和正当程序因其不同的特点，可以在行政行为的规范过程中发挥各自不同的作用。具体而言，土地用途管制中行政行为规范模式的特点是：

（1）法律授权是行政权行使的依据

权力法定是行政法的基本原则，行政权只有经过立法机关通过法律的设定，才具有合法性，成为一项合法的权力。行政权力由法律作出规定，既限定了行政权力的范围，避免行政越权行为，也保障了相对人的合法利益。立法机关对行政权力的设定一般表现在[③]：行政权力的名称及性质；权力由谁来行使或支配；因主管事项、时间、地域和级别等因素而产生的行政主体间的职权层次、职权分工、职权归属、职权范围；行政主体行使权力可以采取的方法、手段和措施。

（2）土地利用中的公共利益是土地用途管制的目标

① 孙笑侠：《法律对行政的控制》，山东人民出版社 2000 年版，第 129 页。
② 孙笑侠：《法律对行政的控制》，山东人民出版社 2000 年版，第 121 页。
③ 孙笑侠：《法律对行政的控制》，山东人民出版社 2000 年版，第 197 页。

依法行政的内容随着时代的变迁在发生着变化，各国不再强调行政行为需要严格法律依据的形式法治理论，而是追求实质法治。立法机关所提供的行为标准不单纯是合法问题，即形式合法性问题，还产生了实质合法性问题，即法律的目的性问题。对于法律有明确授权的，行政主体可以直接作为其权力的依据。在法律法规没有明确授权或行政机关享有自由裁量权的情况下，公共利益就成为行政行为的标准。行政法的目标是为了实现公共利益和个人利益的一致，公共利益是行政主体行使职权的基础，即行政行为是否促进政府公共利益的目标是对行政权力的直接限制，行政主体只能采取促进公共利益实现的行为。也就是说，在土地利用的分区、自然环境的保护、空间和美学的控制中，土地利用管理都应促进政府实现公共利益的目标。

（3）行政行为程序的正当性

行政权的行使必须依据一定的程序进行，土地管理权的行使直接影响到相对人的财产权利，更应该注重行政行为合乎程序性的要求，这既是行政管理科学与效率的要求，也符合以程序要件弥补规则要件不足的当代行政法发展方向。程序正当性的重要意义在于可以在行政行为作出之前寻求其行为的正当理由，控制行政自由裁量权，保障相对人权利。在行政行为的过程中，通过相对人对行政权力的抗辩，以保持行政权力与相对人权利的平衡、增进行政效率与公民自由的关系的协调、促进形式合法性和实质合法性的结合。“只有当程序性权利与实体性权利相适应、相配合时权利才有完整的表现，也才有实现的可能。”①

（三）土地用途管制中的互动关系

对各级政府土地管理部门来说，他们可以依据土地利用规

① 孙笑侠：《法律对行政的控制》，山东人民出版社2000年版，第230页。

划、土地利用分区和土地利用年度计划，针对特定的土地利用人行使权利。如土地管理部门对相对人土地利用申请的许可、限制许可或不许可，对土地利用人开发和利用行为的管理和监督、限制土地用途转用的审批等。但是其权利的行使必须是在法律规定的权限范围内。对于土地利用人来说，他们依法享有的土地权利受到法律的保护，但是其权利的行使必须符合土地使用要求。因此在土地行政行为实施的过程中，土地行政管理部门与土地利用者之间实质上是一种互动的关系，行政主体与相对人的互动推动着行政程序的进行。行政主体与相对人的互动关系表现在：

一方面，行政主体对行政相对人的决定作用。土地用途管制是一种行政行为，行政主体的地位决定了其在土地利用法律关系中处于主导地位。这种主导地位主要表现在：土地使用条件不依土地利用人的意见确立，它主要依据土地利用规划、土地利用分区及特定地块的自然因素、经济因素、社会因素来决定。行政主体的土地使用要求一旦确立，相对人必须遵守，未经法定程序，不能任意撤销和变更土地用途管制要求。土地利用人只能在履行义务后对土地用途管制提起行政复议和行政诉讼，审查土地用途管制要求是否符合公共利益目标，并对违法的管制行为予以撤销、变更及赔偿来消除公共利益与个人利益之间的冲突。

另一方面，行政相对人对行政主体权力的制约。由于个人利益和公共利益一致的关系，行政权力要受到相对人权利的制约。虽然行政主体在土地用途管制中处于一种主导地位，但行政相对人在行政行为的实施过程中并不是完全处于消极被动的状态，而是可以参与行为的过程，对行政行为的结果产生影响。作为民主法治社会的要求，行政权力的界限和条件由人们根据宪法规定的权利和程序来作出决定，因此行政主体的权力受到约束，即行政主体必须在土地利用规划和分区授权的范围内才能行使职权。另一方面，行政主体在确定土地使用条件时应承认和保障相对人的听证权、辩论权和知情权，只有对事实的认定得到土地利用人的认同，才能保证土地用途管制内容的实现。

三、土地用途管制中行政相对人的权利义务关系

由于土地使用权人在追求自身利益的过程中，可能对他人或公共利益造成损害，因此需要法律规范土地使用权人的行为，以调整个人利益与公共利益的矛盾。从前面的分析我们已经知道，利益是人通过自身活动将主体需要与客观对象相结合的产物，行为是获得利益的关键，因此法律对利益的调整是通过规范人的行为实现的。不过，学者们对于土地利用人权利和义务的关系有着不同的认识，表现在法律上，就是大陆法系的法律行为和英美法系的法律关系两种概念。

法律行为是德国民法中的一个重要的概念，对法律理论和制度的建设都产生了重要影响，德国民法典对此设有专门的章节。最先提出这一概念的是德国法学家、历史法学派的创始人胡果。1815年德意志联邦成立后，随着资本主义经济的发展，逐步出现统一法制的需要，法学界中普遍要求编撰统一的民法典。在此背景下，他对罗马法进行了系统研究之后，总结概括罗马法中各种具体法律行为的共同特点，提出了“法律行为”的概念。这一概念的建立受到德国当时流行的启蒙主义思想以及浪漫主义观念的影响。启蒙主义在康德那里的主要任务是启发人的心智，使人能独立地、公开地运用自己的理性。而浪漫主义将个人的主观感受而不是社会规范作为出发点，追求个性解放和个性的绝对自由，肯定个人对社会的反抗和叛逆性格。它要求个人主宰自己的生活，甚至决定自己的命运，绝不盲从于普遍的价值，因为对每一个人都“好”的社会价值也许根本就不存在。因此从某种意义上我们可以说，法律行为概念的提出是法学家追求自由主义的一种努力，也是与当时资本主义初级发展阶段的历史条件下强调的自由经济相适应的，18世纪抽象的个人权利理论和19世纪人们对“个人自由权利形而上学原则的法律阐释”，使这一概念一直延续下来。在法律行为概念中，法律行为是主体的意志行为，是主体在自我意志控制下为满足自身利益的行为。法律行为概念的一个重要特点是意思表示和追求法律效果。意思表示是约定义务和法定义务生成的主观前提，它表明法律肯定了人在有限理性基础上对事物做出分析判断和选择的能力和自主性。也就是说，法律行为将“个人良知和个人判断置于首位”[①]，至于法律后果则是主体意思表示的结果。如果主体行为与法律允许、要求的规范相符合，产生社会要求的结果，其行为就是合法的，会得到法律的肯定。主体对法律禁止的规范要求违反背离，将产生不利影响，就会导致法律责任的形成。责任的形成是建立在这样一种认识的基础之上，即一个人的行为是受自我意识控制的，它之所以应当被谴责，就在于他本来可以不这样做时却这样做了，他本来不应当侵害他人时却侵害了他人。在法律的调整下，主体通过自己的行为使法律规定转化为自己的主观权利或者违反法律规定而承担法律责任。

法律关系是英美法中至关重要的一个概念。法律关系的概念最早出现在中世纪有关地主和佃户的法律规定中。由于罗马帝国的瓦解，以私有权和契约为基础的罗马法和组织系统让位于日耳曼法。一开始，野蛮的风俗和暴力成为解决个体和组织之间利益冲突的手段，但是获得、监督、执行一个人生命和财产的权利费用高昂。为了生存，弱者只得依附强者，把自己土地不可转让的所有权交给他，以换取保护和不可剥夺的租佃权，于是形成领

① 罗斯科·庞德：《普通法的精神》，唐前宏等译，法律出版社2001年版，第29页。

主—臣属关系，并逐渐演变为中世纪欧洲基本的社会制度。这种关系是一种保护关系和隶属关系，“此隶属并非依据家长权利，而是因为这种关系，实现其所包含的保护目的”[①]。在地主和佃户关系中，“权力、权利、责任不是因当事人意愿所致，而是为这种关系所附带和包含”[②]。这就是说，佃户所负有的支付租金的义务，是关系的产物。这种义务只有以新的、正式的、书面的租约条款才能取消。关系决定了义务的内容。“租约附随土地，随土地的转移而转移，是关系的附属物，不需要出租人与承租人订立”。[③]英美法国家的公法也是在同样的关系观念的基础上建立的。被视为英美公法之基石的大宪章，“主要是英王对其直辖地承租人的法律关系所涉及到的责任的概括”。“在中世纪，国家主权和财产权混淆不分。当地主就是国王时，他很容易按照国家规范其与臣民的关系来规范其作为地主与承租人的关系，令后者承担起如同臣民对国王般的关系。”[④] 18、19 世纪自然权利一度在法律中占据统治地位，英美法的一些法律部门开始罗马化，但是随着工业化、城市化的发展，现实的迫切需要导致“设定相互权利、义务和责任的雇主与用工关系这一普通法概念的复归。”[⑤]因此英美法中“关系及其法律后果的观念贯穿于英美法的每一个

① 罗斯科·庞德：《普通法的精神》，唐前宏等译，法律出版社 2001 年版，第 18 页。

② 罗斯科·庞德：《普通法的精神》，唐前宏等译，法律出版社 2001 年版，第 14 页。

③ 罗斯科·庞德：《普通法的精神》，唐前宏等译，法律出版社 2001 年版，第 15 页。

④ 罗斯科·庞德：《普通法的精神》，唐前宏等译，法律出版社 2001 年版，第 17 页。

⑤ 罗斯科·庞德：《普通法的精神》，唐前宏等译，法律出版社 2001 年版，第 20 页。

方面”[①]。

法律行为和法律关系有着各自的历史渊源，在控制主体的行为方面，各自有着自己的特点。笔者以为，在调整土地利用的公益和私益关系、规范土地使用权人的行为中，运用法律关系的概念具有重要的意义：

第一，法律行为“表现了自立的人的感情，即他将处理自己的事物，决定自己的行为，支配自己的财产，同时接受追求这些权利时所伴随的责任，或使他自己承受其选择所产生的责任。但它的选择可免受任何干预。”[②]

与法律行为概念“只注意作为个体的人”[③]不同，法律关系注重人的社会属性，“倾向于把责任和不作为的义务加之于那些作为一个集团的成员、处于一定社会关系中的那些人而非单独的个体身上”[④]。

在土地利用中，土地权利人不是孤立的个人，是处于一定社会关系中的人，个人享有的利用土地的权利不是绝对的，它必须受到限制，否则土地权利人的行为可能危害到他人或公共利益，因此在对主体属性的认识上，土地权利人与法律行为的主体属性不一致，与当时的社会背景相适应的法律行为概念不适应土地公益性的要求。而土地权利人与法律关系的主体是一致的，都强调从团体的角度出发，注意个体和整体关系的调节。

① 罗斯科·庞德：《普通法的精神》，唐前宏等译，法律出版社2001年版，第15页。

② 罗斯科·庞德：《普通法的精神》，唐前宏等译，法律出版社2001年版，第34页。

③ 罗斯科·庞德：《普通法的精神》，唐前宏等译，法律出版社2001年版，第21页。

④ 罗斯科·庞德：《普通法的精神》，唐前宏等译，法律出版社2001年版，第9页。

第二，在法律行为中，意志表示是作为价值主体的人基于人的本性支配其意志进行善恶是非选择的自主性和能力，换句话说，意志自由与个人的心理因素有关，主体行为是否合法在很大程度上取决于主体的社会责任意识和价值判断。承认人的意志表示的能力，也就是肯定了人选择恶、致人损害的可能，也肯定了人自觉预防、自觉遵守法定义务的可能性。因此法律是否发挥作用取决于行为人的个人因素，法律行为本身缺乏对行为人的内在约束。

法律关系概念的确不如法律行为模式规范、具体，但法律将责任义务强加于主体身上，不取决于个体的意愿，也不取决于他的过错，而是关系本身的要求。由于权利、义务和责任是关系本身所包含的，因此，它可以使主体时时感受到义务的存在，避免可能产生的不利影响，起到积极的预防作用。

法律关系中的预防功能在土地资源的保护中尤为重要。我们知道，环境的污染和破坏是一个累积的过程，保护环境是每一个人，特别是每一个土地利用人的义务，只有人人自觉地保护环境，采取可持续利用的方式利用土地，避免一切可能对土地造成的破坏，土地资源的保护才有可能取得实效。如果只是通过事后的惩戒和补救，不仅受到污染和破坏的土地难以恢复，也造成整个社会的不经济。

第三，法律行为是法律对主体行为的规范，要实现控制功能还依赖于法律规则的制定，因此法律规则的制定影响到法律行为社会效果的好坏。法律规范是立法者理性思考的结果，如果法律规则的制定不能及时的根据具体的情况做出调整，那么法律对行为的调整和规范就达不到其预期的效果。

在英美法中就不存在这样的问题。“在英国法形成的时代，法官们将他们熟悉的地主与佃户关系的制度加以类推，解决了一个又一个的难题。”[①] 虽然不同的法律关系中，权利、义务和责任是不同的，由于不同的关系适用相同的原则，起到了一个以不变应万变的效果。同时只要违反义务，就可能导致责任的发生，这种严格责任可使受害者得到及时的救济，而且“其经济效果往往等同于或优于过失责任的效果”[②]。

在土地利用中，由于土地的位置、面积、界址、用途、土地利用的方式和保护环境的具体措施是不同的，土地使用权人的义务可能会是多种多样的，所以当土地使用权人违反义务、造成不良的后果，需要承担一定责任时，很难在法律中找到对所有这些具体情况都适用的规定，增加了司法做出公正的判决的难度。如果适用法律关系的概念，土地使用权人违反义务就可能导致责任的发生，那么不仅受害人可以得到及时的救济，而且也有利于制止违反土地使用义务的行为，特别是制止污染或破坏生态环境的行为，避免对土地资源造成更大程度的破坏。

第四，土地使用权适用法律关系的概念可以发挥行政部门的作用。

土地管理部门承担的是维护土地利用中公共利益的职能，除了积极地促进土地公共利益实现外，还可以依法制止个人或组织危害公共利益的行为。如果法律的规定不能用来解决和处理具体的事件，那么行政人员进行管制时就非常困难。行政部门的职能是维护公共利益的，但是执法者没有明确具体的法律依据强制权利人履行义务，这时，由法律行为构建的制度体系实际上将个体行为合法性的判断交给了司法部门，“如果司法机关不能高效率、

① 罗斯科·庞德：《普通法的精神》，唐前宏等译，法律出版社 2001 年版，第 18 页。

② 沙弗尔：《“规则”与“标准”在发展中国家的运用》，李成钢译，载《中国人民大学报刊复印资料》2001 年第 6 期。

低成本地运作，在交由它处理的具体诉讼中不能有效地发挥作用，那么就谈不上任何实践和理论的完善”①。

土地利用人的义务是多样的，不同土地的使用条件也是不同的。有的土地生态功能脆弱，要求土地利用人承担的义务比较多；而有的土地生态功能较好，土地权利人需要注意的事项可能相对要少一些。由于土地的位置、面积、界址、用途、土地利用的方式和保护环境的具体措施是不同的，土地使用权人的义务可能会多种多样，所以在某一个具体的个案中，当土地使用权人违反义务，需要运用国家的强制力保证义务的履行时，很难在规划中找到对所有这些具体情况都适用的规定，增加了行政部门执法的难度。以法律关系控制个体行为，可以发挥行政部门的监管职能，只要土地使用权人违反了义务，行政机关就可以采取相应的措施，及时有效地解决具体案件的问题。

综上所述，笔者以为，我国的土地使用人的权利义务关系以法律关系概念为宜。在法理上，权利通常被认为是由国家法律认可或确认的，并予以保护的人们享有的自由和利益，义务指法律为保障他人权利得以实现，而必须由义务人承担的一定形式的作为和不作为。从某种意义上说，权利义务是解决土地权利人与他人或社会利益矛盾的法律形式。土地使用权人在享有土地时，必须承担起义务。这种义务是在社会中的一个个体必须承担的义务，是与其所享有的权利不可分割的。因此确立土地使用权时，各种义务应当是土地使用权的内在要求。

四、通过土地使用权出让协议明确土地使用人的义务

在我国民法总则制定的过程中，对是否应当规定法律行为制度，有些学者提出过不同的意见，认为法律行为制度的范围比较

① 罗斯科·庞德：《普通法的精神》，唐前宏等译，法律出版社2001年版，第39页。

狭窄，主要适用合同关系，似乎没有必要继续设置这一制度。然而更多的学者持赞成的观点，认为法律行为制度整合了民法的体系，正是由于法律行为制度的设立，使得散见在民法各个部分杂乱无章的表意行为有了共性的东西，从而形成了一个统一的制度；法律行为制度能广泛适用于民法通则的各个部分；法律行为制度为法官依据民法通则的总体性规定弥补法律漏洞，解决新型案件提供了基础。更重要的是，法律本来是一个积累的过程，民法制度经过长期积累，形成了必要的行为规则，已为大家普遍接受，就应当继续保留①。

我国采用的是法律行为概念和制度。在目前的法律模式下，只强调土地使用权人在享受权利时承担起义务并不能解决问题，因为土地利用人的行为的合法性需要针对具体情况，适用法律、法规来作出判断。但是作为法律依据的土地利用规划除了规划不够科学、规划之间不协调之外，内容也不够具体，适用起来并不容易。这时土地行政管理部门可以通过在使用权出让协议中明确土地使用人的义务来予以调整。

我国国有土地使用权取得的方式有划拨和出让两种形式。土地使用权划拨取得的主体一般是从事公益活动的企业、组织或个人，土地使用权出让取得的主体是从事经营活动的个人或企业，因此国家公私益关系调整，主要是规范依出让方式取得的土地使用权的条件。土地使用者依法通过出让取得的土地使用权一经成立，在出让期限内享有使用、转让、出租和抵押的权利，其他任何单位、组织和个人不得非法干预。但是土地使用权的获得需要满足一定的条件。首先，以经济活动的主体的能力或作为能力表现的资本拥有量为标准，将权利出让给那些可以发挥土地利用效

① 王利明：《法律行为制度的若干问题探讨》，载《中国法学》2003年第5期。

率的人。例如我国《公司法》第161条的有关规定。其次，出让土地使用权的土地必须符合土地利用总体规划、城镇规划的规定，满足土地使用权出让计划要求并限制在划定的区域内。例如我国《土地管理法》第4条，《城市房地产管理法》第9条，《城市用地审查报批管理办法》第4、15条的有关规定。[①] 另外，从事生产经营的工厂必须通过环境影响评价，在可能的范围内采用排污少的先进生产工艺和建立污染防治设施；设立生产或排放危险物质的工厂，必须经过主管机构的批准许可。

目前，我国农民建房所需的宅基地由集体无偿划拨，农户从事农业生产经营的土地可以依据法律规定和合同约定对集体所有或国家所有的土地承包获得。集体以外的其他农户、经济组织和公民个人不能享有集体所有土地的使用权。近年来，各地通过出租、买卖、承包等方式进行了一些集体土地使用权的出让和转让尝试。一般情况下，农户承包的土地必须用于农业建设，而不得用于非农业建设。只有在法定的特殊条件下，出让的土地才可以进行非农业建设。例如《土地管理法》第63条的规定。[②]

因此，无论哪一种土地使用权形式，都需要满足一定的条件才能获得。但是，获得土地的使用权只意味着权利人有可能得到

① 例如《土地管理法》第4条规定："国家实行土地用途管制制度……使用土地的单位和个人必须严格按照土地利用总体规划确定的用途使用土地。"《城市房地产管理法》第9条规定："土地使用权出让，必须符合土地利用总体规划、城市规划和年度建设用地计划。"《建设用地审查报批管理办法》第4条规定，出让必须依据土地利用总体布局规划和国家土地供应政策……；第15条规定，人民政府批准供地方案时，必须符合国家土地供应政策。在土地使用权出让的全过程中，直至出让后土地的开发、利用、经营，都必须符合土地利用总体规划和城镇建设规划及土地供应政策，由市、县人民政府地政部门负责监督落实。

② 《土地管理法》第63条规定：农民集体所有的土地使用权不得出让、转让或者出租用于非农业建设；但是，符合土地利用总体规划并依法取得建设用地的企业，因破产、兼并等情形致使土地使用权发生转移的除外。

土地的利益，权利人利益的实现还需要满足土地特定的使用条件。

我国《土地使用权出让和转让条例》规定了受让方的使用条件（义务），主要包括：缴纳土地出让金并依法办理土地登记；按土地利用规划、土地利用分区要求和合同规定对土地进行开发、利用和经营；土地用途变更，必须征得出让方同意并经有关部门批准；土地使用权期限届满时返还土地。另外，从事生产活动的工厂必须按照国家规定的污染物排放标准、以排污许可证规定的排放方式和时间进行生产经营，并对因此造成的损害承担责任；从事开采矿产资源、烧制砖瓦、燃煤发电等生产建设活动的企业，在生产建设过程中，因挖损、塌陷、压占等造成破坏的土地，应当承担土地复垦的义务。

承包土地经营的农户也有相应的使用条件：依法自主经营和纳税；按时兑现合同规定的承包金和提留；遵守农地用途管制的规定，如耕地改变为非农建设用地及果园、鱼塘、草地、林地等其他用地的限制，草地、林地开垦的限定，山坡地开垦的限定，海涂围垦、围湖造地的限定，干旱缺水地区实行流域水土平衡的限定，农地建设要求的规定，承载量的限定，农用建筑设施的限定等①。同时农业生产经营中产生的环境问题已成为农业污染的一个主要方面，经营的农户应当合理使用化肥、农药、农膜，维持土地的肥力，防止土地污染。

有必要指出的是，由于每一块土地的自然条件，如气候、地理状况、土壤、水分、植被、生物量等都不同，因此每一块土地的使用条件也不同。只有满足使用条件，权利人才能获得利益，不满足使用条件，权利人不应该获得利益。

---

① 王家梁：《农地保护利用与土地使用管制》，载《中国土地科学》1998 年第 6 期。

小结

利益关系是法律调整的对象。在土地利用中存在公益、私益和公私益三种类型的利益关系。土地利用中的利益反映了土地对主体的存在和发展的肯定性关系，是主体需要与满足主体需要的土地在主体的土地利用行为下的统一。在人类社会发展的初期，人们之间的利益在根本上是一致的。但是，随着社会经济的发展，人们之间的利益出现分裂，不仅主体多元、内容各异、形式多样，而且各种利益之间出现了对抗和冲突。法律制度的目的和作用就在于调整这些互相冲突的利益关系，从而维持一定的社会秩序。

针对不同的利益，土地利用法调整的方法是不同的。公益一直是法律制度追求的目标，在通过法律制度使公益观念具体化的过程中，国家的作用是不可忽视的，因为国家虽然并不创造利益，但是国家影响利益的结构，公益内容受到国家目标的影响，随着国家职能的变化而变化。一般地说，土地利用中的公益包括经济公益、环境公益和社会利益等方面的内容，通过土地利用规划和分区来实现。土地利用规划是对土地开发和利用在空间上和时间上所作的总体安排和部署，由于土地利用的安排可能对环境产生重大的影响，所以环境保护是土地利用规划中的一项重要的内容。土地利用分区是实现土地利用规划的基本手段，而土地利用分区必须解决好边界分区冲突和政府间土地利用冲突等问题。我国的土地利用规划存在脱离需求、偏离公共利益目标、上下级和部门间规划协调、公益目标之间的协调问题，因此需要作出一些修改和完善。

土地利用中的私益分为个人私益和群体私益。个人私益的调整是通过法律确认享有个人利益的土地利用人为权利的主体，提供满足主体需要的土地，肯定土地利用人取得土地和获得利益的合法性来实现。在农用土地方面，土地承包经营权是对农民土地生存利益和占有利益的一种确认形式，农地使用权的流转是则是农民实现土地资本利益的条件，但是这些制度并没有发挥预期的作用。由于土地承包经营权难以稳定下来，土地使用权流转的市场也没有形成，农民的土地利益无法得到实现。要实现农民的土地利益，需要提供配套化的法律制度体系。在建设用地方面，个人土地利益往往依附于共同体的土地利益，如国家土地利益、区域土地利益、行业土地利益和企业土地利益等。由于地方政府的介入，企业之间、行业之间、区域与区域之间、区域与国家之间的利益矛盾激化。土地利用法律制度在调整这些利益关系时应当承认合理的土地利益，规范政府的行为。

公益和私益之间是一种对立统一关系，土地行政法的目标是实现公益与私益之间的一致性。行政主体和相对人之间的权利义务是对应的，行政主体的行为必须以公共利益为基础，并满足实体和程序要件的要求，行政相对人（土地利用人）享有权利时，应承担相应的义务。这样土地利用人在追求个人利益时能与公共利益的要求保持一致。不过，法律行为和法律关系两种模式在控制主体行为方面各有自己的特点。比较而言，法律关系模式更注重人的社会属性，其权利和义务之间具有不可分割性，可以在规范土地利用人的行为方面发挥更好的作用。不同的利益法律调整的方式是不同的。

第三章　土地利用中利益衡平的原则

第一节　概　述

"衡平"与"平衡"的意思相近，是指"各种相互矛盾的社会力量互相抵消形成均势，从而使特定社会关系保持相对稳定的一种状态"①。他们之间的区别在于"平衡"表现为一种相对静止的理想状态，而"衡平"表现的是一种矛盾双方调整和整合的一种动态性。利益衡平的原则，是指法律调整利益关系的原则，即在各种利益发生矛盾和冲突时，法律应当根据什么标准和准则来选择。由于在一定的条件下，法律不可能使所有的利益都得到满足，需要考虑确认、限制和保护哪些利益，在各种利益之间权衡并作出价值判断，因此法律衡平利益的原则实际上是一个价值选择的问题，法律在利益衡平中的原则体现了法律基本价值的内容，法律价值目标的选择影响到法律在调整人们之间利益关系时

---

① 皮纯协、冯军：《关于平衡论的几点思考》，载罗豪才：《现代行政法的平衡理论》，北京大学出版社 1997 年版，第 85 页。

所采取的原则。

公平是法律的基本价值。公平观念之所以一直得到人们的推崇，与人们追求个人自由、相互之间不歧视和不使用武力有相当密切的关系。从法律与公正的关系来看，法律是社会公正的一种表现，反映了一定时期人们在交往中存在的普遍认同的公正观念，“一件事情一旦被法律宣布为公正，并被证明有利于人们的相互交往，那么，无论它是否对所有的人都一样，它都变成公正的事情”。但是“如果一件事情为法律所肯定，却不能证明它有利于相互交往，那么它就不是公正”①。从内容上看，法律公正主要表现为一种分配正义。分配正义“表现在荣誉、财产以及合法公民人人有份的东西的分配中”，体现人们在分配名誉、财产等方面的关系。人们对分配正义的争议颇多，争论的焦点在于，依据什么样的标准进行分配，因为标准不同，得出的正义概念也不同，而且不同的环境、不同的经历以及不同的天赋都会影响人们对公平的看法。人们普遍认为对同样的人同等对待，即凡属同一基本范畴的人应当受到同等的待遇。罗尔斯认为，法律制度从一定意义上说“是一种配给制度”，“法律的每个职能，一般的或具体的，都是分派性的”②。他在研究了社会基本结构在分配基本权利和义务、决定社会合理的利益或负担之划分方面的正义问题后，提出平等自由原则和差别原则。平等自由原则是指“每个人都有享受和其他所有人的同样自由相容的最广泛的基本自由的平等权利”。也就是说，每个人享有与其他人同样的自由，这种自由既是一种意志的自由，也是一种行动的自由。在这一方面，人与人之间的权利平等。不过人们的自由受到一些因素的制约，

① 谢鹏程：《基本法律价值》，山东人民出版社2000年版，第60页。

② 约翰·罗尔斯：《正义论》，何怀宏、廖申白译，中国社会科学出版社1988年版，第50～57页。

如法律、社会舆论等。在法律制度下，“自由是制度的某种结构，是规定种种权利和义务的某种公开的规范体系。……一系列相当复杂的权利义务表现了各种具体自由的特性”[①]。尽管罗尔斯主张社会正义，但还是认为绝对的平等是不可能实现的，那么什么是可以允许的不平等呢？他说：“我们假定存在平等的自由和公平的机会所要求的制度结构，那么，当且仅当境遇较好者的较高期望是作为提高最少获得者的期望计划的一部分时，他们是公正的。……从差别原则看，不管其中一人的状况得到多大改善，除非另一个人也有所得，不然还是一无所获。”[②] 可见，罗尔斯的公平有两个方面内容：一是需要有制度保障每个人有同等的机会。二是不平等的安排结果必须给处于不利地位的人也带来利益。罗尔斯的正义论得到西方学者的普遍推崇。

在法律价值中，被人们视为公平对立面的是效率。效率的基本含义是以最小的投入获得最大的产出。换句话说，就是以同样的资源消耗可以获得相对较大的收益。效率作为法律的价值标准有其必然性，因为法律的内在本质中体现着对效益[③]的追求。“法律即秩序，良好法律即良好秩序之称谓也。”（亚里士多德语）良好的秩序可以带来好的效益。同时增进秩序是法律的重要功能之一，它提供人们交往中行为的规则和模式，减少不可预见性和非确定性因素。效率的思想早期主要出现在英国19世纪的功利主义法学中，其代表人物边沁提出用幸福和功利等概念表达效

① 约翰·罗尔斯：《正义论》，何怀宏、廖申白译，中国社会科学出版社1988年版，第192页。

② 约翰·罗尔斯：《正义论》，何怀宏、廖申白译，中国社会科学出版社1988年版，第71页。

③ 效益一般指效果和利益。效益是收益和成本之间的差，是一种绝对值，效率是收益和成本的商，是一种相对值。效率概念包含了效益概念。参见谢鹏程：《基本法律价值》，山东人民出版社2000年版，第136页。

率，认为行为和制度的“善”与“恶”应当根据行为和制度本身所引起的苦与乐的大小程度来衡量。他认为法律的目的就是“增进最大多数人的最大幸福”，增进人类幸福的办法，应从立法开始，立法时必须遵循避苦求乐的原则，并通过对苦乐的计算来判断法律是否违反了这一规则。[①] 尽管边沁的功利理论因为强调个人利益而遭到后来学者的批判，但是其功利的思想仍然在西方的法理学中留下很深的印迹。庞德继承了功利主义的成果，不同的是他强调社会利益，提出了社会学法学的法律效益观念。他指出：“法律的目的是正义，但正义并不是指个人的德行，它也并不意味着人们之间的理想关系。我们以为它意味着那样一种关系的调整行为的安排，它能使生活物质和满足对享有某些东西和做某些事情的各种要求的手段，能在最小阻碍和浪费的条件下尽可能多地给以满足。”也就是说，法律的作用是在各种利益形式中选择、确认和保护某些利益，以最小限度的阻碍和浪费，来调整各种利益冲突。庞德指出人具有互相合作的社会性和自私的个人本性双重特性，而个人主义本性使人们本能地扩张私欲，所以必须对人的内在本性进行控制，法律是控制的主要手段，“法律的功能在于调节、调和与调解各种错综复杂的利益，……以使各种利益中大部分或我们文化中最重要的利益得到满足，而使其他利益最小的牺牲”[②]。“以最小限度的浪费来调整各种相互冲突的利益是对文明有利的，因而，也具有哲学的价值”[③]。在他看来，一定时期可能优先考虑一些利益，而在另一时期，则应优先考虑

① 北京大学法学系编：《西方法律思想史》，北京大学出版社 1983 年版，第 350 页。

② 《法律与法律哲学文选》（第二卷），第 27 页。转引自付子堂：《法律功能论》，中国政法大学出版社 1999 年版，第 87 页。

③ 庞德：《通过法律的社会控制·法律的任务》，商务印书馆 1984 年版，第 35 页。

别的利益。“法学家必须干的就是认识这样一个问题，并意识到这个问题是以这样一种形式向他提出的；即尽可能保护所有的社会利益，并维持这些利益之间的，与保护所有利益相一致的某种平衡和协调。”[①] 庞德的论述反映了对各种利益进行协调或平衡的观念，其中也包括对各种社会利益的协调和平衡。但是在后来的波斯纳那里，利益限定为经济利益，他提出利用经济分析的方法和原则来调整不同的利益关系，并进一步将这一方法扩展到几乎所有的法学领域。波斯纳的学说是“一种超过古典功利主义的道德学说，它主张判断行为和制度是否正义或善的标准就在于他们是否使社会财富最大化。这种态度允许效用、自由以致平等这些相互竞争的伦理原则之间的协调……”不过他也承认：“财富的最大化并不是影响法律的善或正义的唯一概念。”[②] 尽管学术上对波斯纳的观点颇有争议，但是一些国家已开始运用经济原理制定和修改法律。如里根在位期间曾颁布总统令，要求对新的行政规章进行强制性成本和效益分析，禁止实施社会成本超过社会收益的规章；澳大利亚法律改革委员会也认为：“法律改革，及其一般的、实际意义上的立法，必须关注其内在的经济因素。我们必须谨慎地衡量法律变革的成本与收益……”[③]。

公平和效率都是法律的重要价值，土地利用法律制度自然不能回避这个问题，而是将之贯穿于法律制度的建设中，将之更加具体地体现出来。土地利用法律制度的价值目标在不同社会经济条件下对公平效率的选择是不同的。早期的功利主义是在个人主

---

① 庞德：《社会利益概述》，转引自 E. 博登海默：《法理学——法哲学及其方法》邓正来译，华夏出版社 1987 年版，第 141～142 页。

② 波斯纳：《正义之经济学分析》，哈佛大学出版社 1981 年版，第 42 页。

③ 转引自吴清彬：《法律经济学述评》，载《中国公安大学学报》1997 年第 3 期。

义思想的影响下，为了适应自由资本主义发展的需要而发展起来。因为在当时，生产力发展水平很低，社会需要最大限度地解决人们的生活需要问题，因此法律把效率作为第一目标，致力于保护个人权利，大力发展经济。美国建国初期土地和资源开发的法律制度是刺激个人积极性发挥的一个最好的例证。虽然后来的福利制度致力于改变因贫富差距而造成的社会不公平现象，但是个人主义思想的影响仍然留下很深的痕迹，因此到了福利制度陷入困境，社会经济效率低下的时候，人们重新寻求个人作用的发挥，效率问题又成为人们关注的主要问题。与之相对，社会主义国家建国初期都选择的是公平，这既是一种政治制度的安排，又是一定经济条件下的必然产物。因为在农业生产占据主导地位的国家里，物质贫乏，财富积累困难，农民需要以低成本的经营方式对抗风险。注重公平的公有制不仅可以解决大多数人的生存问题，而且可以在生产力低下的情况下，通过增加共同财富，提高对风险的承受能力。公平和效率也是各国根据经济实力对制度价值的一种选择。西方国家在世界市场上确立了自己的工商业竞争优势，对世界资源利用基本上可以予取予求，本质上形成一种资源无限的态势，所以效率原则在西方国家的土地资源的宏观管理中占有重要地位。而对于难以在世界市场上确立竞争优势的广大发展中国家，必须立足于既要充分利用自己本身的资源，又要保障每个公民利用土地维持生存的权利，因此在土地利用中对公平和效率的选择就有所不同。

公平和效率在现实中存在着冲突，公平意味着法律在配置资源时公平对待每一个人，而效率要求法律在配置资源时实现最优化。与以创造积极效益、增进利益的效率相比，公平可以在利益分散且与投资关系不很明确的宏观管理中进行利益的输送和成本的分摊。个人收益集中，并且与投入之间有一种明确的关系，建立在收益和投入基础之上的效率成为人们按照自己的偏好选择利用模式的标准，也是通过权利的转让和产品交换实现个人利益和调整个人与个人之间的利益矛盾的准则。因此公平和效率作用的领域是不同的。但是，在土地利用中利益衡平的过程中，不能将公平和效率绝对分开：效率不能脱离公平，法律面前人人平等和机会均等是实现效率的前提；效率是实现公平的手段，难以满足人们基本物质需要的公平并不是人们所希望的。公平内容的不断充实，高层次公平的实现，需要以经济效益的不断提高为前提。因此，公平和效率尽管存在价值冲突，但并不是一个绝对对立的矛盾关系，而是一种相辅相成的关系，共同地调整土地利用中的利益冲突。也就是说，在土地利用的不同的操作层面，往往采取不同的公平和效率关系来处理不同的利益关系①。具体地说，在土地利用私益和私益之间的衡平中，由于土地是稀缺的，不可能让人人都占有和利用土地，因此法律调整的原则为体现效率要求的急需利益优先满足原则；在公益和私益之间的衡平中，法律调整的原则是兼具公平和效率的利益填补原则。在公益和公益之间的衡平中，法律调整的原则是体现公平要求的利益最大化原则。

---

① 人们信仰中的公平和效率与实际操作层面的价值选择可能一致，也可能不一致。因为一方面任何择一的选择都难免具有局限性，为了克服其局限性，就必须承认其他主张和价值的从属和补充地位；另一方面由于社会生活的复杂性和领域的多样性，在操作层面上客观地需要采取不同的价值标准选择方案。作为价值标准和价值目标的公平和效率在具体的操作层面上表现为不同形式：一是公平优先，确认公平具有重要的地位，效率只是公平的内容和成分。二是效率优先，效率具有最高地位，公平只是效率的副产品。三是折衷主义，认为公平和效率要根据具体的情况和条件来确定。参见谢鹏程：《基本法律价值》，山东人民出版社 2000 年版，第 200 页。

第二节　土地利用中公益衡平的利益最大化原则

一、利益最大化原则的内涵

利益最大化原则是指在土地利用中，应当兼顾经济公益和环境公益，使公益的内容得到最大限度的实现，在经济公益和环境公益发生冲突时，应当选择能带来最大质和量的公益。具体来说，利益最大化原则包括以下内容：首先，在土地利用中，开发土地实现经济公益的同时，保存一定的土地满足环境公益的要求，使经济公益和环境公益优化组合达到利益的最大化。其次，在土地利用中，当经济公益和环境公益发生矛盾时，应当以"人类的生存关系为其最重要的判断标准"。[①] 具体来说，"必须以公益所带来的质和量作为判断标准"，选择能带来最大质和量的公益。"所谓量最大是指受益人的数量最多，尽可能地使最大多数人能均沾福利，同时基于国家扶助者之立场，也必须考虑受益者的重要特性，诸如职业、收入、年龄及地位。在'质'的方面，以受益人生活需要的强度而定，凡是对满足受益人生活愈需要的，'亦即与生活需要紧密性愈强的'，即是'质最高'的价值标准。"由于现代社会人的需要具有多样性的特点，随着人们生活水平的提高，无论是物质或非物质的需要，都是人们生活的需要，所以"质最高"的标准"要由生活依赖的强度来予以界分"，一般来说，"人类生活的基本要素（衣、食、住等）是最重要的，因为生命发展总须依赖物资"。[②]最后，土地开发利用，应当不超

① 陈新民：《德国公法学基础理论》，山东人民出版社 2001 年版，第 202 页。
② 陈新民：《德国公法学基础理论》，山东人民出版社 2001 年版，第 203 页。

过土地的承载能力，保护土地不能超出社会经济的承受能力。

公益衡平适用利益最大化原则的原因在于土地既是人类生存和发展的物质基础，也是人类赖以生存的自然条件和生态系统，因此我们既要保存自然环境，又要开发利用土地，两者都要兼顾。但是一块土地是适宜砍伐木材还是作为野生动植物的栖息地，或者娱乐场所，却往往难以作出决定，因此在土地利用中环境公益和经济公益发生矛盾时，必须进行选择。这时候“人民之生存权及人类尊严为最高之价值。也就是说。在国家、社会濒于衣食俱缺之窘境，将急于求富之经济发展，列为最优先之公益；当国家已摆脱贫困，人们生活富裕之后，诸如环境权（涉及生存之环境）及劳动基本权利（涉及劳工之人类尊严）所可达成之公益（及其价值），应高于基于国家困境时代所强调的经济发展之公益”[①]。但是无论选择哪一种利益，都不能排斥和否认另外一种利益，也就是说，经济公益的实现不能以牺牲环境为代价，维护土地生态系统的平衡，也不能忽视人们发展经济的需要，否则环境公益得不到实现，经济公益也不能持续。由此可见，利益最大化原则符合可持续发展的要求。可持续发展的核心是发展，是以满足当代人的利益需要为基础，同时可持续发展要求不对后代人的需要构成威胁，即在保持资源和环境永续利用的前提下进行经济和社会的发展，利益最大化原则是可持续发展在土地利用中的具体化。

利益最大化原则的理论基础是经济学中的“效用最大化”原理。“效用”是指某种商品或某种服务满足需要的能力，是对商品或服务价值进行衡量的一个主观概念。对于“效用”应当被看做是使用者的感觉，还是使用的物品和服务的本质特性，学者们

① 陈新民：《德国公法学基础理论》，山东人民出版社 2001 年版，第 202 页。

并没有进行过仔细区分，只是将效用作为商品具备价值所必需的条件，并且认为价格（交换价值）不能作为衡量效用的标准。因为许多具有效用的东西往往没有或很少有交换价值，而许多具有交换价值的东西没有或很少具有效用。在此基础上，赫尔曼·海因里希·戈森分析了效用、需求和市场价格之间的关系，提出："为了从能够满足各种需要的任何一个商品中得到最大满足，商品必须在那些用途之间加以分配，以便使商品的各种边际效用（交换价值）得到平衡。"① 在土地利用中，土地的效用显然不限于土地利用可以满足人们物质利益的功能，它还包括维持人类生存的生态功能，为了能够使土地最大限度地满足人们的需要，必须对其经济功能和环境功能进行合理的分配。

利益最大化原则在一些法律文件中也有表述。《21世纪议程》(1992) 提出"资源有各种用途，最好能统筹规划和管理其所有用途；一方面要考虑环境、社会和经济等所有因素，另一方面要全面考虑环境和资源的所有组成部分；综合考虑有利于进行适当选择和权衡利弊，从而最大限度地提高资源的可持续生产力和扩充其用途"②。美国1976年的《联邦土地政策管理法》规定了公有土地规划工作及管理工作的目标是，"使这些土地能被综合利用和继续利用"。其中的综合利用指"对国有土地及它们的资源加以如此管理：使得对他们的各种利用相结合，从而最大限度地满足美国人民当前和未来的需要；对该土地的利用采取特别慎重的态度，从而使所有的资源及与该地区有关的各种服务不断增大，以致可对他们定期加以调整，以适应不断地变化着的条件和需要；为了使用所有的资源中的某些资源而利用某些土地；考

① 约翰·伊特韦尔、默里·米尔盖特、彼得·纽曼：《新帕尔格雷夫经济学大辞典》，经济科学出版社1992年版，第837页。

② 《21世纪议程》，中国环境出版社，1993年版中译本，第78页。

虑到子孙后代对可更新资源及不可更新资源的长期需要，对各种资源的使用采取平衡和多样化的方法，对各种自然资源进行协调和管理，防止由于单纯追求最大经济收入或最大的单位出产量，不考虑综合利用的必要性及各种资源的相对价值，从而对该土地的生产潜力及环境质量造成永久性的伤害”①。日本1974年修订的《国土综合开发法》明确提出制定法律的宗旨是："考虑到国土的自然条件，从经济、社会、文化等方面综合评价、综合开发利用并保护国土，以求合理地选择产业地区的条件并有益于提高社会福利。”

二、利益最大化原则与公平的关系

公益衡平包括代内公益之间及代际公益之间的衡平，作为公益衡平原则的利益最大化与公平具有内在的统一性。

利益最大化原则首先表现在要公平对待后代人的利益。古典经济学家通常在考虑现实的利益和长远利益的分析中利用折扣理论，在他们看来，未来是不确定的，“今天的利益比明天的利益重要”，虽然我们现在开发利用了许多资源，但是我们可以将技术和财富留给后人，可以使他们过上富裕的生活。在这种思想的指导下，折扣理论被运用于环境公益领域。但是“我们几乎找不到什么好的理由来证明那种只顾今天不管明天的行为的合理性了。对未来的环境质量打折扣的想法所犯的错误和下述想法所犯的错误是一样的：离人最近的电线杆是形状最大的电线杆；电线杆与观察者的距离越远，电线杆的体积就越小；而距离最远的电线杆因观察者看不见几乎就不存在”。“我们也许没有责任向我们的后代提供木材和石油；他们对这些东西的需要也许不会像我们所需要的那么多。但是，水、空气、土壤、基因甚至地表都不属

① 《外国国土法规选编》第二分册，国家计委国土局法规处/北京大学法律系编1983年版。

于这类资源，因为它们是人们永远都需要的，而且一旦失去，就不可能失而复得。”[①] 这也就是说，后代人所依赖的生态环境，当代人同样需要，保护后代人的利益，实际上也是当代人自身利益的需要。因此在土地利用中公益衡平时，应当公平地对待后代人的利益，既要满足当代人的利益需要，又要满足后代人的需要，这也是可持续发展的内容。

利益最大化原则需要正确处理环境保护和经济、社会发展的关系，公平地对待当代人的各种公益。开发利用土地发展经济，是人类生存和发展的必然要求，由于环境问题是经济发展的“副产品”，而在现有的技术条件下，又无法避免，单纯强调环境保护，对土地利用活动予以严格限制，与人类的根本利益是相违背的；而单纯强调经济发展，忽视环境保护的失败已为“公害事件”所证实，因此在利用土地发展经济时，要正确处理好环境、经济和社会发展的关系。正确处理环境保护、经济和社会发展的关系，还意味着不能用一种统一的效率标准来进行衡量，因为对于诸如基因的多样性、生态系统的稳定性这些价值衡量的标准是不一致的。“在我们面对不可知的投入和产出时，这个（效率）问题将变得更加棘手。说‘这是保卫某国安全的最有效方式’这样的话是无根据的，因为这种‘安全’产品生来就是未知的，因而是不可测度的。有人提出了一些粗略和现成的设想，即用一些假设的替代指标来测度一个国家的安全，从而由此而来根据效率来作决策。但这种假设可能会导致一些危险的错误。因为这样的假设更可能最终被发现是错误的。”[②] 另外，效率是一种动态的

① 霍尔姆斯·罗尔斯顿：《环境伦理学》，杨通进译，中国社会科学出版社2000年版，第378页。

② 柯武刚、史漫飞：《制度经济学——社会秩序与公共秩序》，韩朝华译，商务印书馆2001年版，第68页。

概念，是一种比较的结果，“当效率一词的运用意味着将复杂的现实与一个抽象的、按理想状态运营的经济系统做比较时，这个词将变得毫无意义。在理想的经济系统，决策是在完备知识基础上作出的。完备知识在某种程度上允许决策者对既定生产技术和既定资源条件下的劳动分化可能造成的所有后果进行评价。这样一种参照系在任何地方不可能出现。它是一种乌托邦，因而对于判断现实世界中的运行效率来说将是一种无效的参照标准。它曾被贴切地称为研究经济学的‘空想分析法’”①。

利益最大化原则要求在对待后代人利益和当代人的各种公益时应当合理。土地是自然因素的综合体，它既是经济社会发展的物质基础，又是维持人类生存的生态系统。公平对待后代人的利益，并不是说一味地使土地保持原有的自然状态，而是既要开发土地满足经济发展的需要，又要保存一定数量的、处于自然状态的土地，维持土地生态系统的平衡。同样，公平对待当代人的各种公益，就应当正确处理环境和经济、社会发展的关系，既使经济的发展不超出土地的生产和承载能力，避免因违背土地的自然特性和经济特性不合理地开发和利用土地造成的污染和浪费，又要使环境保护不超出社会经济的承受能力，使环境、经济和社会协调发展。只有各种公益得到合理的安排，才能实现利益的最大化。

三、利益最大化原则的制度体现

根据利益最大化原则，土地利用中的公益之间应当互相促进、互相补充，既要公平对待各种利益形式，又要合理地安排，实现最优的组合。

① 柯武刚、史漫飞：《制度经济学——社会秩序与公共秩序》，韩朝华译，商务印书馆2001年，第68页。

（一）利益最大化原则应当体现在土地利用的总体规划中

利益最大化原则应当体现在土地利用规划的目标中。环境保护应当纳入国土规划、土地利用总体规划、国民经济和社会发展计划中，应在土地利用的宏观调控中实现环境保护、经济和社会发展的综合平衡。另一方面，国家的土地利用总体规划具有最高的地位，地方的土地利用总体规划以及各种专业规划都应当统一于国家的总体规划，使多层次的土地利用规划体系内部协调统一，共同服务于利益最大化的目标。

利益最大化应当作为确定土地开发规模的指导思想。土地利用规划一般对自然保护区的规模作出了规定。自然保护区是指为了保护一些特殊的生态系统、珍稀濒危的野生动植物和特殊意义的自然遗迹而依法划定的一定区域。由于自然保护区的建立可以保存一定区域的珍稀濒危的野生动植物、基因的多样性、生态系统的功能，对于环境公益的保障具有重要意义。自1956年我国第一个自然保护区——广东鼎湖山自然保护区建立以来，我国已建立不同类别和级别的自然保护区2194个，总面积14822.6万公顷，其中陆地自然保护区面积约占国土面积的14.8%，超过了世界平均水平。但是在自然保护区数量增加的同时，保护区的管理却并不理想，在自然保护区内违法进行掠夺式资源开发和破坏性事件时有发生。[1] 笔者认为，重视自然保护区数量的发展，忽视人们实际的土地需求，是造成自然保护区管理和建设困难的一个重要原因，在土地利用规划中对土地进行配置时，既要保留适当比例土地作为保护的区域，又要尽可能多地满足人们对土地利用的需要。

---

① 《中国环境报》2000年10月14日。

（二）利益最大化原则体现在环境功能区域的管理制度中

1. 环境功能区域内的管理制度

在环境功能区域内管理制度中，除了需要进一步加强区域内的土地利用许可证制度外，还应当规范生态旅游活动。一些环境功能区域将生态旅游作为森林、草场、湿地等生态区域中的一项重要的功能，因此环境功能区在保护环境和发展旅游两种目标之间存在矛盾冲突。与其他资源一样，密集的旅游活动同样可以使自然环境遭受严重的破坏，主要表现为旅游人数和交通工具超过环境的容量，宾馆、饭店和其他娱乐设施的建设破坏生态环境和自然景观等。例如，在珠穆朗玛峰自然保护区，众多的游客和频繁往来的车辆已经成为保护区生态环境的一个重要的影响因素；作为世界自然文化遗产、国家风景名胜区泰山因修索道已经两次被炸掉大面积的山体，不仅破坏了保护区的自然景观，而且对生态环境造成破坏①；在青海湖鸟岛自然保护区，保护区的核心区——景观最奇特的蛋岛旁边建起了敞开式的观景台，游客可以走到距离鸟类孵化产卵地 10 米左右的地方观鸟，现在已经看不到鸟类铺天盖地的景象了②。

2. 环境功能区域及其周围土地的综合管理

一般来说，环境功能区不能有效地管理和控制区域以外的土地利用活动，但是环境功能区却不能忽视这些土地利用活动对其空气和水质、野生动植物及其优美的风景的影响。虽然环境保护法对这些地方的环境管理有相关规定，但这对于保护区的意义并不大，因为这些环境保护法只是环境质量管理的一般标准，没有考虑环境功能区特殊的性质。这些影响自然保护区的外部活动主

① 《中国环境报》2001 年 6 月 1 日。

② 《中国环境报》2000 年 11 月 23 日。

要包括居住、商业、工厂、公路建设、伐木、采矿、农业、能源的开发、娱乐等等，这许多的土地利用类型累积在一起严重影响环境功能区的生态环境。例如以丹顶鹤闻名的扎龙自然保护区，北部有东升水库和301国道，南部有濒洲铁路通过，西部边缘有中引八支干通过，东部边缘有正在建设的九支干通过（八支干、九支干为大庆市引水干渠），这些交通干线和水利工程将湿地与周围的生态系统分割开来，破坏了湿地结构，严重地影响了湿地功能①。因此在土地利用上，环境功能区域及其周围土地应当采取一个系统的管理方法，建立一个综合评估、综合开发利用和保护的制度体系，综合管理环境功能区周围的土地。

（三）利益最大化原则应当体现在耕地和基本农田的制度建设中

我国的人均耕地面积为0.095公顷，仅为世界人均数的43%，而且耕地总体质量不高，受干旱、陡坡、瘠薄、洪涝、盐碱等各种障碍因素制约的中低产田占耕地面积的65%。② 对于我国这样一个人口大国，保护耕地的意义尤为重大，它不仅涉及到亿万人生活和穿衣的问题，甚至关系到国家安全的问题。保护耕地的一个重要的内容是控制城市建设用地。国家实行基本农田保护制度和占用耕地补偿制度，即根据一定时期人口和国民经济对农产品的需求，对依据土地利用总体规划确定的、不得占用的耕地实行特殊保护的制度。严格控制基本农田保护区内的耕地转为非耕地，非农业建设经批准占用耕地的，应当按照“占多少、垦多少”的原则，由占用耕地的单位负责开垦与所占耕地数量和质量相当的耕地，对于没有条件开垦或开垦的耕地不符合要求的，应当依照规定缴纳耕地开垦费，专款用于开垦耕地。笔者认为，

① 《中国环境报》2001年4月25日。

② 2004年《中国环境状况公报》。

"占多少、垦多少"会促使其他类型的农用地，如草地、林地、山坡地开垦为耕地，不仅耕地质量得不到保证，而且会造成对生态环境的破坏，进而导致包括耕地在内的农地全面退化。同时，缴纳耕地占用费不能抑制经济实力强的土地利用者占用耕地的行为，在某种程度上给占用耕地提供了一个借口。依据利益最大化原则，城市和农用土地的分配应当公平合理。从目前的情况看，建设用地的数量超过了合理的界限，所以较为妥当的方式是根据对农用地的合理需求划定合理的农业区域，严格控制农地区域内的土地转变为建设用地。

保护耕地，还需要与控制农村非农建设占用耕地的制度结合起来。目前我国农村居民建设用地不仅超标严重，而且许多农民建了新房后，还占据原有的宅基地，致使村庄膨胀和新居民点增加。乡镇企业主要分布在村或村以下的广大农村，由于过度分散，不仅大量占用农田，造成土地浪费，而且乡镇企业造成的污染，致使许多耕地减产、甚至失去利用的价值。因此有必要建立农用地分区制度，将居民点限制在一定范围，对乡镇企业进行集中布局。农用地分区制度是对农村建设用地进行控制的制度。这项制度旨在通过划定农村建设用地区域，从总体上控制建设用地的范围，从而保证耕地的面积。

（四）利益最大化原则体现在有关城市建设的法律制度中

1. 城市绿化建设制度

我国城市绿化继续保持快速增长，2004 年末，城市建城区绿化覆盖率由上年的 31.5％增长为 31.64％，城市公共绿地比率 8.29％，[①] 从数量上达到国际《城市用地分类与规划建设用地标准》（GBJ137—90）规定的城市绿地比例 8％～15％的下限。但

① 2004 年《城市建设统计公报》。

是大多数城市注重的是它的美化功能，没有认识到城市绿化在城市生态系统中的重要作用。城市绿化的首要功能应当是维持城市生态系统。城市绿化既是城市生态系统的载体，维持着生态系统的循环和城市生物及物种多样性，又是人类生活空间与自然生态之间的连接体、乡土植物和乡土生物多样性保护的最后屏障。城市绿地再美，但如果不能净化空气，消除城市的污染，显然不利于城市的发展和人们的生活。因此我们不能局限于绿地率和人均绿地指标等表面的评价指标，需要改变现有的城市绿地评价指标体系，以可持续发展的观念衡量我国的城市绿化体系，以可持续发展的观念建设我国的城市绿化体系，构建具有生态功能的城市绿地系统。

2. 土地利用规划（计划）的环境影响评价制度

环境影响评价是我国现行的环境管理中应用广泛的一项制度，它主要针对从事生产或开发建设活动实施。众所周知，环境因素质量的变化是一个累积的效果，单项的土地利用活动对环境的影响可能并没有超过环境标准，但是许许多多的土地利用活动累积起来，就可能对环境质量造成较大的影响。由于政府机关每年都要颁发或更新土地使用权证，政府机关应当审查土地利用计划可能对环境的累积影响，准备整个土地利用计划方案的环境影响评价报告，作为以后环境分析和某一区域环境影响报告的基础。

3. 建立合理的环境标准

所谓环境标准是为了保护人体健康、社会物质财富和维持生态平衡，对环境质量、污染源、监测方法等，按照国家规定的程序制定和批准的标准，是我国环境保护法体系中的一个重要的组成部分。由于环境质量是土地利用结构和土地利用的布局在一定的技术条件下形成的总体效果，因此环境标准的制定是综合考虑经济发展目标、技术条件的结果，这也就是说，在决定环境标准时需要考虑经济和技术等因素，制定合理的环境标准。过低的环境标准，会使环境质量达不到要求。而过高的标准，由于技术达不到要求，或对企业造成过重的经济负担，影响经济效益的增长，失去了可操作性。

第三节　土地利用中私益衡平的急需利益优先满足原则

一、急需利益优先满足原则的内涵

各行各业的发展都需要土地，土地是行业发展不可缺少的物质基础，而土地不能满足所有行业的需要，因此要根据利益的缓急依次予以满足。急需利益优先满足是指在配置土地时，应当按照需要的缓急程度，对于急需的利益优先供给，对于不是急需的利益，可以少供给和不供给所需要的土地。具体来说，它包括：不同行业的土地配置中，优先满足急需发展的行业对土地的需求；在同一种行业中，将土地用于能最大限度满足大多数人生产和生活需要的产品。例如，城市用地中，工业用地比例偏高，而城市居民迫切所需的经济适用房开发建设不足，因此在目前的土地利用配置中，应优先满足住宅的需要；而在同样的住宅开发中，为了满足大多数人的居住的需要，普通住宅的建设应当优先发展。

急需利益优先满足的原因在于土地供给的稀缺性。土地的稀缺性指土地的供应量相对于人们的需求来说很稀少。它表现在两个方面：一方面土地的供给总量是固定的，不能满足人们日益增长的土地需求；另一方面能够满足需要的土地缺乏，某些地方或某些用途的土地由于人们的需求量很大，所以显得很稀少。如建好的楼房，有的无人购买，而有的却供不应求；人们对某一种经济作物需求量较大，而适合种植的土地很少。土地稀缺的主要原因在于：（1）土地位置的固定性。土地的位置是固定不变的，人们利用土地时，只能就地利用。土地是否能满足需要，只能由土地的性质来决定。（2）土地和土地之间存在区位优劣和肥沃差距。由于土地自然条件（地质、地貌、土壤、植被和生物量）和气候条件（光照、温度和雨量等）的差异，因此农用土地的产出很大程度上受到土地肥沃程度的限制，肥沃的土地可以带来农用土地的较大产出，自然受到农民的欢迎。与农用土地不同，城市土地存在土地分布区域和地点（区位）优劣的区别，这些区别影响生产的成本和收益，因而人们对不同区位的土地的需求是不同的。（3）土地报酬递减规律的影响。土地位置的固定性、区位优劣和肥沃差距促使人们集约地利用土地，但是在技术不变的情况下对土地的投入超过一定的限度，就会出现报酬递减的结果。这就要求在一定的技术条件下，人们对土地的开发应当保持合适的度，以防止出现报酬递减的现象。以上三个方面的因素共同作用致使土地供给难以满足人们的需要，因此需要有效配置土地资源以产生最大的效能。

二、急需利益优先满足原则与效率的关系

在经济学中，效率是以较少的成本较多地生产人们所需要的产品。只要生产的产品是人们所需要的，并且产出大于投入，或者收益大于成本，那么行为是有效率的。急需利益优先满足原则与效率的关系主要表现在以下几个方面：[①]

① 厉以宁：《经济漫谈录》，北京大学出版社1998年版，第140页。

首先，急需发展的行业或产品，土地利用效率要高。在不同的行业中，土地的收益是不同的。急需发展的行业，其产出为社会所广泛接受，那么土地的收益就会很容易地实现；而不急需发展的行业，其产出为社会接受的程度要低，土地的收益就低。例如，按商业经营规模效益比，营业面积超过1万平方米的大卖场周围1.5公里之内不宜有第二家大卖场存在。但是在我国一些大中城市，商场扎堆建设的现象非常普遍。例如在武汉，目前的解放大道已建有世贸广场等4家总营业面积达30万平方米的大型卖场；在上海，莘庄地区拥挤着相距半公里到2公里的6家大型卖场，是全国卖场扎堆最严重的地区之一，而且又有另外两家上万平方米的大型卖场在计划兴建中；在北京，京西商圈有4家“摩尔”正在建设中，总面积超过150万平方米，相当3个王府井。由于建设量超过实际需要，许多城市的商场和购物中心经营比较差，远未达到预期目标。[①] 与此同时，由于商品房结构不合理，不能满足普通老百姓的住房需要，导致商品房空置面积不断增大，土地利用效率也不高。商品房结构不合理主要表现为三个方面：[②] 一是经济适用房和低价商品房供应严重不足，高档商品房供过于求；二是非住宅商品房比例大，住宅类商品房比例小；三是投资性购房的比重增长过快。由于行业间和行业内的土地配置不合理，不仅造成大量土地资源的浪费，而且人为扩大了用地稀缺的效应。

其次，在固定产出的情况下，投入越少的土地，土地利用效率越高。在同样的产出下，投入的土地越多，意味着土地效率越低。例如，在提出建设“国际大都市”的珠江三角洲的5个城市

① 《商业地产过热，空置率21%》，新华网2005年10月19日。

② 王燕：《住房过剩为何漠视？房场商制造供不应求假象》，载《上海证券报》2006年2月10日。

中，都建设有大型的机场，但是由于这些城市之间距离较近，且靠近香港，国际航班只会选择在其中之一的机场降落，因此4个机场不能充分利用。其中设计客流量为1200万人次/年的珠海机场，目前的客流量不到设计流量的1/24。江苏省内开通民航航线的机场目前共有7个（南京禄口机场、常州奔牛机场、徐州观音机场、盐城机场、连云港白塔埠机场、南通兴东机场、启东直升机机场），有6个机场是处于亏损状态的；而唯一处于微利经营的南京禄口机场也尚有60%的航运资源和能力没有被利用。而从整个长江三角洲来看，占据了航空客货运输半壁江山的上海浦东机场、虹桥机场以及杭州萧山机场也存在着“吃不饱”的现象。[①] 到“十五”期末，华东地区将拥有运营机场36个，初步形成以上海浦东机场为准枢纽机场，杭州、南京、福州、厦门、青岛等机场为准中型枢纽机场的大框架航空运输机场网络群。从2005年到2020年，山东、安徽、江苏、浙江、江西、福建等省还将新建或改建12个机场，使华东地区民航机场数量达到48个，平均每间隔四五百公里就有一个机场覆盖。这些重复建设的项目造成土地的浪费和资源的损失。从目前许多机场亏损，甚至资不抵债的情况看，有多少机场的建设满足效率的要求可想而知。与此类似，北京和天津相距不远，交通已经相当便利，随着近年来先后建成京沈、京哈、京津唐三条高速公路，再加上机场和铁路，京津间铁路客货运规模逐年减少，基础设施使用效率不断下降，而目前有关部门又在规划建设两条高速公路和高速铁路。在南京以下，约300公里的长江沿岸，建成或正在建设110个万吨级码头，最集中的位置是江阴以下40多公里处，平均每公里一个码头。由于靠江必建港，一些建成港效益低下，常州港

① 木荣：《新建机场是引入竞争还是重复建设》，载《新京报》2003年11月28日。

货运设计为年吞吐量 248 万吨，但有些年份实际只能完成 6 万吨。①

在投入同样数量的土地情况下，获得较大产出的土地，土地利用效率就高。反之，土地利用效率就低。据统计，1981 年全国城市工业用地占城市建设用地总量的 27.6%，1985 年为 26.86%，1990 年为 26.43%，1997 年为 23.14%。我国最大的城市——上海目前的工业用地占全市建设面积的 26.86%。而美国纽约的工业用地比例为 7.48%，其他大中城市工业用地比例为 8.8%；英国工业城市工业用地比例为 10.7%，一般城市为 7%，新城工业用地比例为 13.90%；日本东京工业用地比例为 2.64%，大阪为 15.35%，横滨为 7.34%。与工业用地比例居高相反，工业用地的产出率与世界部分发达城市相比差距较大。如 1997 年上海工业用地产出率为 4.52 亿元/平方公里，纽约 1988 年工业用地产出率为 52.37 亿元/平方公里，芝加哥 1990 年为 41.01 亿元/平方公里，东京都 1982 年为 81.52 亿元/平方公里，大阪 1985 年为 46.94 亿元/平方公里，横滨 1980 年为 42.91 亿元/平方公里。② 工业对人民生活的提高有着不可替代的作用，我国的工业用地不是少了而是多了，工业产出率低是关键。

另外，在土地利用过程中，有的产品在生产过程中、产品使用过程中或产品使用后会产生严重的污染，对社会造成重大的经济损失，因此在选择行业和产品时也要体现效率的要求，应当将土地用于产生污染量少的产品。同样道理，土地利用结构不合理造成污染也是土地利用效率不高的表现。

---

① 薛志伟：《警惕浪费土地的四种现象》，载《经济日报》2005 年 11 月 29 日。

② 熊鲁霞、骆棕：《上海市工业用地的效率和布局》，载《城市规划汇刊》2000 年第 2 期。

三、急需利益优先满足原则的制度体现

急需利益优先满足的原则体现了土地利用中私益衡平效率的要求，不过这只是在总体上确立了私益衡平的制度目标，还需要具体的、可操作的法律制度体系。急需利益优先满足原则应体现在以下的方面：

（一）该原则应当体现在土地利用计划指标中

首先，该原则应当作为指导城市土地利用计划的基本思想，合理地确定各类用地的计划指标。土地利用计划是根据土地利用总体规划和国民经济发展计划的要求，对国民经济各部门的用地计划作出中期或年度的具体安排，协调控制各类用地的具体措施。在对各类用地进行综合平衡时，应考虑国民经济各部门协调发展的需要，合理地配置土地，对于急需发展的行业，应当优先供给土地，而不是急需发展的行业应当减少或控制土地的供给。

（二）该原则应当体现在资源产业政策中

“产业政策是通过干预一国的产业间的资源分配或（和）产业（部门）内的产业组织，达到该国国民的（经济的、非经济的）目标的政策。”① 产业的发展离不开土地的利用，产业政策相应地影响到土地利用的安排，因此产业的发展需要与土地利用计划保持一致和协调。具体来说，产业政策应当体现以下内容：（1）产业结构合理。发挥地区的资源优势，正确选择其主导行业，确定地区合理的发展方向，要避免结构趋同、重复建设。（2）产业规模合理。产业生产的规模化和专业化，应当与土地开发结合起来，土地投入的数量应当与土地产出相适应。（3）产业技术先进。产业技术应当选择能耗小和污染小的生产工艺和技术，减少生产和消费过程中的污染问题。

① 转引自肖国兴、肖乾刚：《自然资源法》，法律出版社 1999 年版，第 96 页。

（三）该原则应当体现在与城市土地利用计划配套的城市道路、土地开发强度、土地开发速度的管理中

土地利用计划也应当与城市道路建设相配合。城市道路是城市发展的基础，由于城市的建筑物和基础设施都是在城市道路网的基础上建立起来的，因此在某种意义上说，城市道路建设制约着城市的发展。一般来说，城市道路网一经确立，道路两侧的建筑物和地下的管线随之就建立起来。如果道路的建设无法满足城市的需要，不仅造成交通拥挤现象，给人们的生产生活造成不便，而且还会影响到城市居住、工业、商业和各种公共设施的布局，带来严重的环境污染问题。如果道路进行拓宽、重建、改道，就得拆毁原有的建筑物和基础设施，就会造成财物的巨大损失，因此城市道路建设是城市土地利用规划中的一项重要内容，城市道路建设用地占建成区的比例应当与城市需要相适应，城市道路建设应当与城市土地利用类型和功能相配合，同时道路建设要具有长远的计划安排，采取一定的预留措施，为以后的建设提供发展的空间。

土地利用应当与城市开发强度配合。城市建设密度和人口密度都应当有一个合理的限度。容积率，是指一个小区的总建筑面积与用地面积的比率。城市建设中每一块土地的容积率都是与该地块的土地性能、环境容量密切相关。如果单块容积率过高超出土地承受能力和环境净化能力的限度，将导致整个城市土地利用效率的低下。

土地利用还应当与城市的基础设施配套进行。土地利用计划一般对土地开发的速度和规模作出了规定，为了避免因城市基础设施不能满足土地开发需要造成的污染问题，应当将土地开发计划与城市基础设施联系起来统一管理。一般来说，可以采用两种不同的形式来进行管理：一种形式是在城市有足够的公共设施的

情况下，根据社区每年的土地定额批准新的开发活动。另一种方式是通过公共服务设施如排水设施和自来水设施有计划的扩展来限制开发活动。

第四节　土地利用中公私益衡平的利益填补原则

一、利益填补原则

利益填补原则的含义是指对个人在土地利用中占有的、超过社会收益[①]的部分予以收回，对个人收益少于社会收益的部分进行补偿，从而使公益和私益达到一种均衡的状态。

利益填补原则的理论基础是福利经济学。福利经济学的创始人庇古最先提出社会经济福利最大化理论，后来新福利经济学对其理论进行了修正，提出资源优化配置是实现社会经济福利最大化的必要条件的观点。根据“帕累托最优”概念，当经济活动发生变化或生产资源重新配置使社会成员的福利增加，而不会使任何一个人的状况恶化（福利减少）时，那么整个社会的经济福利就会增加。不过，当经济活动发生变化时，每个人的福利状况都不变坏的情况是不常见的，许多情况下是一些人的经济生活状况得到改善，而另外一些人的状况却可能变坏，因此英国经济学家卡尔多提出补偿原理，认为当经济状况发生变化以后，如果政府采取适当的措施，使一些社会成员状况的改善补偿了其他社会成员状况的恶化，那么社会经济福利也会增加。补偿理论的实质在

① 个人收益指个人（包括企业）从其所从事的活动中获得的纯收入量；社会收益则是社会从个人的这种活动中获得的纯收益总量，它是个人收益加上这种活动对社会其他成员所造成的最终影响。

于，政府可以对受益者征收特别税，对受害者支付补偿金，以保持受害者原有的经济状况。

土地利用的目的是为了获取土地收益，但是个人利用土地所获得的收益与社会因此得到的收益经常不一致。这是因为个人收益是个人从其所从事的土地利用活动中获得的纯收入量，而个人利用土地的行为对社会其他成员可能造成有利或不利的影响，因此综合个人收益和个人土地利用活动对社会其他成员的影响的结果（社会收益）就可能低于或高于个人的收益。诺思从利益角度对其进行了解释，认为当某个人的行动所引起的个人成本不等于社会成本，个人收益不等于社会收益时，就存在外部性，“外部经济（不经济）是这样一种事件，它将可觉察的利益（或可觉察的损失）加于某个或某些人，而这个（些）人并没有完全赞同直接或间接导致该事件的决策”①。外部性分为正外部性和负外部性。当一个人的行动所引起的成本为行为人以外的人来承担时，这种外部性是负外部性；当行为人所产生的利益为其他人分享时，这种外部性是正外部性。由于存在外部性，致使土地资源的配置结果是一部分人受益，而另一部分人受损，因此需要对产生负外部性的土地利用者的一部分利益予以收回，而对产生正外部性的土地利用者进行补偿。

利益填补原则在一些国家的农业政策中表现突出。例如，英国在第二次世界大战期间，为了保证粮食的自给自足，对许多的农产品实施价格支持，以保证农产品的价格。如果市场价格跌到保证价格之下，农民的亏空由政府“补贴”付款补偿。② 通过这种方式可以使生产者得到合理的报酬并达到一个合适的生活水

---

① 卢现祥：《西方新制度经济学》，中国发展出版社 1996 年版，第 58 页。

② A.S. 马瑟：《土地利用》，国土局土地规划司译，中国财政经济出版社 1991 年版，第 83 页。

平，同时也促进了农业的稳定发展。后来到了20世纪50年代中期，政府不再垄断农产品市场，只确定了“标准”数量的农产品才享受政府的保证价格。现在，英国通过补贴干预农业生产的措施和方式仍然继续保留着，只是相对来说有所选择。价格支持还可以采取干预购买的方式，如欧共体为了稳定市场、保证食品价格合理和稳定的供应、保证农业人口维持相当的生活标准，不管开放市场的价格如何，总是采取干预购买的方式，按固定价格购买农产品。北美国家也采取了与英国和欧共体一致的措施，如价格支持、市场控制和出口补贴。主要的差别在于北美国家还采取了广泛的土地数量限额和配给，以对某一种土地利用面积，进而间接对土地利用空间格局实行限制。另外，20世纪50年代，北美国家还为农民提供补贴以促使土地退耕，既减少农产品过剩，又保护了土地资源。各国的农业政策之间有较大差异，而且随着时间的推移也出现了一些变化，但是各国尽量公平地对待农业部门的主导思想并没有改变。因为农业在国民经济中的地位是不可忽视的，农业提供人们日益增长的食品需求，提供工业生产的原材料，促进经济的增长。在实践中到底采取哪些措施对农业生产进行补偿以及如何把握这种度，主要根据公共利益的目标在实践中具体地作出选择。

利益填补原则还表现在对污染物征税或收费的有关规定中。例如，针对空气污染，加拿大根据许可证中允许的污染物排放进行收费；法国对排放污染物的装置进行收费；日本则根据实际排放污染物的浓度进行收费；瑞典对达到一定容量的热电生产者进行收费等等。

二、利益填补原则与公平和效率的关系

土地利用的正外部性是指个人利用土地所产生的收益为其他人或社会所分享，也就是说，个人收益小于社会利益，利益“外溢”。其产生的原因在于正外部性产生的利益不具有非排他性，不能将其他人从利益的受益人群中排除，或者虽然能做到，但是成本高昂。例如森林资源的保存可以有益于净化空气、涵养水土、保护水源，对于社会有利，但是只有森林的经济价值归属于土地利用人。正外部性给社会带来的积极作用通过市场无法实现，这实际上表明个人在利用土地为自己谋取利益的过程中为社会承担了一定的义务，并因此受到损失。通过利益填补可以使个人的损失得到合理的补偿，体现了公平的要求。正外部性的补偿数量的确定则体现了效率的要求。

土地利用的负外部性是指个人利用土地的活动对其他人强加了一部分损失，也就是说，个人收益大于社会收益，损失“外溢”。负外部性问题在环境污染和破坏案例中有突出表现。在这些案例中工厂排放的污染物对社会造成了不良影响，如果安装净化设备，就会增加其生产成本，因此一般来说，在利润最大化驱动下的工厂往往选择避免增加成本的自由排放方式。这就意味着可能会有越来越多的污染物进入环境中，当这些污染物的数量超出环境的容量时，社会就不得不拿出资金用于环境污染的治理，并为此承担了一定的成本。为了使社会成本与工厂的成本一致，就必须将这一部分社会代替工厂承担的成本转化为工厂自己的成本，迫使企业治理自己的污染。显然这也是公平的一种要求。不过，在这些环境污染案例中也存在效率的问题。例如在工厂和居民的污染纠纷案例中，从公平的角度来看，工厂排放的污染影响了周围的居民，受害者有权要求支付赔偿、停止污染行为。但是由于工厂生产又有着巨大的经济效益，禁止工厂的生产会造成巨大损失。如果居民为了减少污染对他们的损害，支付一定的费用以消除污染，使污染减少到一定的水平，这时候可能达到一个有效率的水平，在理论上，这是一个“双赢”的情况。不过，很多人会认为这种由受害者付费去免除污染造成的伤害是不公平的。解决这个问题的关键是安全的污染水平问题。在安全的污染水平范围内，可以实现环境资源的有效配置。不过，由污染者付费可以更好地体现效率原则。这是因为环境资源是公共物品，在实践中由于一个污染者影响整个社区，要求污染者付费比要求受害者付费可能产生更有效率的结果（由污染者付费可以减少污染者和交易的费用）。如果由受害者付费，那么就会有更多的污染者出现。而如果工厂有权利污染，或者受到资助以减小污染，会降低其削减污染的积极性。

三、利益填补原则的制度体现

（一）正外部性内部化的制度

1. 公益补助

公益补助是指国家对于从事公益活动的土地利用者提供支持的一种形式。公益补助在农业的国内支持政策中表现突出。在关贸总协定乌拉圭回合谈判中，将农业的国内支持政策分为“黄箱”政策和“绿箱”政策两种类型。前者主要是指价格支持、营销环节的补贴支持、面积补贴、牲畜数量补贴、种子和肥料等投入补贴、某些有补贴的贷款计划等。后者主要包括农业科研、推广、培训咨询等政府一般性服务支出，为了粮食安全目的的公共粮食储备支出，国内粮食援助补贴，一般性农业收入保障补贴，自然灾害救助支付，政府参与的收入保险和收入安全网计划，促进服务支出和结构调整补贴等。这两种政策带来的效应是不同的，“黄箱”政策可能对生产和贸易产生扭曲作用，如限制作物面积，使得分配到配额的土地利用者得到额外的利益，受到支持的产品及其加工企业容易形成垄断等，因此乌拉圭回合达成的《农业协定》要求各国限制“黄箱”政策的使用，并控制在一定的标准内；“绿箱”政策因为对生产影响小没有或仅有微小贸易扭曲作用，被乌拉圭回合《农业协定》所推崇。

我国目前的农业国内支持政策中的“黄箱”政策措施包括三类：市场价格支持措施、与生产挂钩的非免除支付和对农业投入品的补贴。而在“绿箱”支持政策中，我国目前对农户直接进行支付的措施主要包括保证农民收入的直接支付措施、为实现特定的结构调整目标而对农民的造成损失进行补贴的措施。1996～1998年我国这两项措施加起来的国内支持总量为年均1063.24亿元（合128.27亿美元），相当于我国农业生产总值的4.52%。而WTO其他成员的这个比例大多在5%～20%，美国则更高，其国内支持量相当于农业生产总值的50%，因此相比之下，我国农业国内支持力度显得不足。并且，如果将农业税收及农民的社会性负担作为国内支持的一种扣除，那么我国的农业国内支持是负值。[①]

一般地说，不同国家的农业政策目标具有不同的重点，但通常包括两个主要内容。其一是寻求增加农业对国民经济贡献的途径；其二是希望像对待其他经济部门一样公正地对待农业部门[②]。西方国家干预农业生产的原因在于，这些国家的食品生产相对于增长缓慢的需求出现了过剩，农民陷入了农产品价格下降，而农业生产成本却在不断上涨的困境。为了使农民从困境中走出来，保证农业劳动力可以获得社会平均收入，他们采取了对农业的保护措施。在这些国家，提高农产品的价格和保证农民的收入是农业国内支持的目标和主要作用。而我国所面临的情况不同。我国农业目前除了保障粮食自给之外，还需要满足国民经济

① 张莉琴、林万龙、辛毅：《我国农业国内支持政策中存在的问题及调整对策》，载《中国农村经济》2003年第4期。

② A.S.马瑟：《土地利用》，国土局土地利用规划司译，中国财政经济出版社1991年版，第80页。

发展所需的农产品供给，相应地，农业政策的制定也服务于这一目标。在农产品增产和农民增收之间不能保持一致的情况下，政策的选择必然受到经济发展水平的制约，但是不断增加对农业的资金投入，消除农业生产和非农业生产收入的差距，逐步使农民获得与其他产业相当的收入，对于保障农业生产，保护耕地有非常重要的意义。

另外，从事土地公益活动的不仅有农业部门，而且还有林业部门。这些部门之间的补贴政策应当统一，以避免土地向补贴高的利用类型转移导致土地利用比例失调。不过，统一并不意味着实现同一的标准，“这些区别待遇必须建立在清楚确定的外部结果的基础之上”，“正确的税收和补贴政策应致力于在不同的经济部门实行统一的税收和补贴政策，该措施应将所有有关的潜在的商品服务包括在内”。[①]

2. 征用补偿

征用是国家为了公共利益的需要，强制性地剥夺或限制私人土地产权的一种手段。一般地说，土地利用人的目标是获取土地收益，不会主动将土地用于公共的用途。为了满足公共的需要，如公路、基础设施、学校等需要，[②] 政府不得不强制性地将私有土地转变为公有土地，这种行为是合理的、也是社会经济发展所必须的。为了规范政府的行为，避免政府因自己的利益或受到特定利益集团的影响、侵犯土地权利人的利益，出于公共利益需要的征用必须满足一定的条件，即政府的征用是为了公共利益的需

---

① 经合组织：《环境管理中的市场与政府失效：湿地与森林》，环境科学出版社1999年版，第101页。

② 公共利益并不意味着政府征收的财产只能用以公用或给一般公众使用。政府征收财产又立即转让给多数人使用，同样可以构成公共使用。李亚虹：《美国财产法》，法律出版社1999年版，第200页。

要且征用的土地确实是公共利益所必须，并且对被征用人因此受到的损失进行公平的补偿。

随着社会的不断发展，征收的理论也在不断的变化。早期的征收是一种“公用征收”，如征收私人土地用于建造道路、学校等公共用途，现代国家已扩张到“公益征收”，如土地政策的需要。征收的标的，不再限于所有权，也及于使用权，“只要是任何具有财产价值之权利，包括债权在内，皆可列入征收侵害的标的之范围”。征收的方式，亦不限于对财产权的全部或部分剥夺，只要是限制财产权利的行使，亦足以形成征收之侵害。① 这是因为，一般来说，土地利用人将土地用于可以带来更高利润的土地利用类型是一种内在的利益需要。虽然政府没有剥夺私人土地产权，只是基于行政权或主权对其进行了限制，但是这种限制使享有私人土地产权的人承担了公共义务，并因此受到经济损失。如果私人土地产权人的损失得不到合理的补偿，显然这是不公平的。为此，在限制私人土地产权的征用情况下，应当对被征用人进行公平地补偿。

在许多情况下，法规对土地权利人进行了限制，这些法规是否构成征用，我们有必要进行进一步的探讨。在 19 世纪的美国判例法中，征用主要限于为公共使用占用土地。后来司法对征用作出扩大的解释，将政府通过法规限制土地的利用的行为也视为对土地权利人的财产权征用，认为政府法规对土地利用的限制与政府实际占用的性质是一样的。因此，当立法者规定一项限制某种财产权利的法律规定时，就需要决定其属于“征用”条款和

① 陈新民：《德国公法学基础理论》下册，山东人民出版社 2001 年版，第 423 页。

“财产权内容及其必要限制”的条款。[1] 法规征用一般主要涉及三个方面：

第一，财产的征用。

例如，对建筑物高度的限制。城市往往利用土地法规来支持政府企业，如支持建造城市机场的行为。为了保证飞机的起降安全，城市一般对飞机场周围的区域限制高度。机场管理部门为了阻止邻近区域的发展，对其财产进行了限制，机场应该补偿土地利用人的损失，而不是利用管理权达到这一目的，土地权利人可以提出这种限制构成征用。

再如，对历史性标志建筑物及其周围区域环境的限制。历史性标志建筑物法保护的是有历史或艺术价值的建筑物外部和建筑物的结构。这种类型的法规实质是限制个人财产的发展以为整个社区提供公共利益。当法规禁止权利人改建、拆除或要求维持或维修时，就产生征用问题。当法规禁止任何可能对历史性标志建筑物及其周围区域环境造成破坏的行为时（对历史性标志建筑物及其周围区域环境进行综合性的管理是必要的，保护历史建筑的周围区域环境是为了使历史建筑物能得到更有效的管理），历史性标志建筑物的权利人可以认为权利被征用，因为他为了公共利益保存历史性标志建筑物，公众不能因为享受公共利益而将负担强加到历史性标志建筑物的权利人身上。[2]

第二，权利的征用。

例如，土地利用规划中经常采取一些保护环境的管理方案，如湿地及其他重要生态区域、洪水区、农田保护区保护方案。虽

① 陈新民：《德国公法学理论基础》（下册），山东人民出版社 2001 年版，第 427 页。

② Daniel R Mandelker (1988), *Land Use Law*, 2th Edition, The Michie Compeny, p. 441.

然这些方案是类似的，都适用于重要的环境区域，但是他们服务于不同的管理目标：湿地管理法采取限制性的措施，以保存湿地的功能，避免开发；洪水区管理法控制（洪水的路线和邻近的区域）土地开发活动，以避免生命和财产的损失；农业分区法限制建设活动以保存农业区域。由于这些法规限制了一定数量的土地权利人的开发活动，为公众提供公共利益，因而涉及到征用问题。

湿地保护法的目的是保护这些区域重要的环境功能。在土地和水体之间的湿地不仅可以保护水质、稳定河床，保持生物多样性，而且为野生动物提供栖息地。湿地保护法一般规定在对湿地进行排水、填埋或其他开发活动时应获得批准，并且规定了颁发许可证的标准和应当考虑的因素，如开发活动的环境影响、替代方案的可行性和这些活动对湿地的适当性。由于湿地管理法“保护的利益为更大的区域甚至是整个国家的公众所享有，（湿地）保护的费用应当由公众来负担。如果承认法律对土地权利人的限制，使权利人的土地无任何商业价值，就使他们承担了费用超过了他们应当承担的（保护环境）公平合理的部分”[①]。因此构成了征用。

洪水区域的管理法也是一项限制洪水区域土地利用的措施。学者们一般认为，尽管该法令极大地降低了财产的价值，但并没有剥夺土地权利人对土地利用的所有权利，他还可以进行一些消极的利用，因此并不构成征用。“在决定是否构成征用时，政府限制开发的目的是至关重要的。如果限制的目的是阻止滥用，限制措施对于需要达到的目的是合理的，那么限制就是警察权的正

① Daniel R Mandelker (1988), *Land Use Law*, 2th Edition, The Michie Compeny, p. 452.

确行使。”[①] 不过，如果开发活动不会造成危险，即如果洪水区域的开发活动与危险之间不存在因果关系，那么洪水区的管理法就构成征用。

为了解决农业土地不断向城市用地发展的问题，产生了一系列保护农地的制度。对农地的保护措施中一项重要的制度是农业分区。农业分区为基本农田区域和建设用地区域两种，基本农田保护区域不允许居住及其他可能的利用。农业分区是否构成征用一般依据农业分区的适当性，依周围区域决定农业利用是否合理，农业分区是否与综合计划一致来决定。

第三，价值的征用。

土地利用分区法的一个重要作用是在规划区内安排土地使用，避免土地利用类型不相适宜造成的冲突。一般分区法将规划内的土地分为居住、商业、工业三种类型，将某一个区域限制为一种土地利用类型，这样就可能给土地权利人造成损失。因为土地权利人的土地可能正好被划在分区限定的居住地范围之内，而同样一块土地用做居住地和用做工业用地的产出不一样，土地的市场价值也不一样，有时相差非常悬殊。因为分区法的实施造成自己土地的贬值，土地权利人可能在两种情况下反对分区法的实施。其一，土地主认为他的土地受到过多的限制。他的土地可能划为居住地，但他希望以商业用地的价值转让自己的土地。他认为土地价值的差被城市非法征用。其二，城市将用做商业区的土地划为居民区，土地权利人认为土地价值的下降是征用。

对于以上的问题，美国法院和一些法学人士提出了一些理论来解释土地利用管理中的征用问题，这些理论在司法实践中不同

① Daniel R Mandelker（1988），*Land Use Law*，2th Edition，The Michie Compeny，p. 458.

程度地得到运用。[①]

（1）区分政府公益和政府私益。针对征用，Joseph Sax 教授提出了一种区分政府的企业经营活动和作为仲裁人实施的管理活动的规则："如果个人经济损失是由于政府以企业资格管理其资源造成的，那么应当要求补偿；如果个人利益的损失是由政府的专有权利所造成的，不管多么严重，都应视为警察权的行为，不应受到补偿。"根据他的理论，一个严格限制机场附近区域土地利用的管理法可推定为企业活动类，而综合管理分区法则属于专有权力范畴。

Sax 的理论给出了一个比较直观的结论，即政府机构不应通过管理土地的权力来获得从事经营活动的土地。政府从事经营活动的土地，应通过补偿的方式获得。不过，在这里又出现了区分政府管理活动和经营活动的问题。

（2）损害利益理论。这种理论支持保护个人利益的法规，使一些确认公共利益的法规无效。如禁止在居住区从事工业生产的法令，它阻止了工厂对居住地的损害。在这种理论下，一些保护历史标志性建筑物的法规由于对权利人施以经济负担，以保障一般公众的利益，构成征用。这种理论最早于 19 世纪末到 20 世纪初提出，随后一些法学家们对这一观点表示了赞同，最著名的是 Allison Dunham 教授在一篇文章中阐述的观点。Dunham 认为土地利用法可以限制私人土地使用，防止损害的发生，但是并不涉及公共利益。土地利用法可以防止损害的理论源于妨害法中的过错概念。

Sax 教授后来也修正了自己早期的看法，扩展了 Dunham 的损害阻止理论，并从不同的方面予以解释。Sax 认为市场不能阻

① Daniel R Mandelker (1988), *Land Use Law*, 2th Edition, The Michie Compeny, p. 23.

止私人活动对于自然资源的区域如湿地这些公共的资源所造成的环境损害，土地利用法可以控制私人开发活动，保护公共利益，所以土地利用管理法不是一种财产征用。他认为阻止私人损害的综合分区和阻止公共环境损害的湿地法没有区别。

在很多情况下损害和利益并不是很容易区分。实际上损害利益理论是想试图确立一种判断征用的规则，即确认一种中立的土地利用法。保守主义的损害利益理论（Dunham）对以实现公共利益造成土地权利人个人利益损害的土地利用法持怀疑态度。该理论的赞同者信仰开放社会中个人选择的重要性，他们接受禁止损害的分区，仅仅因为它们满足了中立的标准，避免将公共利益的集体主义价值观念强加于人。其实这些中立的标准是令人值得怀疑的。一个经典的例子是禁止在居住区周围建造工厂以防止损害的分区。因为工厂的土地利用会损害居住地的环境，所以这种禁止的标准是中立的。为什么不作出相反的假设，认为居住地的使用将损害工厂呢？仔细观察土地利用法的目的，可以发现其中隐含的价值判断。在这里法规明显地认为居住优于工厂的土地使用。法院也会接受这种价值判断，因为在妨害案例中有这样的先例。

（3）平衡检验。许多法院对受到质疑的土地利用法使用平衡检验。这种检验试图平衡土地权利人因土地使用管理遭受的损害和因此而获得的公共利益。这种平衡检验首先必须满足三个实质要件，即要求证明公共利益对土地利用的干预合理；为完成这一目标采取的方法必要；选择的方法不会对土地利用人造成不合理的负担。

平衡检验要求明确公共目的，以便能正确平衡土地人的经济损失。要对造成损失的公共目的是否合理作出判断是困难的。作出这样的判断时，人们实际上经常将他们认为合适的公共目的与他们认为可以忍受的经济损失两种观点混在一起。一般来说，只有在从管理中获得的社会收益超过土地权利人的个人经济损失的情况下，平衡检验理论才可能得到接受。平衡检验也假定建立在社会收益大于私人损失基础上的土地利用法律具有内在的合理性。一些法学家怀疑建立在这个前提上的法律体系是否合理。

（4）经济损失理论。依据这种理论，土地利用法是否否认土地权利人对其土地的“经济上的可行性利用”是判断征用的一个重要的因素。学者们认为权利人不能被剥夺一种经济可行的利用，如果土地利用法不允许土地权利人做任何合理的利用，那么其土地就被征用。因此，征用经常出现在实现公共利益的土地管理法中，土地权利人可以提出法律不允许他合理利用的主张。

有些观点认为可以将土地价值减少视为征用的判断标准，但大多数人认为这一标准难以实施。因为根据这一标准，还需要解决多少损失才能算征用，损失是相对的还是绝对的这一类问题。例如价值 2000 元的土地损失 1000 元就是征用，而 5 百万的财产损失 50 万就可能不构成征用。第二个问题是价值损失一般是土地权利人自己估计的，还需要对这种损失评估的合理性作出判断。例如，分区令将权利人的土地划为居住地，而他主张他的土地应当用做商业地，如果这种价值的损失是征用，那么当他主张土地可用于工业用途时，他的经济损失会更高。在这种情况下，可以依据受限财产周围土地的利用情况解决经济损失问题。

（5）优势相互均等。一般认为土地利用法使双方均得到利益时不构成征用。居住地分区就是这样一种土地利用法。居住地土地利用虽然受到限制，但是所有土地因此而受益。财产所有者享有同样的损失和利益，利弊相抵，不存在征用。一般认为优势均等原则是损失利益原则的扩展。分区令禁止在居住地中非居住地的使用防止了损害的发生，确认了人们相互之间的私人利益，这些私人利益抵消了法律给予他们的负担。

（6）效率标准或称成本—收益标准。这一著名的理论是弗兰克提出的。他认为财产征用和补偿涉及三个基本事项：高收益、低成本和协调费用。高收益财产征用指所获得的收益高；低成本指给损失者必要的金钱补偿和机会成本低；协调费用指为达成协议所花费的时间、努力、资源的金钱价值。依据他的方法，如果后两者费用之和超过收益，那么财产转移应当被禁止，如果后两者费用之和低于收益，那么财产转移应当被允许。如果协商费用低于成本费用和收益时，应当要求补偿。如果协商费用比成本高，那么它是便宜和有效的。

作为宪法解释工具的效率标准后来得到发展。托马斯和凯册林提出这种平衡需要消除两个方面的因素：一个是得到足够补偿保证的土地主过度投资的道德危害问题，一个是没有补偿情况下过度管理的风险。两个不同的补偿规则将产生有效的收益。在第一个规则下，如果刚开始管理的土地使用是有效的，土地主接受补偿，如果不是这样，那么不应补偿，以阻止道德危害问题。在第二个规则下，如果管理无效，政府必须补偿土地主，这样过度管理的风险就被消除。

以上所有的理论都不同程度地有着缺陷，没有哪一种理论经过仔细分析后依然很完美，而且这些理论在适用的时候灵活性较大，因此在利用这些理论解决土地利用法规征用问题时需要根据不同的情况进行不同的分析。不过有一点是明确的，即土地利用管理权的实施必须受到限制，只有切实保障土地利用人的权利，才能保证公共利益的实现。另外，如果土地权利人在购买财产前已经知道土地利用限制的，法院一般认为知道土地利用限制的权利人通过支付适当的价格使其损失“内在化”，因而拒绝提供救济。

（二）负外部性内部化的制度

1. 土地资源税

土地资源税是国家基于行政权从土地所有者或使用者那里强制性地、无偿地取得部分土地收益的一种形式。土地资源税与地租不同，地租是国家基于土地所有权对土地使用者收取的一部分土地收益，两者在法律性质上具有明显的区别。土地资源税是各国税收中最常见的税种。例如，荷兰对于农地以外的土地征收土地财产税；对于因政府公共建设造成土地和其他不动产升值的，课 30 年的发展利得税。瑞典对土地增值征收资本利得税，基本税率为售地获益的 75%，若拥有土地期间少于 2 年则为 100%，拥有土地超过 10 年以上者免税。韩国于 1989 年实行综合土地税制，减轻一般性居住用地、农地的税负；对于非生产性用途、投机性用途的土地保有，增加差别性税负。各国的土地税，从总体结构来看一般由土地保有课税、土地开发利用课税、土地取得和转让课税三个环节组成；从税收的分布来看，都重视对土地保有的征税，而土地权属转让的税收则相对较少。各国的土地税收都是把土地看做一种基本生产要素，按照生产要素的流通过程进行课税，从而保证了课税的完整性和系统性，同时强化土地保有税，刺激土地的经济供给和频繁的交易活动发生。不少国家和地区将土地保有课税作为一种房地产政策，其目的主要是想通过征收保有税，提高不动产占有成本，从而促进不动产的流转和有效利用，提高不动产的供给量。

我国目前的土地资源税有三种形式：耕地占用税、城镇土地使用税和土地增值税。耕地占用税设置的目的是调整土地利用人的收益，以达到保护农地的目的。但是由于税率过低，课税范围过于狭窄，无法对占用耕地、占用农地但未占用耕地的行为进行约束，不能达到征税的目的。目前我国土地保有环节的课税主要是城镇土地使用税，但是这种税收税率也很低。由于土地保有成本过低，不利于促进土地使用者合理、节约使用，不利于土地向优势产业集中。而且由于目前没有开征土地闲置税，城市中土地闲置的问题也比较严重。土地增值税设置的目的是调节土地增值收益。土地开发收益的一部分是由于城市市政、公共设施建设等投入大量的资金后带来的土地增值，这一部分收益对于土地使用者来说是额外的收入，不能归土地使用者所有。同时，将土地开发后的价值增值还给公共事业是防止土地囤积、控制土地投机行为的一项重要的措施。但是过高的土地增值税和极低的土地使用税限制了房地产的合理流动。

土地资源税在保障国家财政收入、抑制土地投机、促进土地资源合理利用等方面具有重要的作用。由于对不同土地利用方向确定不同的税率，如对从事公益活动的土地课以轻税，对没有从事公益活动的土地课以重税，可以改变土地收益，因此征收土地资源税可以使负外部性内部化。但是是否能达到这一目的，仍然需要合理设计税种、税率、课税的范围，确定合理的计税依据，使各土地利用人之间的收益达到均衡。

2. 污染税（费）

与土地资源税一样，污染税（费）也是一种针对土地开发利用行为征收的一种税（费）。土地作为一种资源是可以分割的，但是环境却是公共的。土地权利人在利用自己或他人的土地从事生产经营活动所产生的废水、废气、废渣、粉尘、噪音等物质造成了环境污染和破坏，影响了其他人对环境资源的共享，使他人承担了因环境污染而造成的损失，承担了本应由行为人承担的成本。因此庇古提出通过征收污染税（费）来使外部不经济性内部化，以抑制破坏环境资源的活动。污染税（费）的形式有多种，如排污收费、产品费、抵押金、运行保证金等。其中最主要的是排污收费。排污收费是国家依据相关的规定对向环境排放污染物的排污者，按其所排放污染物的种类、数量、浓度收取一定费用，收费范围一般包括排放废水、废气、废渣，有些地方还针对噪声污染收费。

从理论上来说，征污染税（费）的作用是明显的，因为征税（费）的结果使企业生产成本增加，企业可能在竞争的压力下改进技术，降低成本，在不影响其他人的情况下规范经营。对于整个经营行业来说，征污染税可以使技术落后、污染严重的企业淘汰，促进行业结构优化。但是“环境经济学公认，庇古税最大的缺陷是难以操作”[①]。因为税率量确定要以污染的边际损失为依据，而社会成本无法准确计量，因为对于景观损失、环境衰退、生物多样性的减少量这些损失是难以衡量的。因此作为排污收费依据的环境标准，其制定具有一定的主观性，管理部门通常要在对各个行业的经济技术水平和污染物控制水平进行调查研究后，选择一个企业经济上可以承受、技术上可行的标准。显然，这时候的排污收费已不能完全实现将土地利用活动所造成的全部外部不经济性内部化的目的。

3. 环境产权

针对土地利用中产生的外部性问题，科斯在《社会成本》中分析了工厂排放污染物影响居民的案例。科斯认为一般人们交易的对象不是经济学中设想的物质实体，而是权利。同样，产生环境污染纠纷的原因是由于双方在利用环境资源方面发生了利益冲突：工厂一方希望自由地利用环境资源，排放其产生的污染物质（排污权）；而居民希望享有良好的环境（环境权），工厂的“排污权”与居民的“环境权”发生了冲突。他认为，在理想的竞争

① 戴星翼：《走向绿色的发展》，复旦大学出版社 1998 年版，第 80 页。

条件（交易成本为零）下，个人和工厂之间通过一种讨价还价的方式可以合理地就双方争执的环境资源进行分配。由于存在着交易费用（市场机制运行的费用，包括双方收集信息、谈判、订立合同、实施合同的费用），就需要用法律来清楚地界定产权。这也就是说，在交易成本为零时，当事人之间通过谈判和订立协议形式配置资源，这种配置对双方都是有利的。而当讨价还价不可能的时候，这时法律制度能够提供一种替代程序，即法律将产权分配给某一方，在双方之间可以有效地进行资源配置。因此，实际上环境产权是通过确定人们在环境资源利用中获益、受损的边界，来达到使负外部性内部化目的的。

小　结

土地利用中利益衡平的原则，主要探讨土地利用法律制度在各种利益发生矛盾和冲突时选择的标准和准则。由于在一定的条件下，法律不可能使所有的利益都得到满足，需要考虑确认、限制和保护哪些利益，在各种利益之间进行权衡并作出价值判断，因此法律衡平利益的原则实际上是一种法律价值的选择问题。

利益关系的不同，法律在利益之间进行衡平的原则是不同的。利益最大化原则适用于公益之间的衡平，即在土地利用中公平地对待各种类型的公益，并使它们得到最大限度的实现。利益最大化原则与公平的要求是一致的，利益最大化一方面表现为对待各种公益要公平，另一方面则表现为对待这些公益时应当合理。利益最大化原则体现在土地利用规划、自然保护区、耕地及农田保护及与开发建设有关的法律制度中。

由于土地不可能满足所有的私益要求，因此在私益衡平时适用急需利益优先满足的原则，对于急需利益优先供给土地，对于不是急需利益，应当少供给或不供给土地。急需利益优先满足原则与效率目标是一致的，急需利益所需的土地，其产出为社会所广泛接受，土地的收益就会很容易地实现，因此土地利用的效率就高。效率还意味着同样的产出，投入的土地越少，土地效率越高；同样的土地，其产出越多，效率就越高。急需利益优先满足原则应当体现在土地利用计划指标、产业政策中，另外，它还体现在与城市土地计划配套的城市道路建设、土地开发强度、土地开发速度的管理中。

在土地利用中，有的土地利用行为具有正外部性，其社会收益超过个人收益，有的土地利用行为具有负外部性，其社会收益小于个人收益，法律往往采取利益填补的方式在公益和私益之间进行衡平，以使个人利益和社会利益达到一致。利益填补原则中既有公平价值，又有效率价值，在不同的制度中有不同的表现。在正外部性的情况下，利益填补原则表现在公益补助和征用补偿的制度中；在负外部性的情况下，利益填补原则体现在土地资源税、污染税（费）、环境产权和环境侵权损害填补的制度中。

上述三种原则是土地利用法律制度建立和完善的依据，应根据利益衡平的不同原则，建立相应的配套法律制度。

第四章　土地利用中利益衡平的法律调控功能和机制

第一节　土地利用中利益衡平的法律调控功能

一、概述

“功能概念是指属于总体活动一部分的某种活动对总体活动所做的贡献。一种活动之所以持续下来，是因为它对整体生存是必要的。”① 功能（Function）在不同的学科中，有不同的含义。社会学家广泛运用功能的概念分析社会的内部结构，认为社会内部各要素都有一定的功能，它们紧密地联系在一起，为保持社会的整体性做出各自的贡献。法的功能主要指具有一定内在结构的法律系统整体影响和作用于社会的表现。法的功能不同于法的作用。“法的功能是指法作为一种特殊的社会规范本身所固有的性能或功用。这就是说，不论法是否直接地实际地影响于社会，但

① J. 威尔逊：《功能分析介绍》，载《国外社会科学》1986 年第 10 期。

法的性能或功用却是固有存在的。而且这些功能是基于法的属性、内部诸要素及其结构所决定的某些潜在的能力。”而法的作用主要指“法对人们的行为和社会生活的影响和实效。在一定意义上说，法的作用是法的功能的外化或现实化”[①]。两者的主要区别在于，法的功能是由法律内部要素及其结构所决定的固有的性能和功用，而法的作用是法的性能或功用发挥出来对社会实际产生的状态和结果。

鉴于经济基础和上层建筑的关系，法律的功能问题是经济学家们一直关注的问题。古典经济学家们认为人的行为与制度的要求是相适应的，因此制度存在与否无关紧要。个人的行为决策主要受到价格和收入的影响，在一个既定的价格和收入条件下，个人追求最大的效用，其效用取决于他自己的选择。虽然个人不是孤立的，个人和个人之间存在着相互的影响和作用，不过周围人对他的影响并不是直接体现在他的决策中，而是影响价格的波动，通过价格调节他的行为，并不对他的选择直接发生作用。因此在亚当·斯密的“经济人”假设中，每个人是他自己利益的判断者，如果不受干预，他的行为可以使他达到自己的目的（最大利益）。在完全竞争的市场上，个人利益可以和社会利益一致。

但是亚当·斯密认为的“看不见的手”可以把个人的自私自利转变为某种社会最大的福利的情形，“几乎可以说是奇迹般的偶然性”，“这种看不见的手的幸运结果，不大可能在所有社会环境里出现”（萨缪尔森语）[②]。这是因为人与人之间既存在利益的冲突，又存在利益的一致，相应地，他们在社会经济活动中，不仅存在竞争，而且存在合作（传统经济学只注意到人与人之间的竞争，而忽视他们之间的合作）。例如，在“囚徒困境”模型中，

---

① 卢云：《法学基础理论》，中国政法大学出版社 1994 年版，第 43～52 页。

② 卢现祥：《西方新制度经济学》，中国发展出版社 1996 年版，第 38 页。

甲和乙由于共同犯罪而被关押，他们面临着认罪或不认罪两种选择，他们也知道每种选择的可能结果。如果两人之间采取合作的方式——都不认罪，由于证据不足，所以被判处最低的刑期。如果他们不合作，认罪者处罚很轻，而不认罪者被重判。由于两人不能互相通信，如果只允许他们一次性的作出选择，他们自发选择的结果就可能是彼此之间不合作，而不是互相合作。因为双方在理性的情况下，都害怕由于对方的认罪而使自己受到重判，所以在权衡利弊之后，并没有选择一个可以达到个人最好结果的均衡，而是选择一个对他们来说次佳的结果。如果双方的选择不是一次完成，而是经过反复多次的重复进行，也就是一个人的选择对另一个人以后的结果产生了影响，双方可以根据对方的反应适时地调整自己的选择，那么他们就会选择合作的形式来得到一个可以给他们各自带来最大利益的结果。但是这一个结果显然对其他的人来说是一个集体非理性的结果。因此制度经济学家在此基础上提出“如果一种制度安排不能满足个人理性的话，就不可能贯彻下去。所以解决个人理性和集体理性之间冲突的办法，不是否认个人理性，而是设计一种机制（或进行相应的制度安排），在满足个人理性的前提下达到集体理性。个人理性与集体理性的冲突是制度起源的重要原因”①。

二、土地利用法律制度的功能与博弈分析

由于运用博弈论来分析制度的本质，“可以得到最为简洁的概述”，② 这里也尝试用博弈论模型分析土地利用法律制度的调控功能。不过，对于不同的利益关系，法律制度的调控功能是不同的，因此我们从土地利用者和购买者、土地利用者与非购买者、同行业的土地利用者三个方面进行分析。

---

① 卢现祥：《西方新制度经济学》，中国发展出版社 1996 年版，第 38 页。

② North D，Institution，*Journal of Economic Perspective*，1991，No，1.

（一）土地利用者与购买者之间的博弈

土地利用者和购买者，两者都希望获得自己的最大利益，但是他们最大利益的实现需要对方的合作。在理想的情况下他们可能有以下几种选择，如图 4－1 所示：

土地利用者

土地购买者		合作	不合作
	合作	（5，5）	（6，4）
	不合作	（4，6）	（2，2）

图 4－1　土地利用者与购买者之间的博弈

在图 4－1 中，“合作”指的是土地利用者和购买者之间达成协议，都得到了满足自己最大利益需要的结果（各自得到 5 个单位的收益）。当一方“合作”而另一方“不合作”时，“不合作”的一方因损害他人而获得超过双方都合作时的收益（6 个单位的收益），超过的部分正是“合作”的一方所受到的利益损害（1 个单位的收益）。在一次交易的情况下，土地利用者和购买者的选择一次完成，双方的选择不会影响对方的信息和动机，因而不会导致对方选择的变化。也就是说，其中的一个行为人的策略对另一个行为人的策略不会产生因果影响。因此土地利用者和购买者自发选择的结果是，双方可能为了达到自己的最大化利益而选择不合作的方式。在双方保持着长期合作关系的情况下，行为人之间的选择是多次完成的，在这种多次博弈中，行为人现在的选择会影响到以后的策略和后来的结果。也就是说，行为人可以了解到其他行为人对自己行动的反应和其他行为人策略提供的信息，包含行为人对其他行为人选择的预期，在这些预期的基础上，理性行为人再通过策略推理来进行他的选择。因此，行为人之间就会选择采取合作的方式，这样就可能达到一种双方都实现最大利益的均衡状态。

从上面的分析中，我们可以看到制度首先是要确认人们在土地利用中的利益范围。因为没有利益范围的界定，就不存在合作与竞争。其次，制度促进人们之间的合作。以上的分析只是一种两个行为人的理想化的简单模式，土地利用者和购买者之间需要对方的合作才能满足自身的需要，但是两者都存在机会主义的倾向，如果双方之间的交易只是一次，双方就会选择使自己获得最大利益的行为方式，对他人则可能造成损害。而在双方交易频繁时，土地利用者和购买者都要从对方的行为和选择的结果作出预期，如果双方的预期和他们实际上的行为是一致的，那么他们在决定自己的行为时可以实现各自的利益目标。在行为人众多，交易活动频繁的情况下，人们可能在长期的交易过程中形成一种互利互惠的合作关系。但是在更多的情况下人们彼此之间完全陌生，如果要实现自己的利益，就需要根据购买者的情况来作出自己的选择，需要了解自己的每种选择可能得到的结果。“显然，在社会生活中存在某种秩序，某种一致性和某种恒久性。如果社会生活中不存在这样一种有序性的东西，那么任何人都不可能有能力做好自己的事情或者满足自己最基本的需求。”[①] 这些可以使土地利用者和购买者作出合理预期的秩序是依靠一些规则形成的。这些规则在人们不断反复的交易活动中逐步形成，使人们之间的相互交往成为可能而且变得容易，随着交往的不断扩大，规则便得到人们的广泛遵守。而法律制度是对人们在土地利用中公认规则的制度化，它规范人们之间的相互关系，提供给当事人预期其他人行为的信息，降低市场的不确定性。同时，有效的制度抑制人的机会主义行为倾向，为人们之间的合作确立了一个基本的框架，减少了人们之间合作的障碍，从而降低交易成本。

---

① 弗里德利希·冯·哈耶克：《法律、立法与自由》，邓正来等译，中国大百科全书出版社 2000 年版，第 55 页。

（二）土地利用者与非购买者之间的博弈

在土地利用者和购买者的博弈中，我们看到的是一种合作的博弈，双方最终可以达到一种纳什均衡，但是这种均衡在土地利用者与非购买者之间就不太一样。土地利用者和非购买者双方不存在直接的交易关系，因此他们的策略之间没有因果关系。也就是说，由于土地利用者之间和非购买者之间不需要对方的合作，双方在利益实现上不存在一种相关关系，即使在理想情况下，行为人彼此足够了解以至于可以完全预期到彼此的行动，但是一方选择时，另一方的信息将没有变化，其选择也没有变化。

1. 负外部性的情况

土地利用者和非购买者博弈的最典型的例子是上游工厂和下游居民的例子。工厂把生产过程中产生的污染物倒入河里，下游的居民为了饮用干净的水，不得不付出高额的费用去净化水质。但是工厂利润的实现和下游居民在行为选择上没有直接的关系，由于工厂可以不必为其对下游的损害付出任何代价，因此工厂对自己的行为几乎不进行任何约束。如果污染者和居民之间需要互相交易才能满足各自的需要，那么他们之间的关系就可以转变为土地利用者和购买者之间的关系，这时，双方就可能达成合作，实现两者的最大利益。

经过仔细分析，我们可以发现工厂和居民之间仍然存在一种相关关系：工厂利用环境自净的能力容纳其污染物（排污权），而居民享受着良好的环境（环境权），他们在利用环境资源上存在冲突。如果将“环境权”给居民，那么工厂需要排放污染物时，就不得不对居民进行支付，才能排放污染物；如果将“排污权”授予工厂，那么居民要享受良好的环境，就需要对工厂进行支付，从而使工厂减少排污的数量，使自己享受良好的环境。因此制度的作用就是确认权利，将工厂和居民之间的非相关关系转变为一种直接的利益关系，从而使他们之间可以进行合作。依据科斯定理，在产权冲突的场合，当市场交易成本为零时，不论如何选择法律、配置资源，只要交易自由，争议当时人能够通过谈判解决其冲突。由于存在交易成本（信息成本、谈判成本、订立合同和监督执行的成本）所以法律制度将权利给那一方，则需要根据交易成本的大小来确定。在当事人很少、合作障碍小、谈判成本低的情况下，法律可以将“环境权”授予居民，促使工厂与居民的合作；在当事人众多、合作障碍大、谈判成本很高的情况下，则应将“排污权”给企业，促使居民与工厂的合作。总而言之，法律制度将权利给哪一方，是以促进合作、降低交易费用为前提。

2. 正外部性的情况

土地利用中政府公共利益和私人利益的矛盾实际上是一种有关土地资源利益分配的博弈。双方利益的实现不仅取决于自己的行为，而且也取决于对方的行动。个人和政府可以选择土地利用的目标是公共利益还是个人利益，局中的人同时选择一种利益时其中一方赢，图 4—2 展示了双方的博弈。

不配对者（土地利用者）

配对者（政府）	公共利益	个人利益
公共利益	配对者赢（1，1）	不配对者赢（0，1）
个人利益	不配对者赢（1，0）	配对者赢（0，0）

图 4—2　土地利用中政府和个人的博弈

在政府和土地利用者个人的理想博弈中，政府追求公共利益，个人追求自己的个人利益，而在配对者赢的结局中，不存在纳什均衡，即个人利益和公共利益一致，而且理性的配对双方都可以达到利益最大化的策略组合。

对此，保罗·魏里希进行了解释，他认为，行为人的策略是自我支持的，“当且仅当它在假设被采用的情况下最大化期望效用”①。任何（行为人数目有限的）理想博弈都有解，纳什均衡不是解的必要条件，纳什均衡是一种特例。在纳什均衡中一般将自我支持解释为不存在改换的动机，而改换动机和改换的充分理由是不同的。因为具有从一种选择改换到另一种选择的动机并非总是进行改换的充分理由，“一种动机可能是不充分的，如果假设予以追求则反而会对他有害，特别是，如果追求它则其他人的反应会是破坏这一动机”②。另外，对于像选择收入这样的问题来说（如土地利用中的收入问题——笔者注），无论选择何种收入，均有选择更高收入的动机。选择一种收入而不是更偏好另一种的理由，必然包含动机以外的考虑，如动机追求无止境无益和超过特定水平收入已经令人满意。因此，为了更一般化，应该将自我支持视为不存在改换策略的充分理由。将自我支持理解为不存在改换的充分理由，那么作为联合自我支持的策略组合的均衡也就理解为一种组合，使得给定它时没有行为人具有改换策略的充分理由。

根据保罗·魏里希的解释，我们再来看土地利用者和政府的博弈。组合（1，1）表明个人土地利用的结果使社会收益等于个人收益，组合（0，1）表示个人收益中有一部分为其他人所享受，存在正的外部性。因为政府和个人都可以预见到对方的反应，所以可以随时调整，于是出现以下组合序列：（1，1），（1，0），（0，0），（0，1），（1，1）……这种序列代表着一种组路径，每个行为人在动机追求无止境的情况下改换动机，但是每个人只

① 保罗·魏里希：《均衡与理性》，黄涛译，经济科学出版社2000年版，第5页。

② 保罗·魏里希：《均衡与理性》，黄涛译，经济科学出版社2000年版，第88页。

要有机会就追求动机是不可能的，必然有一个人会输，从而没能追求改换到一种获胜策略的动机，这时候某个行为人中断无穷动机追求是理性的。在土地利用的博弈中，政府扮演了这种拒绝者的角色。

从以上的分析中，我们看出列（政府）的信息是重要的，它可以改变土地利用者的动机，从而影响博弈的解，这种信息正是由制度来提供的。在正外部性的情况下，制度补偿土地利用者的收益，土地利用者便不再存在改变选择的充分理由。可见，在存在正外部性的情况下，制度提供给土地利用者政府行为的信息，影响土地利用者对其行为收益的预期，进而影响行为人的策略选择。

（三）同种土地利用类型的行为人博弈

甲、乙共同从事一种土地产品的生产，他们可以预见到可能的结果，如图 4—3 所示：

		甲	
		合作	不合作
乙	合作	(10，10)	(20，0)
	不合作	(0，20)	(5，5)

图 4—3　同种土地利用类型的行为人博弈

在这个例子中，土地利用人甲和土地利用人乙如果各自单独生产就会得到 20 个单位的利润，如果都生产则能获得 5 个单位的利润，如果两人合作建立垄断同盟，则都可以获得 10 个单位的利润。虽然当两人“合作”时获得的利润最大。但是如果甲乙不能相互沟通，交换信息，最后自发选择的结果可能是通过竞争得到 5 个单位的收益（互不合作），出现所谓“囚徒困境”。这种囚徒的困境对购买者来说是有益的。由于甲乙双方的博弈一次完成，彼此之间不能订立同盟，因此他们可能会选择不合作的方式，获得一种次佳的结果。如果甲乙长期从事这同一行业，双方之间的竞争就是一种多次重复的博弈。这时候他们之间就可能采取合作的方式，将价格定在一个较高的水平，这样两人的收益都可以达到一个最好的结果。在行为人很多的情况下，这种均衡也存在。但是这种结果对潜在的购买者和共同体来说，就不是有利的结局，不利于购买者的目标实现。即两人博弈的结局是甲和乙合作，达到一种纳什均衡的状态，是局中人甲和乙联合理性的结局，但对局外的行为人来说却是一种不利的结局。因此现代经济学认识到个人理性和集体理性之间的矛盾，认为单独强调集体理性、否认个人理性是行不通的，解决个人理性和集体理性之间冲突的方法是“设计一种机制（或进行相应的制度安排），在满足个人理性的前提下达到集体的理性”[①]。

根据保罗·魏里希的解释，政府和个体在博弈的过程中也可以得到一种均衡状态，也就是说，政府可以在一定的条件下，改变行为人的收益，使行为人不再改变其策略，使他在某个时候满足，同时避免了行为人之间的合作（垄断状态）。见图 4—4：

甲

		合作	不合作
乙	合作	(0，0)	(10，4)
	不合作	(4，10)	(5，5)

图 4—4　政府规制下同种土地利用类型的行为人博弈

在这里，双方合作的收益由原来的 10 个单位变为 0 个单位，因为政府法律规则的变动，改变了双方合作所产生的垄断利润。如果他们之间采取不合作的状态，遵守法律规定的要求，就可以在一定的条件下达到利益的最大化。这也就是说，在同一种土地

① 卢现祥：《西方制度经济学》，中国发展出版社 1996 年版，第 38 页。

利用类型之间，法律制度的功能是促进竞争，防止合作。

三、外在制度对内在制度的补充

制度是重要的，制度通过提供信息，使行为人作出合理的预期，减少人们的交易成本，将理想的博弈转化为现实的博弈，从而使双方的意志达成一致。

从制度的起源来划分，土地利用法律制度分为内在制度和外在制度。内在制度是人们在无数的相互交往中自发形成的规范和习俗，是人们对交往中形成的惯例选择的结果，通过人们的自觉遵守和自愿协调发挥优势作用。外在制度是由统治共同体的政治权力机构自上而下地设计出来，强加于社会并付诸实施的，外在规则对成员的行为具有规范性影响。内在规则可以引导人们的行为，可以“灵活地用于可少量变化的环境。因此，内在制度有一种按具体环境定制贴切解释和惩罚措施的能力”[①]。但是“在一个复杂的大众社会里，内在制度不能排除所有的机会主义行为。其原因之一是人们常常要与陌生的人打交道，因而许多非正式的惩罚（诸如以牙还牙、放逐、名誉受损）在防止机会主义行为上是无效的。在这样的社会里也更可能出现囚徒的困境。所以要支持合作行为，正式规则是有用的”[②]。这时外在制度可以发挥一定的作用，这主要表现在[③]：解释既有的习惯和习俗，使其更加清晰，节约人们的信息成本；避免内在制度裁决的任意性和随意性以及非正式惩罚的失效；以强制力保证契约的效力；提供公共物品，避免“搭便车”的问题；解决“公地的悲剧”；保证规模

① 柯武刚、史漫飞：《制度经济学——社会秩序和公共政策》，韩朝华译，商务印书馆 2000 年版，第 129 页。

② 柯武刚、史漫飞：《制度经济学——社会秩序和公共政策》，韩朝华译，商务印书馆 2000 年版，第 132 页。

③ 柯武刚、史漫飞：《制度经济学——社会秩序和公共政策》，韩朝华译，商务印书馆 2000 年版，第 133 页。

经济的发展，使每个人都获得公正、开放的市场机会等方面。

外在制度和内在制度表现了制度的两种功能：一是协调功能，使人们可以预见彼此之间的行为，协调人们之间的利益冲突。二是保护功能，保护个人的利益，防止他人的不合理干涉，对违反制度的行为进行惩罚。不过“外在制度的有效性在很大程度上取决于它们是否与内在规则演变出来的制度互补”。

第二节　土地利用中利益衡平的法律调控机制

“机制”一词来源于古希腊文 mechane，原意为工具、机械或者工具或机械的构造方式和工作原理，18 世纪开始广泛应用于生理学和医学中，用以表示生物机体的各个器官如何有机地结合在一起，通过它们各自的变化和他们之间的相互作用，产生特定的机能。机制和功能是两个有着明显区别的概念。“功能指物质客体或事物由其空间关系——包括空间系统（如生理、物理）和非空间系统（如意识、心理）方面的关系——而生的能力、功效的有机作用，而机制则指形成这一事物功能的内在工作方式，也即事物内部诸因素的组成方式和运行方式。”①

在土地利用中法律的调控机制可以分为自行性调节机制和强制性调节机制。自行性调节机制是指土地利用的主体之间自发调整利益关系的一种运行方式，强制性干预机制是指通过国家的强制手段实现土地利用者之间利益关系调整的一种运行方式。

① 谢邦宇：《行为法学》，法律出版社 1993 年版，第 375 页。

一、两种调节机制

（一）两种调整方法

人类利益关系的法律调整方式，从传统上来看，有两种方式：[①]（1）自行性调节。通过此主体的权利（义务）对彼主体权利（义务）的自行性制约，即通过“权利——权利”的关系来达到法律调整利益的目的。（2）强制性干预。通过国家权力实行诸如行政管理、刑事制裁等强制性手段（本节主要讨论行政手段）从而对利益关系进行调整。换言之，它是通过“权力——权利”的关系来进行的。

“自行性调节主要表现在私法方面”，“传统私法的自行性调节与简单商品经济社会的交换关系存在表里一致的关系，所以私法的自行性调节方式在市场经济社会里显得十分重要。”[②] 自行性调节土地利用中利益关系的例子很多。最著名的是猪与火花的例子。[③] 假设农民估计他能以50美元的劳动力和生产资料成本饲养一头市场价值为100美元的猪，并且这是唯一可以使它获得最大收益的土地利用方法，如果他将土地用于其他方面，他的土地收入可能只有20美元，这样他就会饲养猪。但是，现在他的财产权受到了限制：临近猪圈的铁路机车偶尔抛撒的火花容易引起猪圈火灾，甚至导致所养的猪过早死亡；或者他的猪圈散发的臭气给周围居民带来损害，导致他的饲养行为受到限制。这时如果他们买下他的土地所有权：铁路可以购买地域权而抛撒火花；周围住户可与农民订立契约，偿付一定的代价，就会出现一个对双方都有利的结果。我们还可以观察到的例子是，如果一个人在土

① 张文显：《法理学》，法律出版社1996年版，第274页

② 张文显：《法理学》，法律出版社1996年版，第274页。

③ 理查德·A. 波斯纳：《法律的经济分析》上册，蒋兆康译，中国大百科全书出版社，第42页。

地上所能获得的最大利润是500美元，而另外的一个人，因为技术高或具有较好的经营头脑，可能获得更大一些的利润，那么土地就有可能在两者之间流转，实现双方在土地中的利益要求。由此可见，在不同的利益之间，通过自行性的调节是可能的，而且在这种自行性调节的过程中，每一方都是平等的，彼此之间不存在谁服从谁的问题。

土地利用中的强制性干预的例子也很多。例如国家将土地分区，对土地用途的转变进行管制，从而避免了土地用途混杂带来的利益纠纷。这样，国家行政机关的“有形之手”同样协调了人们在土地利用中的利益关系。

调整人们在土地利用中利益关系的这两种方式有着本质的区别。自行性调节方式下，参与市场活动的不同土地利用者根据各自利益对土地进行利用，根据市场调节自己利用土地的方式和类型，个人决策的结果可以实现资源的优化配置。对市场配置资源极力推崇的当推亚当·斯密。在他看来，“看不见的手”不仅能实现最佳的经济效益，也会使社会效益达到最佳境界。19世纪以后的新古典经济学家，如马歇尔、瓦尔拉、帕累托等人在此基础之上，进一步研究了稀缺资源的有效配置，提出了数理分析的模型，证明在完全竞争的市场下，市场供求形成的均衡价格，能够引导资源的有效配置。

强制性干预方式下，政府通过强制干预（土地利用规划），对土地的利用结构和利用类型进行总的布局和安排，以尽可能减少闲置，或者调剂闲置资源，达到有效利用全部的社会资源的目的。其出发点主要是考虑到土地对于人类来说不可缺少，但是现实往往是只有一部分被有效利用，而另一部分的利用却不那么有效，所以资源的有效配置不可能实现。也就是说，当社会存在闲置资源时，往往不是指这些资源没有被投入使用，而是指没有得到合理的使用。因此，促进这些在形式上已经被占用而实际运用效果不好的资源向合理的用途转移，是强制性干预资源配置的基础。

（二）强制性干预及其局限性

强制性干预是政府实施的管理活动，政府通过对土地权利的保护、土地的分配和再分配、外部性内部化等一些方案的设计、发布指令等来实现利益调整。政府的强制性干预的有效实施需要满足一些条件：（1）政府的决策能力。（2）政府对信息作出反应的能力。（3）政策执行的能力。

在土地利用的系统中，决策的正确性是一个关键性因素，这需要政府具有很高的理性，能了解人们在土地产品和服务中的成千上万的不同需求，能决定不同的产品和服务在不同偏好的个人之间供求的平衡。而这是政府有限理性所不能解决的。以多数原则为基础的民主制是现代国家所采用的一种通用的决策体制。尽管它比独裁和专制的体制有着很大的进步，但是仍然存在很不完善的地方。韦默和维宁在《政策分析》中指出：无论是直接的民主制，还是间接（代议）民主制都有内在的缺陷：前者中固有的问题有周期循环或投票悖论和偏好显示是否真实等问题；后者中固有的问题主要是被选出的代表由于其“经济人”特性而追求自身利益的最大化，而不是选民或公共利益的最大化；而选民难以对其实施有效的监督。现有的投票规则或表达方式（如一致通过、过半数、相对多数、绝对多数、三分之二多数等）也远非是完美的。因为多数原则不可能是完全民主的，它将出现多数人对少数人的强制；一致同意原则的决策成本太高，且容易贻误决策时机；即使按多数原则作出的决策也未必反映大多数人的偏好。①

在环境发生变化、需要新的办法时，强制性干预会出现反应滞后的现象。在缺乏市场的情况下，政府不可能掌握足够的信息，以不充足的信息为基础而制定的计划与实际配置效果间不可避免的差距不断要求计划予以修正和调整。而调整是存在一定时滞的，从理论上说，只有超前采取措施才会消除时滞的影响，但实际上超前是不可能的，因为在资源配置失当问题暴露出来以前，政府不可能盲目的预先调整，而一旦问题暴露，调整便成为事后的行为。另外，政府干预的目的是为了达到一个预期的效果，对此人们提出了异议。他们认为土地利用政策的目标可能是不恰当的，而且对于将来的发展不可能完全在政府政策的预料之中，因为政府不可能控制影响发展的因素，例如，他不可能控制经济条件的变化，这可能导致住宅建设、工业发展等土地用途的变化。还有一些非物质性的印象因素如社会因素和环境因素，这些都是不可能准确测量和定量分析的。这些都有可能导致强制性干预的偏差。

政策的有效执行依赖于各种因素和条件。美国政策科学家史密斯在《政策执行过程》一文中认为，“理想化的政策、执行机构、目标团体和环境因素是政策执行过程中所牵涉的重大因素。具体地说，政策的形式——法律或命令，政策类型——分配性的、再分配性的、规制性的、自我规制性的或情感符号性的，政策的渊源、范围及受支持的程度，社会对政策的印象；执行机关的结构和人员、主管领导的方式和技巧，执行的能力和信心；目标团体的组织和制度化程度，受领导的情形以及先前的政策经

① David L Weimer&Aidam R Vining (1992), *Policy Analysis: Concepts and Practice*, England Cliffs. New Jersey, p. 113 - 130.

验；社会的政治、经济和文化环境的不同；凡此种种都是影响政策执行成败所须考虑和认定的因素”①。仅以社会对决策的可接受程度为例，强制性干预往往是对权力的强制性运用，因此“在他们能够惩罚违规者之前，必须先能够监察违规行为——当众多的人在相互交往，且有许多人积极努力并动用可观资源来伪装和掩饰其真实行为时，简言之，当委托——代理问题四处蔓延时检察违规行为绝非易事”。②

（三）自发性调节机制及其对规则的依赖

强制性干预机制受制于人类知识的有限理性，自发性调节机制以其自动、及时地调整利益而具有一定优势。这是因为自发性调节具有分散决策的特征，市场参与者根据信息的掌握情况增加或减少资源投入的数量，所有分散决策的综合结果构成一种资源组合的形式。相对于强制性干预机制而言，在自行性调节机制中，个人可以及时、迅速、低成本获取信息，在“无形之手”的协调下，资源达到了优化配置，利益之间的矛盾和冲突在私益的驱动下以互利互惠的形式来得到协调。

依据亚当·斯密的观点，在土地利用中的个人都是自己利益的最好判断者，他追求的是自我利益，不过他追求自己利益的行为会产生意想不到的结果，即有利于他人利益和社会利益的实现，从总体上促进土地资源的优化配置。个人的土地利用行为会促进他人和社会利益的需要，是因为个人需要根据他人和社会的需求调整土地的产出和服务，只有自己提供的产品和服务能够被其他人所认可，满足其某一方面的需要，才能销售出去，实现自

① T. B. Smith, “The Policy Implementation Precess”, *Policy Sciences*, V. 4 No. 173 (2), p. 203 - 205.

② 柯武刚、史漫飞：《制度经济学——社会秩序和公共政策》，韩朝华译，商务印书馆 2000 年版，第 175 页。

己的利益需要。而通常，如果某一种产品或服务的价格上涨，就会有更多的人去购买土地，以图获得更大的土地收益，当土地的供给和需求达到一种均衡状态时，双方就在一定的基础上达成利益的平衡。

然而，土地利用中这种自行性调节，仍然需要制度保障土地利用者的利益（受到保护的产权）、提供能预期他人行为的信息，只有在一定的秩序中，土地利用人才能适时地调节自己的行为。另外，市场的作用也是有限的，在土地利用过程中存在外部性问题，如一方的土地利用给他人造成损害；存在双方的互利互惠对第三者或社会产生不利影响的情况，因此，自行性的调节仍然需要制度发挥作用。制度的作用首先是保证个人追求自身利益的合法性，预期可能得到的利益，激励个人运用其主观知识、动用一切他所可能获得的信息，去追求自己的目标；制度还可以规范人们之间的相互关系，减少信息成本和不确定性，把阻碍合作得以进行的因素减少到最低限度；尤其重要的是，制度可以在提供公共物品和解决外部性问题上发挥作用。

二、政府在市场中的作用与限度

单纯的自行性调节和单纯的强制性干预存在缺陷，因此需要将两者结合起来，既要发挥自行性调节的作用，又要适当地加强行政干预，将两者有机地配合起来。由于“组织安排就是决策安排”，“决策安排确立作出选择的界限和条件”①，因此在两种机制配合的过程中，政府组织的安排显然很关键。法律制度的供给需要通过一定的组织系统来实现，同时组织系统的结构影响制度的调节能力和适应性能力。在探讨政府的组织系统时，一种观点将国家视为囊括一切的组织，把政府作为基本的分析单位；而另

① 文森特·奥斯特罗姆：《美国公共行政的思想危机》，毛寿龙译，上海三联书店1999年版，第13页。

外一种观点却是将国家视为一个多组织的结构，政府取决于组织间的安排。

（一）官僚制行政理论

1. 官僚制理论的内涵

官僚制并非人们通常所说的官僚主义、官僚主义制度，虽然官僚主义是从官僚制中滋生出来的，但是官僚制与官僚主义并不是等同的，它在学理上是一个中性词，又称为“科层制”，是指一种权力依职能和职位进行分工和分层、以规则为主线的组织体系和管理方式。

谈到官僚制的起点，人们大多认为是伍德罗·威尔逊于1887年发表的《行政研究》，在这本书里威尔逊提出了他对理想组织结构的构想。他认为理想的组织结构首先是要存在一个权力中心。威尔逊强调，“权力越分散，就越不负责任”，[①] 换言之，权力越一元化，它就可以受到来自更为负责的单一权力中心所控制。任何政府必须存在一个权力中心，权力是理解政治秩序的关键。他以美国宪法为例，指出美国政治体制的表面现象是三种权力的平衡和制约，实际上“国会是主导的和控制性力量，是所有动力和管制性权力的中心和源泉”[②]。在威尔逊的理论中，中央政府的权力应该越来越集中，国会是这一政府中的一个“主权性的机关”。

其实，威尔逊的主权理论源于霍布斯。霍布斯认为，人的自然状态是一种战争状态，每个人潜在地容易受其他每个人的暴力袭击。法律的作用是通过制定一些规则来维持秩序或者和平的状

---

① 文森特·奥斯特罗姆：《美国公共行政的思想危机》，毛寿龙译，上海三联书店1999年版，第33页。

② 文森特·奥斯特罗姆：《美国公共行政的思想危机》，毛寿龙译，上海三联书店1999年版，第33页。

态。但是法律要发挥作用，其制定和实施就需要有一个权威来源，而且这种权威只有一个。如果把立法、行政和协调机关统一在单一的主权者之手，主权者就在所有政府权力方面具有终极的权威，因此他假定，“统一的主权者行使统一的权力，是维持合法且稳定的共和国的必要条件。这样的主权者是法律的源泉，其他人不可能使它向法治负责”[①]。可见，威尔逊完全继承了霍布斯的衣钵，虽然他的理论并不是一种独创，但是代表了一种研究方向。

其次，威尔逊认为政治和行政是截然不同的，政治“制定和设计公共政策”，而公共行政只是“详细、系统地执行政策”。[②]他强调，虽然各国制定政策的政治原则可能会不同，但是良好行政的规则是一样的。也就是说，公共行政理论是一种普遍适用的理论，尽管不同的国家可能具有不同的政治取向，但是其公共行政的理论是共同的。人类文明的现代化与“良好”行政体制的完善有关，良好行政的体制是等级秩序化的，等级制组织的完善可以使效率达到最大化。

应该说，威尔逊是第一个明确提出将行政从政治中分离出来，对行政进行专门研究的人。许多学者都非常赞同上述的观点，马克斯·韦伯的观点更是与他不谋而合，并在此基础上进行了现代官僚制的理论设计。

韦伯设计的理想官僚制具有几个方面的特征：

一是组织的技术支持。组织拥有完美的技术手段和工作程序，日常的工作，如信息的收集整理、决策方案的提出及论证等

---

① 文森特·奥斯特罗姆：《美国公共行政的思想危机》，毛寿龙译，上海三联书店 1999 年版，第 105 页。

② 文森特·奥斯特罗姆：《美国公共行政的思想危机》，毛寿龙译，上海三联书店 1999 年版，第 34 页。

都有技术性的支持，而且组织目标及其确立也更加科学化和合理化。

二是法律制度的完善。官员的行为都以理性规则为依据，每个官员都有明确而具体的权力和相应的责任，每个人都依照法律、法规及规章规定的内容和程序办事，不超出其职权范围，不能无视法律的规定，不能任意变更组织的活动规则和程序。

三是组织的结构。组织内部在职能专业化的基础上进行劳动分工，具有严密的等级结构。对官员的评价主要是技术性的，官员的选任以专业技术资格为标准，并根据其成绩在不同的专业分工和层级进行升迁。

四是组织的行为。官员对内服从组织的规则，其行为由明确权责的规章制度加以规范化管理。对外，官僚机构中官员行事不涉及利害关系和个人感情因素，而是“把可靠的法律规则以逻辑严密、机械古板的方式应用于实际的情形”。

韦伯认为，官僚制是现代文明社会维持法律、经济和技术理性的必要条件或组织手段。现代的官僚制组织不同于其他组织形式，它具有统一、效率高、物力和人力成本低等特点，尤为重要的是，官僚主义组织可以实现“结果的可靠性”，因为“官僚主义化提供了优化的可能性，根据纯粹的技术因素，把任务分配给经过专业训练、在永恒的实践中继续增加其经验的专职人员，在行政中实现劳动分工原则”①。

在威尔逊和韦伯的思想中，他们将权威视为效率的关键因素。因此，他们的理论中强调行政组织的权威，注重行政机关的控制职能。

---

① 文森特·奥斯特罗姆：《美国公共行政的思想危机》，毛寿龙译，上海三联书店1999年版，第38页。

2. 官僚制理论的发展

如果说威尔逊模式只是提供了概念性的尺度、韦伯提出理想的官僚制的设计的话，那么随后的美国公共行政研究学者则更多地致力于技术上的研究。他们在威尔逊构想的基础上，提出命令统一、控制幅度、命令链条、主要职能部门以及单一权威首脑指导等概念，以完善行政组织的安排。可以说，他们的主张既是对传统公共行政理论的挑战，又是对其理论的发展。这里只谈谈其中具有代表性的两位学者。

(1) 古立克的组织理论

古立克认为组织源于专业化分工和协作的需要，“组织的功能使指挥者能够协调和推动所有下属的工作分工，这样就可以有效地实现主要的目的或完成任务。”① 因此他认为组织理论的核心是命令统一，在行政组织中，两种或两种以上异质的职能不能混杂在一起，否则会混合生产要素，阻碍社会生产从而牺牲行政的技术效率。古立克无疑在某种程度上触及了威尔逊理论的核心，对等级制组织必然带来行政效率的观点提出了不同的意见。但是职能的分离可能产生难以控制的问题，为了解决控制幅度与异质性之间的矛盾，他设计出两种解决办法：对于行政首长的管理职能的异质，可以通过增加协调运作的执行人员，配合行政首长的工作，来解决履行许多异质性职能机构的执行控制问题。对于组织政府工作单位，他提出根据主要服务的目的、运用的程序、接受服务的个人或客户、提供服务的地点进行分类，建立垂直部门和水平部门，形成一种多种交叉的组织间相互关联的部门化网络结构（丛林结构）。在他的设想中，这种组织形式更像一个控股公司，“从事许多复杂活动的大型企业并不需要广泛或密

① 文森特·奥斯特罗姆：《美国公共行政的思想危机》，毛寿龙译，上海三联书店1999年版，第44页。

切的协调，而只需要最松散型的中央协调权威。在这些条件下，每项活动根据目标基础设置成具有实质性的独立地位，中央权威机构只不过是一个控股公司”①。

显然，古立克提出的组织理论的基本要素是：行政等级组织的完善是有效率的，但是把行政运作机构合并成较大规模的组织，在效率方面有一定的限度。要实现效率，必须满足两个条件：其一，组织必须有一个专一的目标，使组织成员自动地协调配合；其二，组织内部应当形成一种层级结构，在最高权威的控制下实现协调。因此在他的理论中简单的等级制已不存在，代替的是如丛林结构那样的复杂的相互关联的组织结构。实际上，他仍然承认，“一个人不可能伺候两个主子”。②

（2）赫伯特·西蒙的观点

在赫伯特·西蒙的著作中，更清楚地体现了效率的主张。像古立克一样，他也用效率作为工具来衡量行政工作的好坏。但是他的标准不是等级组织的原则，而是成本。在他看来，提高专业化水平并不必然提高效率，只有提高在给定有效资源条件下改善绩效的专业化水平才可能提高效率。如果选择其他的组织形式而放松命令统一原则，虽然可能造成一定的成本，但是这种成本可能会低于选择其他模式获得的效益，其结果不一定会带来效率的损失。

西蒙的行政理论建立在理性基础之上。他认为事实和价值是不同的，“事实情况涉及可能结果的计算，而评价则涉及偏好的计算”。而“决策的任务是考查不同的战略选择，预料这些选择事

① 文森特·奥斯特罗姆：《美国公共行政的思想危机》，毛寿龙译，上海三联书店1999年版，第47页。

② 文森特·奥斯特罗姆：《美国公共行政的思想危机》，毛寿龙译，上海三联书店1999年版，第48页。

实上可能导致的结果。给定一组完整的连续的事实前提以及一组完整的、连续的价值前提，效率标准就意味着对所有其他人来说存在唯一的选择”①。由于信息的不完备，人类理性是有限的，这时候组织的作用是既加强每个人有限理性的协作，又限制组织内每个人作为决策者运用其理性。由于组织的权威是有限的，因此组织是一个混合的命令结构，它是不同构成要素（顾客、企业家、雇员）所认可领域之间的均衡。企业家是组织内的控制集团，企业家与雇员之间的雇佣契约确立了认可的领域，在此范围内雇员愿意认可来自管理层的行动指挥。立法机关是顾客，为公共机构提供资金，表达消费者偏好和发挥控制集团的作用。② 效率问题可以在衡量组织在行动中的投入和产出时表现出来，但是当提供的服务是警察保护、维护公共健康或其他公共服务时，确立明确且可量化的“社会生产函数”是很困难的，“除非生产函数至少是近似地为人所知，否则就难以看到在行政决策形成过程中理性如何能够起实质性的作用”③。

从西蒙的著作中，我们不难发现他在认识到行政人员的行为因素、拒绝了等级组织的完善就是效率之后，构想了一种理性选择理论，将行政组织的活动视为由一系列决策行为所形成的决策过程，试图通过完善组织的决策来提高效率。然而他的分析仍然局限于一个组织之中。他仍旧坚持传统的政治和行政二元划分，认为制度的安排只是约束行政行为，而制度是独立于行政之外，属于政治的范畴，因而实际上他所推崇的效率标准只是“次优的

① 文森特·奥斯特罗姆：《美国公共行政的思想危机》，毛寿龙译，上海三联书店1999年版，第49页。

② 文森特·奥斯特罗姆：《美国公共行政的思想危机》，毛寿龙译，上海三联书店1999年版，第50页。

③ 文森特·奥斯特罗姆：《美国公共行政的思想危机》，毛寿龙译，上海三联书店1999年版，第51页。

工具”。

（3）政治学家们对官僚制组织的不同理解

公共行政一直以效率作为衡量的标准，在威尔逊的理解中，等级组织的完善与以成本计算衡量的效率是等同的。古立克说明了等级制组织只有符合同质性原则才能满足效率的要求。而西蒙认为完善等级制组织不一定带来效率，效率的评价标准应当是成本，而且不同的制度安排影响效率实现的潜力。一些学者在西蒙的理论基础上进行了深入的研究。他们试图运用效率标准来评估公益物品和服务提供的绩效。他们认为人是自利、理性的，面对不同的事物结构会针对不同的情形而相应地采取适当的决策规则或决策安排。由于他通常在一定的法律与秩序条件下选择能给他带来利益最大化的策略，因此个人选择只能适用于纯粹私益的物品，在这种情况下潜在的消费者可以排除在其享受其收益之外。但是公益物品和共同财产资源就不同了，因为公益“物品或服务的生产或消费可能涉及到溢出效应或者外部效应，这些效应是孤立的，也不容于市场交易之内”①。共同财产资源的每一个人都能够独立地使用资源，又不可能把其他人有效地排除在资源的供给之外。因此当每个人追求自己利益最大化时，公共物品会得不到有效供给，共同财产资源则会因需求的增长而减少供给，“每个人会只考虑自己的个人成本，而不考虑对他人强加的社会成本。许多个人会选择‘占着茅坑不拉屎’的策略，寻求自己的优势，而不顾对他人的后果。进而言之，某些人有积极性隐藏有关其意愿的信息。如果其他人采取共同的行动，那些隐藏信息的人就有利用他人的共同行动创造的机会。如果采取自愿的行动限制

① 文森特·奥斯特罗姆：《美国公共行政的思想危机》，毛寿龙译，上海三联书店1999年版，第61页。

需求，某些个人就会追求‘拒不合作’的策略”①。这时候共同财产资源利用中的个人决策会导致“共同的悲剧”。因此政治学家们认为官僚制组织是替代个人选择的决策安排。官僚制组织之所以在公益物品和共同财产资源中具有优势，是因为官僚制可以依赖其命令机制减少与个人选择有关的成本。“公共官员利用政府权力能够进行核心指导和控制，意味着能动员有效的惩罚来组织拒不合作的策略，并执行管理规划来开发共同财产资源或生产公益物品。”②

政治经济学家们认为，官僚制组织在控制外部效应、提供公益物品和管理共同财产方面具有重要的作用，这种组织安排是一种提高效率的方法，但是仍然存在一定的缺陷。首先，官僚制组织不可能对不同的需求作出反应，而且也不能根据需要来供给；其次它提供公益物品的成本可能越来越高，而且还会出现偏离公共目标的情况。更为重要的是，当公益物品的多种用途之间发生冲突时，就需要制定规则来确立人们的权利和行为的界限。由于这些规则在一定程度上确立了人们之间的相互关系，因此在制定这些行为规则时，根据哪一方的利益来颁布和实施规则仍然是一个非常棘手的问题。

（二）民主制行政理论

1. 民主制理论的产生

现代社会人们普遍要求的民主在现代社会科学的发展中得到了体现，行政理论也不例外。对组织的研究，既需要克服“共同的悲剧”，又需要克服官僚制组织的缺陷，于是作为另一种制度

---

① 文森特·奥斯特罗姆：《美国公共行政的思想危机》，毛寿龙译，上海三联书店1999年版，第64页。

② 文森特·奥斯特罗姆：《美国公共行政的思想危机》，毛寿龙译，上海三联书店1999年版，第66页。

安排的民主制行政理论便产生了。官僚制在一定程度上是有效的，“如果：（1）一个官僚制组织直接向有关的利益社群负责，并为其行动；（2）提供共用物品的成本由选民按其各自的收益比例或者根据某一平等分配的比较性的规则来资助；（3）公用设施使用的界限和条件，经有关社群考查理性设计用以提高其共同福利，那么‘官僚主义自由企业’并不一定是一种恶。如果能够满足这些条件，我们应能够期待组织自主治理的集体企业的可能性，这种企业的组织结构使某种决策安排内部化，这种安排则适于与共同财产的管理或者公益物品提供有关的社群利益”[①]。但是，以上的方法只可以解决一定范围的共同财产资源和公益物品的问题，制度缺陷仍然存在。首先，一个公共组织可能对其范围之外的其他人产生外部效应，必须要限制和控制这些效应。其次，共同财产或者公益物品不仅在各种用途之间需要选择，而且这些不同的公益物品彼此之间也存在紧密的联系，因此公益物品供给的绩效难以评估。第三，当发生冲突时，就有必要有制度设施来处理冲突，并寻求解决方案来阻止公共事物的悲剧在另一个新的层次上发生。因此构造多组织安排的管辖交叠和权力分散可以促进各种公益物品和服务的生产。可以说民主制行政是在完善官僚制行政的基础上产生的。

对民主制行政理论进行深入的研究之后，我们可以发现这一理论尤为引人注目的地方：

（1）利益的协调。人类的行为受到其多样化利益的支配。但是利益不可能都得到实现。法律或规则的作用在于确认和保障一部分利益，限制和否定另外一些利益，并使这些法律和规则能得到普遍的遵守和执行。民主制行政建立在所有社群成员以及他们

① 文森特·奥斯特罗姆：《美国公共行政的思想危机》，毛寿龙译，上海三联书店1999年版，第72页。

所选择的代表做出所有重要的决定，人人都有资格平等参与公共事物的管理的基础上，因此可以更好地协调人们之间的利益关系。

（2）权利对权力的制约。统一的权力是维持秩序的根本保证，但是权利越统一，就越有可能不负责任。为了防止权力滥用，必须通过人民的权利制约政府的权力。人民通过宪法决策过程控制权力的分配，通过直接或间接的参与限制政府权力的运用，而“对权利免受武力侵犯的宪法保障显然意味着在这个社会中不存在对强制手段的垄断”。①

（3）权力之间的相互监督和制约。为了防止权力的垄断，不仅立法权、行政权、司法权之间相互地监督和制约，而且各政府部门管辖重叠和交叉，相互之间在提供公益物品上展开竞争，从而形成一种多中心的管理体制。多中心体制重要的特征是许多官员和决策机构分享着有限的且相对自主的专有权。② “多中心更多的是源于政治腐败的逻辑，而不是有意识地依据独立、自主决定或者自主治理原则设计多中心秩序。”③

2. 民主制理论的特点

（1）汉密尔顿和麦迪逊的见解

一开始，学者们认为民主制行政理论是与官僚制行政理论相对立的一种观点。马可斯·韦伯曾提到过这一观点，他认为民主制行政中每个人都有资格参与公共事物的活动，所有重要的决定都留给所有人共同决定，因此行政组织“总是悬于纯粹的仆从和

① 文森特·奥斯特罗姆：《美国联邦主义》，王建勋译，上海三联书店 2003 年版，第 46 页。

② 文森特·奥斯特罗姆：《美国公共行政的思想危机》，毛寿龙译，上海三联书店 1999 年版，第 73 页。

③ 迈克尔·麦金尼斯主编：《多中心体制与地方公共经济》，上海三联书店 2000 年版，第 78 页。

主子之间”。但是，韦伯并未就此提出民主制行政是取代官僚制行政的有活力的选择的结论。因为在他看来，民主制行政只能运用于地方组织或成员有限的组织。

汉密尔顿的《联邦党人文集》对民主制行政理论进行了详细和系统分析。汉密尔顿首先分析了国防问题。他指出如果要根据“分别提供的计划”行动，“纽约州就不得不承担全部防务建制的重担来直接保护她的安全，并间接保护了其邻居”，而过分承担防务负担的州在需要防务时，会较少地承担足够供给的负担。如果较大的州削减其防务，共同防务的供给不足就会随之而来。“全体的安全就这样取决于部分的吝啬、短视或者无能”。因此，汉密尔顿得出结论，不同层次的政府处理不同规模的事物，地方的特殊利益在地方政府层次组织起来，而国家的总体利益在全国政府层次组织起来，对付诸如共同危险的适当手段“应该是共同委员会和共同财政的目标”。[①]

汉密尔顿和麦迪逊的最重要的观点是“自治原则”。他们认为所有的政府单位都根据自治原则设计。一方面，政府权力的界限和条件由人民在法定的权利下，根据宪政决策程序来确立和变更，政府权威不得予以改变。政府权力根据共同利益和限制权力的原则分配行使，并受到宪法性法律所说明的界限和条件的限制，任何特定的政府单位的权力严格地受制于不同决策机构官员的监督。另一方面，社区的重大事情由社群成员和选任的代表作出决定，所有社群成员在宪政决策中有重要的发言权，选举公共官员，使这些官员在重大决策中表达其选民的权益，个人也有权利通过行政、立法、司法、政治和宪法救济向公共官员施加压

① 文森特·奥斯特罗姆：《美国公共行政的思想危机》，毛寿龙译，上海三联书店 1999 年版，第 90 页。

力，提出要求。[①] 从汉密尔顿和麦迪逊的观点，我们可以看到民主制行政的一些特点：

第一，确定政府权力与人民权利之间的关系。在他们的思想中，政府的权力来源于人民的权利，政府的权力要受到人民权利的制约，各政府单位的权力应分散行使和互相监督。各种各样的控制机制意味着行政官员必须为社群成员服务，而不是当他们的主人。

第二，肯定了人民的利益。在他们的观点中，人民通过宪政规定的程序表达自己的利益需要，“法律上可实施的宪法性法律体制必然要依靠用不可为政府当局剥夺（即不可能被剥夺、让度或者取走）的权利的语言明确说明个人的宪法权威。个人的宪法权威对行使政府专有权的人的权威创设了相关的制约。然后个人就能够运用宪法权威针对政府决策者提出他们的诉求”。这种“实在宪法性法律的体制也依靠这样的公民，他们愿意挑战任何法律或者官方行动的宪法效率，并在他们的诉求未得到证实时面对惩罚和官员的不快，准备为公民不服从付出代价。在宪政共和国中的个人必须能够开始并维持这样的行动，保障其宪法权利，制约其政府的权威”[②]。

第三，确定了政府权力与法律的关系。汉密尔顿和麦迪逊认为政府的权力受到宪法或者宪章中所说明的政府的界限和条件的限制，政府的权威不能改变。换句话说，政府的权力应该受到法律的制约，政府权力的行使必须依照法律规定的程序和方式进行。

① 文森特·奥斯特罗姆：《美国公共行政的思想危机》，毛寿龙译，上海三联书店1999年版，第93页。

② 文森特·奥斯特罗姆：《美国公共行政的思想危机》，毛寿龙译，上海三联书店1999年版，第108页。

(2) 文森特·奥斯特罗姆的分析

文森特·奥斯特罗姆的特点在于将民主制行政体制与地方经济的发展联系起来。其实托克维尔也重视美国各州以及每个州的政府体制。托克维尔经过考察后发现，美国的自治传统最先起源于乡镇，然后在更大的范围逐步形成，每个州的政治和行政事务以乡镇、县和州三个点（中心）来展开。每一个中心的治理原则是“所有人（即每一个人）是其自己私人利益的最好的也是唯一的判断者，除非他不利于共同福祉，或者共同福祉需要他的帮助。乡镇在总体方案上独立地处理自己的事物，只在涉及共同利益时才属于州。”[①] 不过，托克维尔并没有继续研究下去，他的论述仅限于联邦和州的关系的探讨。

文森特·奥斯特罗姆在托克维尔分析的基础之上提出了自己的观点，他的思想包括以下几个方面：

第一，多中心的本质。奥斯特罗姆认为可以把大城市地区的治理模式看做是多中心的政治体制，多中心政治体制的特点是存在许多的决策中心，他们在形式上是相互独立的。表面上看，多中心体制因为权力分散和交叠管辖的存在，秩序似乎显得很混乱。但是看似混乱，实际上是仍然存在有序关系的结构。按照奥斯特罗姆的理解，多中心是指许多决策领域组织的多中心，它包括市场体制的多中心、司法决策的多中心、宪政的多中心、政治领导选择和政治联盟组织的多中心、公共服务经济的多中心。多中心组织是一种组织模式，其内部各因素相互独立，而又彼此能够保持一种协调的关系。

---

① 文森特·奥斯特罗姆：《美国公共行政的思想危机》，毛寿龙译，上海三联书店 1999 年版，第 96 页。

第二，多中心的效率。① 多中心体制的效率表现并不比单一中心体制的效率差。当然，并不是说所有的多中心体制必然是有效的。“任何特定多中心体制的效率取决于操作关系与有效表现的理论上明确条件相一致的程度。这些有效表现的必要条件，一是不同政府单位与不同公益物品效应的规模相一致，二是在政府单位之间发展合作性的安排采取互利的共同行动，三是有另外的决策安排来处理和解决政府单位之间的冲突。”② 在文章中，奥斯特罗姆特别针对有些学者将之看做是源于古典经济理论的“市场模式”（在市场经济条件下向个人提供公益物品和服务的缺陷）的观点进行了论述。他认为他们“从未有意发展一个严格的市场模式，来向个人购买者提供公益物品和服务。我们也无意根据古典经济理论提出一种经济模式。相反，我们想说明的是半市场机制在公共服务领域里是可行的，这对于公共行政理论意味着新的维度”③。

第三，重视决策权力的分散。奥氏认为人类行为具有潜在的、多种多样的可能性，政治关系是其中的一种。为了限制人类行为中的潜在多样性，以排除一些可能性而允许其他可能性，形成一种有序的结构，社会组织利用决策规则或者法律，将所有可能性进行分割，把他们分为允许的和被禁止的两种类型。而法律的运作需要某些决策者（政府官员）采取行动，法律从来不是自我产生、自我决定或者自我实施的，任何社会组织都需要决策者潜在地运用惩罚，来维持一定的法律秩序，因此决策权能不平等

① 迈克尔·麦金尼斯主编：《多中心体制与地方公共经济》，上海三联书店2000年版，第70页。

② 迈克尔·麦金尼斯主编：《多中心体制与地方公共经济》，上海三联书店2000年版，第71页。

③ 迈克尔·麦金尼斯主编：《多中心体制与地方公共经济》，上海三联书店2000年版，第75页。

的分配必然存在于任何政治体制中。但是，在单中心体制中，中心权威机构与服从权威的人在决策权能分配上极端的不平等，因此在公益物品的供给上会出现难以克服的困难。也因此奥斯特罗姆试图通过在政府机关之间分配权力，使决策机构之间形成一种相互制约的关系；在政府机关和公民之间，通过权利对权力的制约来促进依法行政。在他看来多中心的重要特点是，“许多官员和决策机构分享有限的且相对自主的专有权，来决定、实施和变更法律关系”，“‘治人者’与‘治于人者’在权威上的不平等是有意受到约束和限制的，这样‘治人者’也能接受法律的‘统治’，并被要求服务于‘治于人者’”。依照奥氏的见解，“民主社会的重要特质是，决策权能广泛分散，个人有充分的裁量权或者自由，政府官员的行为受到有效且常规的制约”[①]。

第四，多中心与“自发性”。尽管奥斯特罗姆并不是首先提出“自发性”或者多中心秩序的人[②]，但是他在此概念的基础之上，进一步研究如果要以多中心的方式设计大城市地区的政府体制必须考虑什么样的条件。根据奥斯特罗姆的理解，“自发意味着多中心体制内的组织模式在个人有动机创造或者建立适当的有序关系模式的意义上将自我产生或者自我组织起来”。基于这一点，奥斯特罗姆提出了多中心体制有序关系的三个层次的组织：首先是进入或退出特定的多中心秩序中的组织。即个人自发地创造适当结构的企业提供公共物品和服务，并且这样的企业可以自由地进入市场。第二层次的组织应用于一般行为规则的实施，它为多中心秩序提供了法律保障。第三层次的组织涉及基本行为规

① 迈克尔·麦金尼斯主编：《多中心体制与地方公共经济》，上海三联书店2000年版，第73页。

② 迈克尔·麦金尼斯主编：《多中心体制与地方公共经济》，上海三联书店2000年版，第76页。波兰尼提出的观点。

则的制定和修改，它为任何特定的多中心秩序提供框架。

（三）官僚制行政理论和民主制行政理论的关系探讨

1. 拒斥说[1]

此种观点在托克威尔的著作中有比较详细的论述。他研究了美国的民主制之后，认为美国的民主制的本质精神反映在主要的根据资源结社原则和自治区原则组织起来的民主制行政体制之中。在与法国的集权行政的效果对比之后，托克维尔提出：民主制行政体制与高度集权的行政体制，不仅在理论假设，而且在政治形式上有着根本的不同。如果将二者混合在一起，“只能是一个短命的怪物”。

托克维尔认为，美国社会表面上存在的无序现象并不意味着社会处于无政府状态，而是在忙乱中有一种根本的秩序。在那里，执行权力分散于许多人手里。“人民不仅通过选择议员参与制定法律，而且通过选择公共执行官员参与法律的执行。政治责任更多地通过选举原则而不是单一和控制等级对中央权威负责而得以保障。”由于每个公民都有资格参与公共事物的治理，每个人在相互交流中可以在共同利益方面达成共识。

相反，法国的集权行政的设计和安排的效果完全不同。这是因为这种制度的设计和安排是建立在“所有类似的政府只有一个良好行政的规则”基础之上。等级制设置了行动的障碍，使公民个人的需求与高高在上的决策者缺乏沟通，中央集权国家的公民“与其说是他所不熟悉计划中的依附性行为者，不如说是消极的旁观者”。由于缺乏联系和沟通，普通公民对他们生活的社群利益漠不关心。

---

① 文森特·奥斯特罗姆：《美国公共行政的思想危机》，毛寿龙译，上海三联书店1999年版，第100页。

如果作为民主制中的平等至上主义与高度集权的行政体制混合在一起，尽管每个人相互之间平等，彼此独立，但是在他们之上，存在一个无限的、绝对的权力，“它成为幸福的唯一的代理人和唯一的决定者；它为他们提供安全；预知和提供他们的必需品，使他们快乐，解决他们所关怀的主要问题，指挥他们的产业，管理他们的财产分配……它压迫、削弱、强制和麻醉人民，直到每一个民族都退化到只是由一群温顺和勤劳的动物，对此政府则是他们的牧羊人”。在托克维尔看来，“民主社会充分发达的官僚制度将产生一种压迫”。

托克维尔的论述，充分肯定了民主制，认为巨型民主社会只有在人们理解民主治理体制之构造的政治形式或结构的效用时才可能是自由的。他也对民主制理论进行了详细的说明，充分肯定了美国民主制的优势。但是他并没有发现官僚制与民主制的融合的一面。

2. 兼容说

奥斯特罗姆认为，官僚制行政理论与民主制行政理论都有共同的对人性模式的假设，即都将单个的人作为构成政治体制的基本单位，将人看做自我利益的判断者，总是以某种行动追求利益的最大化。两种理论在决策方面也无不同，都认为决策规则是社会有序关系的基础，决策规则通过限制人们的选择范围而强化人们追求自身合法利益的可能性，也是人们之间协调相互关系的手段。但是决策规则不是自行实施的，需要“依靠分配给某些人超常的权力对其他社群成员实施”，“任何能够在一大群个人之间确立和实施有序社会关系的组织形式必然依靠决策权能分配的极端不平等，某些人有权行使分配和控制为他人所行使的决策权之专有权。政治不平等状况在任何政治社团中都是必然存在的”[①]。奥斯特罗姆认为，两者的不同在于对决策权能分配问题的解决。霍布斯的主权理论过多强调任何国家组织内部都存在着的不平等现象，认为国家必须有一个终级的权力中心，否则难以维持和平与稳定。而民主制行政理论则认为政治不平等的条件是保障法律规则实施的充分条件，但是法律规则却可以是共同认可的，这样“个人利益与政府机关的宪政权威联系在一起，野心就可以用来对抗野心”[②]。应该说两种理论虽然效果不同，但是各有特色，而且在操作上可行。

由于两种理论在理论假设上具有共同之处，因此奥斯特罗姆进一步认为，“多中心政治体制能够存在的可能性并不妨碍单中心政治体制能够存在的可能性。主要是单中心的政治体制不一定妨碍这一可能性，即在这样的组织体制中可能存在一些多中心的因素。相反，主要是多中心的政治体制存在也不一定妨碍单中心的因素在这种体制中存在”[③]。“我们可以指望官僚制行政体制的要素，但我们不指望发现这些要素在民主体制中成主导性的性质。我们不指望发现充分整合的命令结构，而指望发现权威充分分散并且有许多不同的命令结构。合法强制工具的控制和使用，并不为单一权威结构所垄断。民主制行政的特质是多中心而不是单中心的。”[④]

---

① 文森特·奥斯特罗姆：《美国公共行政的思想危机》，毛寿龙译，上海三联书店 1999 年版，第 112 页。

② 文森特·奥斯特罗姆：《美国公共行政的思想危机》，毛寿龙译，上海三联书店 1999 年版，第 113 页。

③ 迈克尔·麦金尼斯主编：《多中心体制与地方公共经济》，上海三联书店 2000 年版，第 72 页。

④ 文森特·奥斯特罗姆：《美国公共行政的思想危机》，毛寿龙译，上海三联书店 1999 年版，第 87 页。

3. 评价

笔者赞同兼容的观点，认为从现代行政来看，官僚制行政理论和民主制行政理论有其兼容的可能性。

首先，任何一种理论模式都不是一种理想的类型，都存在各自的限制性因素。官僚制行政理论和民主制行政理论建构的目的，都是为了更好地发挥行政组织的作用，维持一个良好的秩序。决策组织的建构是从不同的角度设计的结果。

其次，两种理论在不同的方面具有各自的优势。民主制管理具有多样性、可变性，回应性，可以给公民提供更多的选择机会，有益于增进和服务于单个个人利益。官僚制管理体制具有整体性、稳定性，在战争和国防等方面易发挥优势。

更重要的是，两种行政理论可以说是适应不同的时代需要的产物。官僚制行政中的主权概念最早源于罗马时代，那时“主权为全国人民所共同拥有，为了使一个人能够代表全体人民行使主权包含的权力，罗马人通过‘王权法’将主权委托给‘元首’”。这样一来，皇帝就将共和国时期分属不同机构的权力集于一身，慢慢地，“这种权力不再是一种通过人民的授权来行使的权力，而成为了皇帝的天赋权力”。在这种情况下，“皇帝享有完全的主权，也就是说，他有权力将自己的意志强加于他人，仅仅因为这是他的意志，仅仅因为他的这种权力具有一种要求普遍服从的属性”①。在封建时代，虽然“社会各阶层通过一套有等级差别的契约来协调彼此之间的关系”，但是在德国和法国，出于保护皇帝利益的需要，主权的概念得以保留。这一方面得归功于法学家的努力，“将国王的权力与罗马法中的‘所有权’等同起来。另一方面，封建法在情况异常复杂的帝国内确立了权力与土地所有

① 莱昂·狄骥：《公法的变迁》，辽海出版社/春风文艺出版社2000年版，第16页。

权之间的密切关联。只有享有土地所有权，才可能拥有权力，而占有土地这一事实本身也就蕴含着一定的权力”。因此，“在17世纪和18世纪，主权意味着掌握在国王手中的一种命令权。他是一种与财产权同类的权力。国王行使主权，正像他行使其他权力一样。主权是一种世袭权力，它与其他财产的区别在于它的完整性和统一性，以至于它是绝对不可分割的，也不能转让的”①。到了大革命时期，这种君权观念仍然影响着许多人，不过“人们幸运地发现，只要词语的表达稍加变通，君主主权论就可以同上述哲学家的思想以及美国宪法的原则相吻合。人们所需要做的只是用国家来取代国王。国王是一个人，一个权力主体，一个主权权力的持有者。国王的权力是唯一的和不可分割的、不可转让和不因时效而消灭的；国家主权在这方面也没有区别”②。“这样，罗马的天才们就创造了一种后来被称为主权理论的公共权力理论，这种理论直到20世纪仍然是欧洲和美国公法的基础。”③ 导致德国、日本和沙俄的行政法理念与理论沿袭主权理论的原因是因为，这三个国家都是通过传统君主的权力进行自上而下的改革而步入近代资本主义世界的。尚未完全发育完全的资产阶级和根深蒂固的君主专权势力既彼此争权，又相互妥协、结盟，与英国相比，这几个国家的君主制成分得以较大保留，议会主义（代议制）难成主导。因而虽然源自英、法两国的自由、民主和法治思想涌进这些国家，为那里的资产阶级所欢迎、接受，但终因这个阶级不足以对抗并战胜君主势力，而失去了支持这些思潮广泛渗

① 莱昂·狄骥：《公法的变迁》，辽海出版社/春风文艺出版社2000年版，第18页。

② 莱昂·狄骥：《公法的变迁》，辽海出版社/春风文艺出版社2000年版，第23页。

③ 莱昂·狄骥：《公法的变迁》，辽海出版社/春风文艺出版社2000年版，第16页。

入国家制度建设和民众意识的力量。而前苏联等社会主义国家沿用主权概念主要原因在于：国家统治经济的思想和体制。传统的社会主义法和学说。①

对于以国家的名义行使主权的政府，莱昂·狄骥对其作用的探讨具有特别重要的意义，他指出“统治阶级并不享有任何主观性的主权权力。他只拥有一种为了满足组织公共服务的需要而必须的权力。除了是为了实现这一目的，它的行为没有任何效力或法律价值”②。而发生如此变化的原因是经济的迅猛发展。经济发展的结果是人们在社会生活中的依存关系更加密切。这种依存关系不仅在广度上，而且在深度上扩展。从广度上说，人们之间的联系不再限于一个局部区域，而是一个国家甚至超出国家的范围，需要国家从整体上进行组织和协调。从深度来说，个人安排已无法满足自身的需求，人们之间的相互依赖关系直接影响到他们日常的和基本的需要。随之发生的变化是国家职能得到扩展，它不仅要提供国防、治安和司法的服务，而且还要提供在此之外的、诸如邮电、电力和铁路交通等更多的社会服务。“我们承认统治阶级仍然保有一定的权力；但是，他们如今保有权力的根据不再是他们所享有的权利，而是他们必须履行的义务。因此，他们的权力有一个限度，这个限度就是他们履行义务所必须的权力的最小值。他们必须完成的职能在总体上就构成了政府的事务。”③

公共服务观念对主权观念的替代是政府作用转变的根本原

① 转引自沈岿：《平衡论》，北京大学出版社1999年版，第230页。

② 莱昂·狄骥：《公法的变迁》，辽海出版社/春风文艺出版社2000年版，第13页。

③ 莱昂·狄骥：《公法的变迁》，辽海出版社/春风文艺出版社2000年版，第13页。

因，而观念转变实际上是现代经济和工业发展使人们对国家的职能提出了更多要求的结果。但是公共服务的性质和范围却没有一个具有普遍意义的答案。“公共服务的内容始终是多种多样和处于流变状态之中。就连对这种流变的一般趋势进行确定都并非易事。唯一能够确定的是，随着文明的发展，与公共需求相关的政府活动在数量呈上升趋势，而这样所带来的一个后果是公共服务的数量也在不断地增加。这是非常合乎逻辑的。事实上，文明本身完全是那些能够在最短时间内得到满足的各类需求不断增长的产物。结果，政府干预便随着文明的发展而很正常地变得更为经常了，这纯粹是由于政府能够一手将文明变成某种有价值的事物。”① 因此，莱昂·迪骥认为公共服务就是：“任何因其与社会团结的实现与促进不可分割、而必须由政府来加以规范和控制的活动，就是一项公共服务，只要它具有除非通过政府干预，否则便不能得到保障的特征。”②

这一观念给公法所带来的变化是明显的。因为作为表达国家权力，规制着国家与其他人格主体之间的关系的公法的基础不再是命令，而是组织，是组织公用事业活动、保障这些活动正常和持续的运转。由于政府的行为和职能都是适应社会需要而产生，政府所具有的品性也随之发生变化，其影响也少了许多权威。这一点又反过来决定着法律的属性。法律不再是由主权者发布的，加诸于其臣民之上的命令，如今大部分的法律是为了组织和运营公共事业而颁布的，政府负有确保公用事业顺利进行的法律义务。而社会所有成员都受到相同文化结构和历史渊源的影响，可

① 莱昂·狄骥：《公法的变迁》，辽海出版社/春风文艺出版社 2000 年版，第 50 页。

② 莱昂·狄骥：《公法的变迁》，辽海出版社/春风文艺出版社 2000 年版，第 51 页。

能在价值观念上形成较为一致的意见，从而为社会承担共同的义务，人们服从法律的原因并非由于他们被迫如此，而是由于他们同意至少是默许法律或权力的运行。

三、从公共行政理论看我国的土地管理体制

（一）我国土地管理体制的变革

新中国的土地管理经历了多次的变革，在20世纪80年代初期《土地管理法》颁布之前，土地管理基本上采取城市、农村和部门三大系统分别管理的形式。各个部门的用地，一般由各部门分别负责管理。如铁道部负责铁路用地管理；交通部负责公路、水路的交通用地管理；农垦部负责国营农牧场范围内土地的利用管理等。1986年《土地管理法》颁布之后便建立起全国土地、城乡地政集中统一管理的体制。1986年《土地管理法》第5条规定："国务院土地管理部门主管全国土地的统一管理工作。县级以上地方人民政府土地管理部门主管本行政区域内土地的统一管理工作，机构设置由省、自治区、直辖市根据实际情况来确定。乡级人民政府负责本行政区域内的土地管理工作。"据此，国家成立了土地管理局。这种体制确定了五个层次的管理机构，即国务院土地管理部门、省级土地管理部门、市级土地管理部门、县级土地管理部门、乡级土地管理部门。地方地政部门隶属于同级政府，受同级政府的领导，负责本行政区域内的土地的统一管理工作。在这种分级管理体制中，地方土地管理部门在业务上受上级管理部门的指导，按照上级核定的用地计划，安排建设用地，执行土地的管理职能。由于地方土地管理部门主要领导人的人事任免权在本级地方人民政府，因此，地方土地管理部门不得不听命于地方政府，土地管理部门的规划管制、计划控制、用地审批等管理措施的落实受到严重干扰。

1999年，根据国务院机构改革的方案，国家土地管理局、

地质矿产部、国家海洋局、国家测绘局合并组建国土资源部，同时鉴于土地管理中存在的问题，对《土地管理法》进行了修改。修改后的《土地管理法》规定："国务院土地行政主管部门统一负责全国土地的管理和监督工作。县级以上地方人民政府土地行政主管部门的设置及其职责，由省、自治区、直辖市人民政府根据国务院的有关规定来确定。"这一次的土地管理体制并未有根本变化，仅仅取消了乡级人民政府的土地管理权力，同时将征地的审批权交由省级人民政府或国务院来行使。

2003 年底我国决定实行省以下土地垂直管理体制，即省级以下土地管理部门直接由上级土地管理部门来管理。"土地管理垂直到省，意味着将市、县、乡的土地审批权力上收了，这是土地使用权审批的改革。由原来的地方政府任命土地部门负责人，变成现在的省级土地部门垂直任命，人事权的改革使管理层次更加严密，为更好地统一规范本区域内的土地使用提供了保障，也可以有效地避免过去的市、县、乡一级的擅自审批、越权审批的乱批地行为。"①

土地问题主要是在地方利益和中央利益不一致的情况下，由于地方同时享有管理权与经营权，致使供地缺乏约束，监督管理欠缺造成。那么省以下垂直管理是否可以解决这一问题？回答是否定的。

现有的省级以下的土地垂直管理体制只是将市县的权力上收，使这些地方政府在利用土地时没有以前那么方便，但是这种模式并没有根本解决问题，因为存在利益矛盾的不仅包括市县一级与国家的矛盾，还存在省与中央之间的矛盾。尽管市、县不再具有土地审批权，无法继续干预土地的供给，但是原有的情况会

① 《中央对国土资源管理体制实施重大改革》，2003 年 12 月 27 日，国土资源部部长孙文盛在全国国土资源厅局长会议上的讲话。

在省一级层面上展开。在省一级，依然是土地的管理权与经营权集于一身，在省的土地利用目标与国家的土地利用目标出现不一致的情况下，省级政府也会干预土地管理部门工作，致使土地管理部门难以遵守土地利用总体规划的要求管理土地。同时，有些地方官员担心，对国土资源部门实行垂直管理，国土资源部门的权力过于集中，项目批不批，批多少，采取什么方式供地、土地出让价格如何确定等诸多事项，完全由土地资源部门自行决定，会不会导致国土资源管理部门独家享有全部裁量权。如果这样，地方政府的职能完整性会受到极大冲击，政府也将会失去对经济运行的宏观调控能力①。从另外一个方面来说，权力的过分集中，而又没有有效的制度予以约束的情况下，难以保证土地管理部门权力不会滥用，因此省以下的垂直管理体制必须解决省级政府及其土地管理部门自身的廉政问题。

其次，派出机构仍然无法排除地方政府的种种干涉。土地管理垂直到省，意味着市、县、乡不再具有土地审批的权力，土地管理部门主要承担监管职能。过去，土地管理是地方政府一块很大的资源，如何利用基本上由地方说了算。地方政府所期待的不仅是卖地所得的收入，卖地并招商引资后，政府还可以有供水、供电的收入，还有工业和第三产业发展后的税收。现在中央上收权力，使地方政府失去很多的支配权，那么地方政府与地方土地管理部门之间如何协调，将是以后发展的一大问题。垂直管理的关键是人、财、物权力的转移。但是，在目前财政分灶吃饭的条件下，市县土地收益全部上缴财政几乎是不可能的。下面的钱收不上来，上面就没有钱拿下去，垂直管理缺乏经济基础。由于土地管理部门职工仍然有大量具体事务依赖市县解决，因此派出机

① 梁美娜：《实行省以下垂直管理 新体制调整了谁的利益》，载《中国经营报》2004年1月6日。

构仍然无法摆脱地方干扰。另外，在新的体制下，省级以下垂直管理还面临为数众多的体制障碍①。

（二）我国土地管理体制的现状是官僚制发展不足

从我国土地管理体制的发展历程可以看到，我国的土地管理体制经历了上收管理权力、强化部门权威的变革。20 世纪 80 年代中期开始实行的城乡统一管理，90 年代建设用地审批权上收到由中央和省级政府来行使，实行集中化的分级管理，2003 年在省级以下实行垂直管理，实现了土地管理机构人事权利的上收。这些都是在加强着中央的权威，实行着官僚制的命令统一，以提高土地管理的效率。但是省级以下垂直管理这种方式似乎仍然存在一些无法解决的问题，这其中的根本原因不在于官僚制过多，而在于官僚制发展不足。

现代官僚制是以对法律的遵守和对组织规则的服从为特征，法律制度和组织规则代表着一种秩序，需要大家都来遵守。但是我国目前的官僚制下，一些地方政府及政府职能部门无视国家的法律规定，非法占地或违反土地利用总体规划，擅自批准设立名目繁多的开发园区；违规处置国有划拨土地，擅自减免出让金，低价出让国有土地，使土地资产大量流失。在这里法律制度没有约束作用，法律制度没有得到遵守。政府管理的作用是除了通过积极的作为（如土地征用等）来增进公益外，还要通过消极的方式对侵害公益的个人予以处罚，迫使个人利益与公共利益保持一致。如果政府无法对自己的行为作出一个公正合理的评价，违法使用土地的政府部门及其工作人员得不到法律惩治，那么政府用严密的规范制约土地利用人时，就会导致土地利用人心理的失衡，进而引起人们对法律信念的丧失。

① 任波：《土地垂直管理体制悬疑》，载《财经》2004 年 8 月。

现代官僚制中的组织内部各机构有固定的权限范围，有明确划分责权的法律制度和工作程序，行政事务在权限范围内按法定程序来持续地运作，组织内官员在对外处理日常事务时，“不看人办事的，而是根据理性规则来处理”。我国的官僚制并不缺乏理性，但我国的理性是建立在传统文化基础上的人情伦理，通过这种努力维系的人情关系，谋求在既定的制度下的个人利益。这种情形表现在土地管理中就是，在管理者的管理行为中，处理事务不是针对事、按形式化的规章进行，而是看人、依好恶和情感性的非理性因素行事，个人因素影响组织的行为，一些地方的领导干部在经营性用地招标拍卖挂牌中，往往以打招呼、批条子等方式，指定供地对象、位置、面积、价格等，在出让土地时凭借自己的权力寻租。作为被管理的一方是否获利取决于他们与土地供给部门的关系，于是他们想方设法寻求行政权力的支持以非市场价格甚至划拨方式取得所谓“人情地”，“关系地”。显然这种不是建立在制度基础上的人情关系，使得土地利用和管理缺乏可预期性，因而难以实现土地管理的目标。

在现代官僚制中，强调下级对上级的服从，但是领导者和被领导者之间在法律地位上是平等的，各自都要受到组织规则的约束。下级对上级的服从，是服从于法律制度，并非服从于个人，对上级的服从限于制度所规定的事务管辖权的范围之内，并不是无条件、无限制的服从。但是在我国的官僚体制下，由于对公务人员缺乏一个科学合理的考核制度，无法对公务人员的品德、能力、敬业精神和工作业绩作出合理的评价，致使下级职务的升迁取决于对上级的服从和上级的“赏识”，因而下级盲目服从上级，下级服从于上级的权力而非服从于法律制度。以违法占地建高尔夫球场为例，目前全国已建成200个高尔夫球场，遍及27个省、市、自治区、直辖市，总占地约33万亩，另外还有拟建的高尔夫球场70多个，计划总占地15万余亩。一个18洞的高尔夫球场，需占用土地近2000亩，不少球场占地更大。按照国家征地审批权限，用地超过1000亩以上的须国务院审批，但是占用土地如此多的高尔夫球场建设项目，通过国土资源部审批的仅有10个。一份某省关于高尔夫球场建设情况的调查显示，这些球场的用地审批机关均为国土部门，而立项批准机关则有省政府、外经贸委、计委等部门；土地取得的方式基本是协议出让，另有租赁、划拨、招标等形式，还有的根本就未办理出让相关手续；占地最大的近5200亩，其中占用耕地近1800亩；有的球场球道区与配套设施占地比例几乎达到1：1。这些项目，有的采取租赁农民土地的方式，有的地方政府采取先将某片土地规划为绿化用地，再作为绿化项目由开发商建设高尔夫球场；有的则采用化整为零的方式，逃避国家审批。这些越权批准的高尔夫球场，在"审批"过程中大都违反土地利用总体规划，很多球场在项目批准设立后才调整规划，形成了"规划跟着领导走"、"规划跟着违法走"的不正常现象①。

可见，我国目前土地管理的现状不是官僚制过剩，而是官僚制发展不足。无论是在内部机构权力配置与人员行为的规范上，还是在对外部的管理过程中，都缺乏有效的制度约束。这些问题反映在实践中常常表现为管理的低效和严重的土地利用问题。

（三）客观认识官僚制理论的作用

理性官僚制组织基础上的行政管理是属于目的合理性的管理行为，体现了科学精神、法制精神与理性精神，抛弃了经验管理中的人治因素，避免了任性专断和感情用事，带来了管理的效

① 陈芳、张洪河：《规划跟领导走，违规高尔夫球场均由国土部门审批》，载《中国青年报》2004年5月14日。

率。应该说，对于发展中国家来说，以官僚制作为行政改革的方向是有益的，它似乎更符合中国的国情，更贴近中国发展的需要。但是我们在肯定其积极意义的同时，也要合理的分析、认识其不足之处。官僚制从其产生之日起就存在不可克服的缺陷，这一点，韦伯本人也早就认识到。如官僚制政府机构日益庞大臃肿、效率低下，官僚制不能对环境变化作出及时反应，缺乏灵活性，可能导致目的和手段的异位等等。在现代社会土地利用管理中，由于土地利用主体的多样性和利益的多元化，使得这一问题表现得也非常突出。

1. 官僚制理论没有解决规则的合法性问题

理想官僚制组织的权威或统治建立在合法性基础上，“合法性意味着某种政治秩序被认可的价值……这个定义强调了合法性乃是某种可争议的有效性要求，统治秩序的稳定性也依赖于自身（至少）在事实上的被承认”①。韦伯在进行官僚制设计时，将合法性的问题归结为被统治者的主观承认和服从。他认为权威或统治系统的存在以合法性为基础，其合法的原因在于官僚制统治得到公众的承认和服从，而公众的承认和服从反过来又证明了权威或统治的合法性。因而，韦伯并没有证明统治的合法性，而是“以形式化的法律制度及其操作程序来把理论上的、意识形态上的和技术上的努力整合在一起，构成一个严密的合法性网络体系”②。法律制度的制定以理性为取向（或目的合理性或价值合理性，或两者兼而有之），通过理性的持续不断的行政管理保证组织实现自己的目标。当这种理想模式中的技术合理性在现实中几乎不可能完全实现的时候，法律制度的合法性便会受到质疑。

① 哈贝马斯：《交往与社会进化》，重庆出版社 1989 年版，第 184 页。

② 张康之：《寻找公共行政的伦理视角》，中国人民大学出版社 2003 年版，第 55 页。

土地利用规划没有发挥其应有的作用，我们除了追究其执行不力之外，似乎还应当反思一下规划本身的问题。依据我国《土地管理法》的规定，土地规划的制定主体是各级人民政府，执行的也是政府部门。这也就意味着管理者自己制定标准，同时又来执行这一标准。当政府对土地利用活动进行规制时，政府处于一个极端特殊的位置，成为法律的空白。由于政府并不是公共利益的纯正的代表者，他们有自己的利益，这种利益可以是个人的利益、部门的利益、区域的利益，只要有可能他们就会运用其手中的权力去牟取私利，从而对个人利益和公共利益造成侵犯。因此当土地利用规划的制定者以公共利益之名追求私利产生土地利用问题时，土地利用规划自身无法解决。

2. 官僚制理论无法解决决策脱离需求的问题

土地利用总体规划是在时间和空间上对土地利用的合理安排，它是实现土地利用公共利益的具体目标，是国家及其土地管理部门为解决土地利用问题提出的要求和需要达到的目的，即通过土地利用规划的制定和实施所要达到的理想状态和衡量达到目的的指标，包括最终目标、阶段性目标，或为改善现状、防止现状变坏以及进入更好的状态等各种定性的指标。这一目标也是土地利用法律制度实施的基础，是土地利用进一步决策的合理性依据。“土地政策的目标，构成衡量任何一种土地利用是否明智和有无效率的准绳。”① 同时“制度有必要由目的来引导。目的能够设立批判既存的规章制度的基准，并据此开拓出变革之路。同时，如果真心实意贯彻目的，那么目的也自然可以制约行政裁

① 伊利、莫尔豪斯：《土地经济学原理》，滕维藻译，商务印书馆 1982 年版，第 251 页。

量，从而也可以缓和制度屈服于（社会压力）的危险”[1]。

但是正确的目标及可行性的方案是建立在大量的信息基础上的。理性官僚体制具有强烈的等级特征，基层组织缺乏灵活性和适应性，只有最上层的人掌握着大量资源和决策权力。但是上层需要足够的信息才能作出决策，并借助于命令机制调适其内部活动，来适应环境的要求。一方面由于信息传输的偏差和时滞，官僚制体制的上层无法系统，及时、准确地掌握有关土地开发利用的信息，了解土地利用制度目标的制约条件，提出正确、合理的目标和方案。另一方面因为无法了解执行过程中的信息，及时地对决策作出评价和调整，并调整其内部活动以维持其内部系统的正常运转，致使决策日益脱离社会的需求。这一点《全国土地利用总体规划纲要》的实施情况可以证明。

3. 官僚制理论无法解决政府及其职能部门之间在资源管理上的冲突和利益矛盾

强调权威的官僚制是一个集权体制，但是官僚制组织又是一个多层次的组织结构，从组织的高层到组织的基层，要实行授权。通过授权可以发挥下级处理公共事务的作用，但是授权也导致组织内各层次机构的协调障碍。理想官僚制组织只注重技术上的设计，完全不考虑组织中个人思想意识和价值观念等因素的影响。在官僚制下，政府社会功能的增加和职权范围的扩大，使官僚和官僚机构只注重争取更多的资源和更多的经费，无法有效解决上下级和部门之间的矛盾，增加了合作和管理的成本，实施政

① 诺内特·塞尔兹尼克：《转变的法律与社会：迈向回应型法》；转引自季卫东：《法治秩序的建构》，中国政法大学出版社 1999 年版，第 300 页。

策的行动迟缓，解决问题的能力不足，产生严重的腐败浪费①。

土地利用涉及到多个部门，单一部门制定的规划，所依据的信息是局部而有限的，“尽管在技术上也许是可行的，但并未经过经过认真思考。对某些选择，或不采取行动或维持现状，如不能提高政府威望，就得不到认真的评价。对那种不在权力范围内或有益于其他机构的选择，也不能得到全面的评价”②。虽然在土地管理法中确立了各级政府之间的协调办法，但是实际中由于各部门都有自己的利益，这种分割管理的体制使管理协调起来仍然存在很多的困难。同样的问题也会出现在各级政府对土地的管理中。不同区域的土地资源，其土地利用活动可能对其他区域产生影响，如跨界土地资源的管理、跨界水污染、跨界空气污染。由于土地利用活动的影响可能超出一个区域的范围，还可能是两个或两个以上的区域。那么这时土地利用的决策和控制土地利用活动时就不能只是考虑区域内部，而要同时考虑到受到影响的一方。否则，利益冲突就会产生。

（四）民主制理论的借鉴及土地管理的新思路

民主制理论在西方许多国家日趋流行的同时，也遭到批评和指责。主要的观点包括：民主制埋论用经济学的眼光看待公共服务的供给，把政府与公众的关系类比为供方与顾客的市场关系，将政府与公众的关系简单化；无视公营部门和私营部门的根本区别，盲目地在公共部门中采用私营部门的方法；强调个人或社群在可替代的公共服务生产中进行选择，不适当地运用产出或目标

① James S. Wunsch (1991), “Institutional analysis and decentralization: developing an analytical framework for effective third world administration reform”, *Public dministration and development*., vol. 11. 431 - 451.

② A. S. 马瑟:《土地利用》，国土局土地利用规划司译，中国财政经济出版社1991年版，第245页。

来衡量公共部门中的效率等等。不可否认，民主制理论还在研究和探讨之中，而且“如果要充分实现多中心的潜力，多中心就必须植根于经济、法律、宪政和政治领域的相互支持的制度安排”①。我国与西方国家在历史条件、文化传统、经济基础、民主程度等方面都有所不同，公共管理的过程、速度、重点及采取的具体措施也不太一样。不过，民主制一定程度上反映了公共行政发展的规律和趋势，它为解决我国土地利用中区域与区域、区域与国家间利益冲突提供了一种新的思路，因而具有一定的借鉴意义。

首先，土地利用规划和管理在不同层级政府之间的协调。

官僚制组织是替代个人选择的组织安排，但是官僚制组织的安排应当与公益物品和共同资源的规模相一致。在地方事实占有土地的情况下，可以依据行政区域的划分，由地方对辖区范围内的土地制定具体的规划，并予以实施。由于地方的土地利用可能对周围的区域产生外部效应，可能影响到全民公共利益的实现，因此在国家和省一级需要确立一个土地利用的大致框架，对地方进行宏观的指导和间接的控制，同时确立有效的机制处理和解决地方政府之间的冲突。

土地的利用有时不限于一个行政区域范围内，可能是跨区域的。如对跨区域的土地生态系统的管理，在区域经济一体化下对土地利用类型的安排。因为山川、河流、湖泊、森林、草原的整体性和区域的土地开发容易被人为的行政区划所割断，而分割利用和管理不利于资源保护和合理利用。所以，地方在制定本辖区土地利用规划时不能仅仅以行政区域为单位进行布局，各行政区域需要考虑到土地的自然经济条件，通过协议、协商的方式，依

① 迈克尔·麦金尼斯：《多中心体制与地方公共经济》，上海三联书店 2000 年版，导言第 8 页。

据共同资源的规模自发地开展合作，统一进行土地利用布局。

其次，公众参与的范围由规划影响的范围来确定。

共同资源的管理并不是单纯追求最大产出，而是土地利用类型之间合理的安排，从而达到满足人们的多样化的需求。是否满足人们的多样化需求，需要公众来表达其偏好。“所有公众都应有了解政治事务的渠道，应能评价那些影响他们利益的提案和推进公共善观念的政策。”①

公众参与规划的制定是许多学者都提出的观点，但是公众参与的范围究竟多大，直接关系到规划最后方案的确定。公众参与的范围和层次决定了土地利用规划方案的选择，而在更多的时候，“特殊利益集团的喜好可能比系统评价的选择更受偏爱，尤其在不同的利益集团之间的目标相互冲突时”②。公众的范围并不是整个国土上的公众，而是仅限于规划所涉及或影响到的区域，即受到规划影响的区域的公众。若受到影响的公众在土地规划的制定中没有发言权，就会由于其利益受到忽略而使规划执行出现问题。如果没有受到影响的公众却在规划的制定中给予了发表意见的机会，则会导致一些不适宜的行为③。

最后，土地利用规划制定与管理的分开。

目前我国的土地利用规划主要是在《土地管理法》的授权下由政府部门主持制定的，“由部门主导难免会因利益驱动而使某些条文带有明显的部门色彩，偏离公正”④。在土地利用中，土

① 罗尔斯：《正义论》，中国社会科学出版社 1988 年版，第 215 页。

② A. S. 马瑟：《土地利用》，国土局土地利用规划司译，中国财政经济出版社 1991 年版，第 245 页。

③ 迈克尔·麦金尼斯：《多中心体制与地方公共经济》，上海三联书店 2000 年版，第 53 页。

④ 李一帆：《人大在立法中的主导地位事关立法公正》，载《瞭望》2004 年第 7 期。

地利用规划涉及多个方面的利益，在土地利用规划制定的过程中任何受到影响的一方，如果没有参与到制定的过程，就会导致其利益被忽视，从而带来执行问题，因此在进行公共决策和控制公共事务时“要使各种各样的利益内部化”[①]。如果土地利用规划由人大来组织制定，就可以让公众决定规划的内容，从而确保公共利益方向。这种公众参与不同于政府部门制定规划时的公共参与。政府部门制定规划时的公众参与不能保证政府部门能放弃自己的利益，将公共利益摆在正确的位置。另一方面，土地利用规划由人大来组织制定，还可以充分吸收各方面的意见，不被部门利益所左右。制定和修改的权力交给各级人大，政府部门不直接承担土地规划的起草工作，但是仍然需要承担土地的管理工作，比如土地利用分区、土地用途管制等。由人大立法可能还涉及到一个操作的问题。一般来说，人大立法的周期比较长，而且人大立法后再修改比较困难，但是这些看起来似乎是障碍的因素，其实可能正是人大立法的优势，因为这样一来，目前土地利用规划到期可以修改、临时报批修改、上届政府制定后新一届政府经常随意更改的现象可能会有所改变，至少政府部门运作起来再也没有以前那么容易了。当然，人大立法不是相关部门提出立法项目、起草法律草案，提交审议，而是由“人大召集或牵头负责掌握主动权”[②]。

① 迈克尔·麦金尼斯：《多中心体制与地方公共经济》，上海三联书店 2000 年版，第 52 页。

② 李一帆：《人大在立法中的主导地位事关立法公正》，载《瞭望》2004 年第 7 期。

小　结

法律调控的功能是指法律基于其属性、内部诸要素及其结构所表现出来的性能和功用。古典经济学家们认为，人的行为与法律制度的要求是相适应的，因此制度存在与否无关紧要，个人的行为主要受到价格和收入的支配，其他人并不直接影响他的决策，而是通过价格的波动间接地发挥作用。新制度经济学家运用博弈论进行分析后，提出个人的决策会受到其他人行为的影响，而且个人理性的组合可以形成一种集体的非理性，这种个人理性与集体理性的冲突是制度起源的重要原因。同样，博弈论也可以用来分析土地利用中制度的功能。土地利用法律制度的功能是多样化的，土地利用法的功能主要表现在三个方面：对于土地利用者和购买者的博弈，法律的功能是提供当事人预期其他人未来行为的信息，降低市场的不确定性，促进合作；对于土地利用者和非购买者的博弈，制度通过确认权利，使外部不经济性内部化，从而使双方都能实现自己的最大利益；对于同一行业的土地利用者来说，制度的作用是促进竞争，阻止他们之间的合作，以避免给其他人的利益造成损害。不过，根据制度的来源，制度又分为外在制度和内在制度。外在制度只是内在制度的合理补充。

法律调整机制是指法律在引导和强制土地权利人的行为取向以协调人们之间利益关系方面的运行方式和机能。根据调节方式和运行效果，可以将土地利用中的利益调控机制分为自行性调节和强制性干预两种方式。由于存在市场失灵和干预失灵，一般将自行性调节机制和干预机制结合起来予以运用，这就涉及到政府在市场中的作用和限度问题。而政府的作用和限度取决于政府组织的安排。官僚制是一种内部人员和结构等级化、并且服从于一个权威中心的组织形式。一般认为官僚制行政的特点是效率，政治经济学家们认为官僚制行政是替代个人选择的一种决策安排，它可以在控制外部效应、管理共同财产或者提供公益物品方面起着重要作用。民主制行政是一种交叠管辖和权力分散的体制，是另一种组织结构。由于民主制行政的特点是决策权能分散，个人平等参与公共管理，政府官员的行为受到有效的制约，因此民主制行政可以更好地协调各种利益关系。

从我国土地管理体制的发展历程可以看到，我国的土地管理体制经历了上收管理权力、强化部门权威的变革。我国的土地管理体制的现状不在于官僚制过多，而在于官僚制发展不足。我们在肯定官僚制理论积极意义的同时，也要合理地分析、认识其不足，并合理借鉴民主制行政理论。

第五章　土地利用中的利益救济

第一节　土地利用民事侵权救济中的利益衡量

土地产权是土地利用人获取利益的可能性，它是法律对土地权利人利益的认可，在遇到来自公民、法人或其他组织的干涉和侵害时可以得到法律的保护。但是在土地利用中，由于土地位置的固定性，一方的土地利用行为往往给另一方造成损害，这时选择保护那一方的利益是一个非常困难的问题，保护可以带来巨大的经济效益的一方，可能导致受害一方无法生存；保护受害一方，可能对整个区域经济的发展造成影响，因此在双方的利益之间必须进行衡量 。

一、民事侵权救济与利益衡量

（一）民事侵权救济理论的发展

在传统的侵权救济中，一般依据公平原则对受损害的一方予以救济，其实质是通过法律的强制作用，将受害者所承受的损失转移到加害者，对遭受损害的人们提供一种事后救助。但是这里有一个前提条件，即加害者的行为必须有过错，受害者的损失只能转移到造成这一损失或应对这一损失有责任的人身上。在损害是由受害者自身行为引起的情况下，就不能通过侵权行为法接受损害的填补。

到了近代，侵权法在自然法学的代表人物格老秀斯理论的基础之上，融合了自由、平等、博爱和人权的思想。1804 年《法国民法典》第 1382 条正式确立过错责任原则，随后《瑞士债务法典》、《德国民法典》、《日本民法典》等相继采用这一原则，在 19 世纪的英国和美国，过失侵权从其他的侵权行为中分化出来，成为一个单独的侵权类型。过错责任原则得到广泛运用，主要是为了适应当时资本主义发展的需要，保护政府和企业主利益：一方面它注重个人在社会经济活动中的自我约束能力，强调一个人对其他人的责任，被告是否有过错取决于他是否履行了他的责任；另一方面界定了个人合法行为的范围，对于由于行为过错所造成的对受害人的损害，提供了一种有效的救济途经。当然这种救济是根据行为人的过失大小来确定的。

传统侵权法中受害者的损害是否能够填补与加害者的过失有无、过失大小密切相关。随着自由竞争下的生产的迅速发展，特别是第二次世界大战之后，由于科学技术和生产方式的不断革新，出现了一些新型的侵权行为，最为典型的有高度危险作业致人损害、缺陷产品致人损害、污染环境致人损害等。这种情况下加害者没有过失而发生损害，而且即使是认为加害者方面有过失，但是对于这种损害，普通的受害者要证明加害者的过失也是极其困难的。因此许多的损害，损失无法转移给加害者，受害者承担损失的情况非常多，使原有的过失责任在这些问题上失去了功效，以致受害者得不到及时的补救，影响到社会的稳定和发展。针对这些特殊的侵权行为，立法者通过扩大过错责任原则的适用（即采用过错推定）的方法来消除受害人救济的障碍，最后发展到不考虑加害人的过错，只要法律规定，加害行为与损害结果之间存在因果关系，就可以追究加害人的责任。同时判例、学说为了减轻受害者因果关系的负担，主张盖然性说、疫学因果关系的证明方法等，法律上转移损失时不要求严格的因果关系的证明。当然，各国在法律形式上是有所不同的。无过错责任或严格责任不再强调行为人的主观方面的因素，而是注重行为结果对他人的损害，试图合理分担受害者的损失，以实现社会公平。尽管在一些特殊的侵权行为中适用了无过错责任原则，但是在无过错责任中也采用了对加害者追究责任的构成，因此，实施赔偿请求仍然需要确定加害者，证明因果关系，否则损害就得不到填补。

不过，侵权损害赔偿仍然存在困难，因为环境污染的损害往往难以确定加害人，而且还可能发生确定了加害人，但是加害人却无力承担、损害得不到填补的问题。为此，一些国家建立了责任保险和社会保险制度，以加强对受害人的救济功能。责任保险的作用在于分散了带有一定危险而对社会有益活动的风险负担，使社会保持了竞争和创造的活力，突出了侵权责任的赔偿功能，但是侵权诉讼转移了诉讼的主体，一定程度上消减了侵权责任的意义。社会保险得到各国重视的一个重要原因是社会保险突破了侵权行为的调整范围，使所有的受害者得到及时的、同等的补偿，为每一个社会成员提供了基本的生存保障。与侵权法相比，社会保险不考虑加害人的存在及其归责要件，也不论损害的原因，可以依照法定程序给予受害者补偿，在利益填补方面具有较大优势。但是因为社会保险混淆了责任的界限，相反失去利益平衡的作用。

（二）土地利用中民事侵权救济的两难选择

尽管民事侵权的理论在侵权救济中发挥了越来越大的作用，

特别是在因土地利用而产生的环境侵权救济中，但是在土地利用的侵权中却并不容易界定。因为土地利用中的侵权大多表现为利用自己或他人的土地从事生产建设活动对相邻土地权利人的人身权、财产权或环境权造成侵犯。这种侵权具有与其他一般侵权行为具有不同的特点。对于传统的侵权而言，主要发生在相邻的小生产者之间，相互之间造成的损害小，而且一旦加害人的侵害行为停止，其侵权行为随即就终止。这种因个人土地利用行为而产生在个人与个人之间的侵害，救济起来也比较容易。但是随着科学技术的发展，特别是进入 20 世纪之后，企业在规模上扩大、技术先进，因此造成的损害影响的范围广、危害重，受害的人数多，而且具有持续性。不仅在适用侵权法对受害人救济上存在很多困难，即便是能够很容易地运用这些理论，为受害者提供救济，也在实施过程中遇到很大困难。一个重要的原因就在于，这些企业生产造成的污染，可能并没有违法的行为，他们严格按照土地管理法的规定开发利用土地，遵循环保法的规定排放污染物，但是他们正常的生产经营活动或正常的生产经营活动的副产品对其他人造成损害。而更为重要的是这些企业的生产活动是社会经济发展所必需的，它为许许多多的人提供着基本的物质需求，为许多人提供就业的机会，为整个区域、乃至整个国家的经济发展做出了巨大的贡献。如果依据侵权行为法对环境侵权损害进行救济，追究利用土地从事生产和建设活动的土地利用人的侵权责任，不仅可能出现加害者无力承担，损害仍然得不到填补的问题，还将可能导致生产和建设活动停止，影响到更多人的利益。如果强调产业活动的社会经济效益、社会公益作用，不对环境侵权损害予以救济，不仅有违法律的公平正义要求，而且会因为环境“公害”的发生，造成对许多人身体和健康的伤害。因此，如何解决土地利用中的环境侵权案件，是侵权救济中非常困难的问题，这使得法院在解决纠纷时不得不寻求一种更好的解决方法。

二、利益衡量方法运用的必要性和可行性

（一）利益衡量方法运用的必要性

利益衡量（balancing of interest）是指对双方的利益进行估量之后，考虑应当选择哪一方的利益。有的学者也称为“利益考量”或“利益较量”。利益衡量是一种法律解释和适用的方法，“不仅限于民法，凡涉及一切法律判断，亦即法的解释，就有利益衡量问题。不仅民法的解释，包括宪法的解释，刑法的解释，只要是法的解释，都存在论理与利益衡量的关系问题。只是法域不同，则利益衡量的方法有相当的差异。”[①] 其目的是为了避免因严格规则的应用而引起的司法不公正。

严格规则是指法官在判决时只考虑法律规则，在现有的法律规定中找出与案件相符合的行为模式，根据法律得出相应的结论，赋予其相应的法律后果。法官对法律条文只做字面解释，不附带任何个人的判断。概念主义法学（形式主义法学）由于严格遵循大前提、小前提和结论这种三段论逻辑，在实践中显现出不少缺陷，因为法律不可能对社会生活中的每一种可能情况进行周密、详尽的规定，那种希望现有的法律规定直接适用生活中每一个案例的想法显然站不住脚。因此，当法官面对一件案件，可是法律没有规定、法律规定之间有冲突、法律规定模糊不清或不适应社会发展等情况下，不得不采取主动积极的形式解释和适用法律。在既不能保证法律完整清晰，逻辑严明，又不允许法官灵活、积极的解释和适用法律的情况下，法律就不可能在案件中作

① 加藤一郎：《民法解释与利益衡量》，载《民法学说判例与立法研究》（2），国家行政学院出版社 1998 年版。

出其应有的价值判断，其中的利益矛盾得不到解决，法律在调整利益关系中的作用也难以体现。这种情况下，利益衡量作为对法律调整利益冲突作用的补充和完善的一种重要手段应运而生。具体地说，利益衡量是指法官在具体的案件中，如果法律规定模糊或缺漏时，法官可以依照一定的原则，对案件中所涉及的利益关系进行比较衡量，并作出判断，以解决利益冲突。与传统的机械的、注重形式的方法不同，利益衡量方法是一种灵活地解释和适用法律的方法，不拘泥于既有法律规定的限制，以法官自己的主观判断来对法律的不确定性作出有益于法律目的的解释，它不仅追求法律的形式合理性，更追求法律的实质合理性，注重现实社会中的利益竞争和冲突的有效调整。

（二）利益衡量方法运用的可行性

利益衡量是法院解决利益纠纷时运用的一种方法，利益衡量的结果是在利益纠纷中寻求一个双方都接受的方案，对一方的某些利益予以维护，对另外一方的利益牺牲最小，从而使双方的利益达到一种均衡，因此这种解决方案的选择显得非常重要。关于这一点，我们可以从当事人合法权益受到侵害的情况下当事人可以请求的权利寻求答案。

1. 物权请求权和基于侵权的请求权

土地利用人的权益受到侵害的情况下，基于不同的权利可以提出不同的请求。对于相邻土地利用侵权行为的构成要件中侵权请求权和物权请求权的问题，学者们讨论的比较多。所谓侵权请求权是指当权利人的财产受到侵害时，权利人可以基于债权向他人提出为一定行为或不为一定行为的权利。而物权请求权则是指当物权人在其物被侵害或可能受到侵害时，权利人可以基于物权提出恢复物权或防止侵害的请求权。在实践中，传统的大陆法系国家一般将物权请求权作为一项独立的请求权，依此对物权人的权利予以保护。而在我国，物权请求权不是一项独立的请求权，物权请求权的内容由侵权请求权所替代。[①]

在理论上，物权请求权和侵权请求权各有自己的特点。侵权行为属于债权发生的原因，侵权请求权是债权人向债务人提出的请求权。在债务人尚未履行义务前，债权人不能直接支配其标的物，只能请求债务人履行债务或承担债务不履行的责任。由于侵权赔偿不仅具有补偿的功能，还具有损害填补功能、损失分散功能、制裁性功能、事故抑制功能[②]，因此责任的承担需要考虑行为人的故意和过失。在环境侵权案例适用无过错责任的情况下，由于对因果关系认定和举证责任的证明较为困难，依侵权法不利于物权人权利的保护。更为重要的是侵权责任的构成要件中，造成损害是承担责任的必要条件，这样一来，对于预期的妨害问题无法得到救济。

对上述观点学者们也提出不同意见。有学者对于有关近邻妨害作为侵权行为构成的做法给予了高度评价，认为不可量物侵害虽然是相邻关系上的问题，但是现在这种相邻关系解释的范围过于宽泛。“以相邻关系制度对不可量物侵害的受害者加以保护，由于必须与不动产相关联，因而从环境保护的见地上看无论如何均具有狭隘性。”[③]

对于物权请求权和侵权请求权的问题，有学者提出“物权请

① 我国民法通则虽然涉及物权请求权的内容，但是在第五章第一节关于财产所有权和与财产所有权有关的财产权中没有规定物权的保护方法。在第六章关于侵权的民事责任的规定中，规定“侵占国家的、集体的财产或者他人的财产的，应当返还财产，不能返还财产的，应当折价赔偿”。这样一来就将侵害物权人权利或者妨害物权人行使权利的行为都视为侵权行为，因此当物权人的权利受到侵犯或妨害时，权利人只能行使侵权请求权。

② 《日本侵权法》。

③ 陈华彬：《德国相邻关系制度》，载《民商法论丛》（第四卷），法律出版社1995年版，第299页。

求权和债权请求权存在明显的区别，不能互相替代。”“这不仅是因为其性质不同，而且从我国的司法实践来看，这种替代并不利于法院正确处理各种侵权纠纷和其他民事纠纷，也不利于保护物权人的利益。”[①]笔者也倾向于这一观点。物权请求权是基于物权而产生的权利，是物权的主体支配其客体并排除他人干涉的权利。物权请求权的行使可以使主体对物失去控制时，使其归属于权利人，在物受到干涉时，要求恢复到一种圆满的状态。其权利的行使无须借助外力。其次，物权请求权不考虑相对人的过错。物权人在其权利受到侵害或妨害的情况下，只要证明了相对人已实施了妨害行为，无须证明侵害人主观上的故意或过失，也不承担举证责任[②]，就可行使物上请求权，要求侵害人排除侵害、恢复原状。第三，妨害排除请求权是物权的一项重要的权利，一般指当所有权的圆满状态受到占有以外的方式妨害时，所有人可以请求排除妨害，使自己的权利恢复到圆满的状态。这种排除妨害是指除去所有权行使的障碍或侵害，因此，只要是行为阻碍或妨害所有人行使其权利，不管是造成现实的妨害，还是对将来行使所有权造成妨害，都可以要求行为人排除其妨害。

债权请求权与物权请求权不同的另一个重要方面在于，债权请求权包括两个方面的内容：债权人提出请求和债权实现。债权人提出请求是债权请求权的成立的条件，但是债权请求权包括“要求债权人给付的效力，在不履行的场合下强制实现可能性即裁判上的请求权能和强制履行的权能（或称执行权能）以及获得损害赔偿的效力”[③]。这样一来，债权的实现问题在很大程度上留给了司法人员。如果司法能保持中立、不受行政机关的影响，

① 王利明：《物权法论》，中国政法大学出版社 1998 年版，第 183 页。
② 王利明：《物权法论》，中国政法大学出版社 1998 年版，第 161 页。
③ 王利明：《物权法论》，中国政法大学出版社 1998 年版，第 181 页。

如果行政和司法机关有着良好的专业知识、能够按照职业要求，依法对土地利用中的利益纠纷作出合理、有效的判断，那么侵权请求权也能发挥很大的作用。

由于侵权请求权在实施的过程中有这样或者那样的缺陷，不利于保护物权人的利益，所以相比较来说物权请求权在土地利用的侵权救济中是一种较为有利的选择。

2. 物权请求权的内容

土地利用中的物权请求权有三个方面的内容：

一是所有权或其他权利人的返还请求权。当土地被无偿占有或侵占时，土地的所有人或其他权利人有权要求返还土地。权利人的利益就是体现在对物的支配，并排除他人干涉。因此当物被他人占有或侵占时，权利人可以要求返还。这种权利是物权内在的要求，自然是物权请求权中一项重要的权利。

二是所有权和其他物权的妨害排除请求权。这是指当所有权或其他物权的行使受到其他人的妨害，以致不能完全支配其土地时，可以要求妨害人排除妨害，使权利恢复到一种圆满的状态。对于妨害排除的内涵，国外学者们的观点分为两种①：一种认为妨害的概念不仅包括妨害的停止，而且还包括除去妨害结果产生的损害。另一种认为“对妨害的除去应作最狭义的理解，对于除去请求，仅可请求将妨害源撤去”。对于这一点，无论判例，还是学说均有分歧。在我国的民法的观点基本上认为，“排除妨害请求权仅限于除去妨害而不包括恢复原状”②。在妨害的类型上，“只要行为人阻碍或妨害所有人行使权利，不管是造成现实的妨害，还是对将来行使所有权造成妨害，不管这种妨害是否以货币

① 陈华彬：《德国相邻关系制度》，载梁慧星主编《民商法论丛》，法律出版社1995年版，第316～319页。

② 王利明：《物权法论》，中国政法大学出版社1998年版，第168页。

确定其损失，权利人都可要求行为人排除其妨害”[1]。当然，出于社会生活的需要，权利人仍然应当容忍轻微的、正当的妨害。

三是恢复原状请求权和赔偿损失请求权。这是指在土地受到他人非法侵害而遭到损害时，权利人可以要求侵害人通过修理，恢复土地原来的状态。在不能修理或无法恢复时，所有人可以要求侵害人赔偿损失。对于恢复原状是否为独立的请求权，学者们也存在争议，一种观点认为损害赔偿请求权和恢复原状请求权难以分开，所以只能采用损害请求权，而有学者主张，物的毁损与物的灭失是不同的，如果造成灭失则应当以金钱来赔偿，如果只是造成毁损则应当恢复原状。“承认被害人对恢复原状或价格赔偿有选择权，其主动权在被害人，所有权失其保障之顾虑，根本不存在。”[2] 笔者以为，如果只采取损害赔偿的方法，既不利于对土地的权利人利益的保护，也不利于土地资源的保护。因为土地是固定的，土地对其权利人（特别是农民）具有一种不可替代的价值（生存保障和情感依赖），因此赔偿的方法对土地权利人是不利的。即使在市场上可以买到相同的土地，使权利人的损失得到补偿，维护了权利人的利益，似乎双方都可以得到一个满意的结果，但是赔偿损失的做法却对土地资源不利，因为土地供给总量是有限的，赔偿的结果会造成土地的不断减少。当然，在土地遭到毁损以致无法恢复时，只能采用损害赔偿的方法。因此在土地利用中承认恢复原状请求权是一项独立的请求权是必要的。

土地权利人在权利受到侵害时，可以提出返还请求、妨害排除请求、恢复原状请求和赔偿请求，而这些请求是否提出或提出哪一些，可以由受害人选择。法院在对双方的情况进行考虑之后，在全部或部分满足当事人的请求之间也可以选择，这样就可

① 王利明：《物权法论》，中国政法大学出版社 1998 年版，第 168 页。

② 王利明：《物权法论》，中国政法大学出版社 1998 年版，第 173 页。

能在利益衡量时得到一个双方都可以接受的方案。

三、不同法系利益衡量的基础

利益衡量是法学中运用广泛的一种方法，只要涉及到价值判断，就存在利益衡量问题，在环境侵权救济中也是这样。不过在不同的法律体系中，利益衡量的法律基础是不同的。在英美法系土地侵权救济适用妨害法，利益衡量主要是对妨害的合理性进行价值判断，而大陆法系则在相邻关系基础上对权利行使是否超过社会容许限度来作出评价。

（一）英美妨害法

1. 妨害的概念

英美法中的妨害行为是指某人不合理地、非法地使用其财产，影响他人土地使用或有关权益的行为。依据法律规定，如果妨害人不合理的行为造成对他人人身和财产的损害的，应当承担责任。因此妨害法一直是土地利用中的受害者用来维护自己权益的法律依据。

《牛津法律大辞典》将妨害行为概括为三方面的内容：

其一，由于行使一切人都享有的公共权利而对公众造成骚乱和损害的，不受法律保护的行为（公共妨害）。

其二，与土地的占有相关的，对使用其土地的他人造成损害或者滋扰土地使用权或滋扰与土地相关的其他权利的行为（私人妨害）。

其三，以及被制定法规定为妨害行为的作为或不作为。

在这里，我们主要讨论私人妨害。之所以没有考虑公共妨害，是因为在公共妨害与私人妨害同时存在、并且属于同一类型的情况下，个人不能就其私人妨害提起有关的诉讼，只有当他遭受到与公共妨害不同的“特殊”的妨害时，才可以提起私人妨害的诉讼。而在单独的公共妨害中，因为它一般干扰公共权利的行使，常常被作为一种犯罪对待。

土地利用妨害案件中土地常连在一起。虽然妨害法不要求物质的侵入，但是法院在有形物质影响时更容易发现妨害。与居住地邻接的工厂污染是一个明显的例子。当然物质影响并不是总是必要的，例如有些法院禁止邻地的美学妨碍，如墓地。

土地利用妨害包括本质的妨害和偶然性的妨害。本质的妨害指不论处于哪个位置都是妨害，偶然性的妨害只是在它所处的位置对周围土地造成妨害。几乎很少的土地利用属于本质妨害一类。在通常的土地利用妨害案中，原告所指的土地利用是一种偶然性的妨害。在这些案例中，法院在各种土地利用类型之间排列了一个等级顺序，认为居住地使用位于最高的等级，任何试图进入居住地的非居住使用都是一种妨害。法院依据它是否与周围区域相一致来决定利用是否合理。这种判断需要有一个司法的界限，这如同分区图中的市区画线，因此有人称之为司法分区。

由于土地利用中产生的废水、废气等环境污染行为往往影响相邻的土地权利人享受和利用土地的权益，因此妨害通常被作为环境侵权救济中受害人主张其权利的诉讼理由。但是，除了妨害行为之外。侵犯、过失、异常危险活动等也常常在土地利用中作为侵权的诉因。那么这些诉讼理由之间有什么样的区别？如何对一种侵权行为提出主张？这是美国侵权诉讼中经常碰到的问题。对此我们作一个简要的区分。

（1）侵犯（Trespass），亦称“非法侵入”。侵犯的对象可以是动产、人身和不动产，自然侵犯他人土地也是其中的一种重要的类型。侵犯他人土地即是对土地占有权的一种干扰。也就是说，只要被告的行为侵犯土地占有人对土地的使用和享受等权益，就要承担责任。侵犯他人的土地，并不意味着被告本人一定要进入原告的土地，被告所控制的东西进入原告的土地，也属于侵犯别人的土地。如对他人的土地扔东西、排水、排放烟气等。人们经常引用的侵犯在环境污染中的案例是 1959 年马丁诉雷诺尔兹金属公司案。在这个案子中法院判决，被告工厂排出的废气和微粒落在原告的土地上，构成了侵犯他人土地。“侵犯他人土地是侵犯土地所有人排他的占有权利，这种侵犯包括可见或不可见的东西，甚至包括一种只能由物理学家以数学语言描述的能量。”[①] 因此，可以说妨害是对私人侵犯土地行为的扩展。在侵犯行为中，土地主通常起诉他人对其财产有形物质的侵害，无形的侵害则适用妨害法。在原告声称邻地的使用严重地影响其土地时，法院可以禁止这种土地利用，并要求对损失进行赔偿。不过，侵犯责任的构成可能仅仅是因为原告“有到他人土地上的故意”，并不需要有实际的伤害或损失事实存在。另外，“侵犯所损害的是他人的人身或财产，而妨害行为损害的是他人对其权利的行使或享有。侵犯可以是一次性的、非持续的行为，具有直接性，妨害行为是非一次性的、持续的、长时间的滋扰”[②]。

（2）过失是英美侵权法中一个最为原始的诉因。过失责任是为了适应工业革命的发展而出现的，其目的是“找到一个既能补偿受机器伤害者的损失，又能保证经济正常发展的妥协方案”[③]。过失侵权作为单独的侵权责任最早是在服务行业，后来才在侵占他人土地和公害中逐渐发展起来。过失作为环境侵权的诉因主要表现在一些突发的环境污染事故中，在这些案例中，环境污染事故都是由加害人的过失造成，被害人可以依此诉请法院予以救济。而在工厂正常生产过程中产生的环境污染纠纷中，由于加害人行为间接、损害范围广泛、因果关系复杂，需要适用无过错责

① 李亚虹：《美国侵权法》，法律出版社 1999 年版，第 29 页。
② 曹明德：《环境侵权法》，法律出版社 2000 年版，第 79 页。
③ 李亚虹：《美国侵权法》，法律出版社 1999 年版，第 47 页。

任原则才能追究加害者的责任。

(3) 异常危险活动的严格责任在英美环境侵权法上有着悠久的历史，对于英美环境侵权法的发展有着深远的影响。所谓异常危险活动，是指那些在特定的时间、地点和环境下被认为是不寻常的、危险的活动，不管行为人是多么的小心谨慎，都不可能排除它给人或财产带来严重伤害的可能性。最早确立异常危险活动严格责任的案例是英国的“赖兰兹诉弗莱彻”案。在这一案件中，被告修建水库的水漫进废弃的矿井，致使原告与废弃矿井相邻的矿井淹没。法院认为，被告用非自然的方法使用其土地，为自己的目的在其土地上引入一经泄露即可构成危害的任何东西，那么他必须阻止其泄露而自己承担风险。对于因泄露而给他人造成的损害，应当承担责任。自赖兰兹案以后，美国也开始在异常危险活动中承认和运用严格责任原则。由于严格责任消除了受害者在举证责任上的障碍，无疑在环境侵权救济上发挥着巨大的作用。但是由于危险物质严格责任的判例法，“注重有关活动的风险水平及利用土地方式的非自然性”①，对于“危险活动”的界定，完全取决于法院的态度，所以在自由竞争时期，法院为了保护新兴工业的发展，一般不愿意适用这一原则。现在，虽然大多数州接受了这一原则，法院在具体适用上述要件时，往往以工业惯例或行业习惯来否认工业污染的“异常危险性”和“非自然性”，从而使很多的环境侵权行为被排除在危险活动之外。

2. 妨害的构成要件及责任

妨害法的主要特点是对妨害行为影响他人财产权利行使提供救济。这种侵权法，是以可归责的方式对实施妨害行为的人追究责任。而要对行为人的行为作出判断，必须要有一个标准，这种

① 王曦：《美国环境法》，武汉大学出版社 1992 年版，第 90、91 页。

标准大致包括以下几个方面：

（1）不合理性。妨害涉及土地相邻双方的利益关系，因此只有在某种行为不合理时，才会构成妨害。即被告人的行为不合理是妨害成立的必要条件。在这里行为的主观故意或过失不在考虑的范围，妨害行为的产生，可能是被告的故意行为，或过失所致，或从事超常危险活动的结果。行为是否合理，法院主要在原告所受伤害的大小与被告的行为以及为防治伤害所要付出的代价之间进行平衡。主要考虑的因素有：影响的范围和时间；伤害的性质；原告使用土地的社会价值；为制止伤害原告所付出的代价和努力；被告人行为的社会价值；被告人的动机；被告人防止或减轻伤害的负担和可能性；当时的环境和情况是否适宜被告的行为等等。

（2）实质性。被告对原告的损害是实际损害，而且造成的后果严重，在这种情况下原告才可以要求赔偿。实质性损害通常以当地普通人的一般忍耐力或敏感性为标准，一些特殊人群或财产对环境污染异常敏感，不能作为损害的判断标准。因此，依据妨害法，这些特殊的人将得不到妨害行为的法律救济。另外，妨害是否严重，还要看原告所处的环境、损害发生的时间、地点、方式、频率、妨害的期间等等。

利用自己或他人的土地造成侵权的应当承担责任。通常责任形式有两种：赔偿损失和颁发禁止令。前者指被告按照受害人的实际损失进行赔偿；后者则是由法院颁发禁止令，要求被告停止、改进他的活动，或迁出这个地区。不过，法院对此比较谨慎从事，通常要平衡被告活动的社会效益、被告因停止所要承担的损失与原告遭受的损害。如果原告所受到的伤害超过被告因停工或搬迁所受的损失，法院就可以发出禁止令。

（二）物权法基础之上的相邻关系调整

1. 相邻关系

以德国为代表的大陆法系国家对土地利用人之间利益关系的调整，则是通过相邻权规范土地利用者间的权利义务的法律制度实现的。所谓相邻权指相邻的不动产所有人或使用人中的一方行使所有权或使用权时，享有要求另一方提供便利或接受限制的权利。相邻权是从权利的角度来考虑的。如果从相邻的不动产所有人和使用人之间的关系来看，相邻权也可称为相邻关系。[①] 相邻关系是两个以上相互毗邻的不动产所有人或占有使用人在行使不动产的占有、使用、收益、处分时，相互之间应当给予便利或者接受限制而发生的权利义务关系[②]。虽然法律条文中一般规定相邻权是不动产所有权人的权利，但从立法本意看，相邻权不唯独是不动产所有人所享有的权利，地上权人以及其他不动产的占有人也可以根据占有不动产的自然状态而享有此项权利，他们同时对相邻人承担相邻关系的义务。[③]

相邻关系的民法调整起源于罗马法，但真正确立相邻关系理论是在19世纪末期，通过相邻关系的规范限制土地所有权，以实现个人利益和公共利益的结合。“相邻关系为所有权社会化之具体表现，其基本理论乃在利用利益衡量之原理，使权利行使之相互调和。”[④] 相邻权行使的目的，是限制土地所有权人不受他人干涉的权利。由于土地所有权人绝对权利的行使，致使相邻的

---

① 史尚宽：《物权法论》，第79页。转引自张鹏、曹诗权：《相邻关系的民法调整》，载《法学研究》2000年第2期。

② 张鹏、曹诗权：《相邻关系的民法调整》，载《法学研究》2000年第2期。

③ 孙宪忠：《德国当代物权法》，法律出版社1998年版，第196页。

④ 谢在权：《民法物权论》，第205页。转引自张鹏、曹诗权：《相邻关系的民法调整》，载《法学研究》2000年第2期。

土地权利人、社会利益产生不利的影响，既不利于社会秩序的稳定，也影响了土地利用价值的发挥，所以必须对土地的绝对权利予以限制。“相邻权是相邻接的不动产所有权人以及占有人相互之间享有的权利，而对相对应的相邻人来说，相邻权也表现为邻人之间的义务。”① “相邻关系制度及其功能正在于扩张一方的所有权、限制他方的排除请求权，课以作为或不作为的义务并设补偿制度，以实现当事人双方利益关系之平衡。”② 随着社会结构的变化，相邻关系趋向日益复杂，传统的相邻权只能排除土地利用人有形损害行为的作用，已不能满足社会的需求。尤其是进入20世纪后，因工业发展所带来的废水、废气、废渣、粉尘、辐射、噪声、热量、震动、地面下陷等侵害非常频繁，调整土地利用人之间的无形侵害，尤其是不可量物的侵害，解决土地利用人之间的纠纷，来促进公益，尤为重要。

但是相邻权不是一项独立的物权，而只能是因不动产的所有或占有而享有的、目的在于维护其所有权或占有权利的正常状态的附属性物权，是不动产所有权和其他占有权利的必然延伸。因此对相邻权的侵害，一般并不称之为侵害相邻权，而是直接称之为对所有权或者不动产的占有权利的侵害，

2. 权利滥用及其界限

所谓权利滥用，有三种说法：一种是本旨说。这种观点认为，权利滥用是指权利人行使权利违反法律赋予权利之本旨（权利之社会性），因而法律上不承认其为行使权利之行为。第二种是界限说。这种观点认为，权利滥用是指权利行使必有一定的界限，超过这一正当界限即为权利之滥用。第三种是目的与界限混合说。这种观点认为，权利滥用是指逸出权利的、社会的、经济

① 转引自孙宪忠：《德国当代物权法》，法律出版社1998年版，第195页。

② 张鹏、曹诗权：《相邻关系的民法调整》，载《法学研究》2000年第2期。

的目的或社会所不容许的界限之权利行使[①]。随着立法、判例和学说的发展，只要故意损害他人利益、违反经济目的、违背公序良俗、违反诚实信用原则，损害他人或社会利益超过权利人所得利益，超过社会容许的限度，都构成权利的滥用。[②] 由于禁止权利滥用是禁止损害他人和社会公共利益以及超过社会容许限度的权利行使，既可以限制权利的扩张，又可以限制权利的侵入，因此可以调整相邻的土地利用人之间的利益关系。

土地利用中利益关系的调整是通过规范双方权利义务、调和两者的利益关系实现的，但是涉及到救济问题时，仍然在忍受义务和权利滥用之间有一个界限。因为物权尤其是所有权，是权利人直接支配标的物以享受其利益的排他性权利，如果每个物权主体过分强调其对土地的排他性权利，必然使彼此之间的冲突增加。但是如果过分强调土地利用人对相邻不动产影响的忍受，那么可能会阻止土地价值的实现，不利于社会经济的发展，显然与公共利益也是相违背的。因此，于物权法迄今为止的发展史上，常常发现如下之情况：即一方面宣示所有人得自由使用、收益、处分其所有物，并排除他人干涉。但另一方面，因基于对共同利益的维持，却不得不规定，“如他人之干涉无碍其所有权之行使者，不得排除之”以资因应。因此在不可量物的侵害上，“其侵害非重大者，物权人不得请求排除侵害；反之，其侵害为重大者，物权人得请求排除侵害的排除”[③]。侵害是否重大有一个判断的标准，一般受害人在以下三种情况下需要忍受[④]：第一，未

① 汪渊智：《论禁止权利滥用原则》，载《法学研究》1995 年第 6 期。

② 王明远：《环境侵权救济法律制度》，中国法制出版社 2001 年版，第 48 页。

③ 陈华杉：《德国相邻关系制度》，载《民商法论丛》（第四卷），法律出版社 1995 年版，第 306 页。

④ 陈华杉：《德国相邻关系制度》，载《民商法论丛》（第四卷），法律出版社 1995 年版，第 306 页。

有侵害或即使有侵害而非本质的侵害。有学者认为，所谓本质侵害，乃指因超越了与社会性相当的相邻共同体关系的妨碍而导致的身体不快。由于本质的侵害通常以客观的、平均人的感受作为基准加以判定，因此，本质的观念将随社会对于被害者的保护意识、环境的变化及居民的意识变化而不断变动。第二，即使有本质的侵害，但此侵害乃是在该地域进行通常的土地利用而生（场所的惯常性）。所谓场所的惯常性上的利用，指特定地域中的某特定土地以外的土地的多数所有者所采取的利用方法。也就是说，在决定是否存在惯常性利用时，应着重考虑该地域的“特质”，另外还应考虑加害地利用的种类、利用的程度、侵害的程度。第三，加害者对其所造成的损害不能采取经济上可期待的防止措施。可阻止或减轻危险发生的技术设施，对于加害者而言，从其给付能力与经济状态上可行。即便是超过容忍限度的侵害，也不是一味地适用侵害排除，对超过一般正常人所能忍受之程度，双方土地之使用都符合土地利用之惯行性，并且侵害也非由特殊管道产生的重大侵害，受害者可以行使衡量补偿请求权，得到损害赔偿。而且侵害是否重大仍须视土地利用情况及社会一般保护意识而定。

四、利益衡量方法与土地利益冲突的解决

（一）利益的分等与定级

在土地利用的侵权案件中，法院一般依据利益衡量的原则对双方的利益纠纷进行裁决，但是由于双方利益不是单一类型，具有多元化的特性，因此在适用利益衡量可能需要在不同的利益类型中进行选择，在各种利益之间进行价值判断，并排列一个先后的顺序，以便在衡量时，确定一个选择的方案。那么在各种利益之间是否存在一个等级呢？回答是肯定的。博登海默认为：“凭据哲学方法对那些应当得到法律承认和保护的利益作出一种普遍

有效的权威性的次序安排。然而，这并不意味着法理学必须将所有利益都视为必定是位于同一水平上的，而且任何质量上估价都是行不通的。例如，生命的利益是维护其他利益（尤其是所有个人利益）的正当前提条件，因此他就应当被宣称为高于财产中的利益。健康中的利益似乎在次序上要比享乐或娱乐的利益高。在合法的战争情形下，保护国家的利益要高于人的生命和财产。为了子孙后代而保护国家的自然资源似乎要优越于某个个人或群体通过开发这些资源而致富的欲望，特别是当保护生态的平衡决定人类生存之时。上述最后一个例子表明，一个时代的某种特定历史偶然性或社会偶然性，可能会在社会利益中规定或强制指定某些特殊的顺序安排，即使试图为法律制度确立一种长期有效的或刚性的价值等级序列并无什么助益。"①

因土地利用而产生的环境侵权，涉及到的利益是多样化的。作为加害方，可能表现为经济利益，而作为受到损害的一方，可能涉及生存、身体健康、精神、财产、环境利益。当经济利益与其他利益之间发生冲突时，利益衡量是有限度的。在一些情况下，法院不能进行利益衡量。例如对生命权、身体健康权受到或可能受到侵害的情况，"环境侵害排除理论和实践上均认为生命权、身体权和健康权的保护具有绝对性，根本没有适用利益衡量原则的余地"②。当经济利益与精神利益、财产权益之间发生冲突的情况。如果造成单纯的精神痛苦、财产损失，只要没有影响到受害人的生存，就可以适用利益衡量原则，就环境侵权损害行为的公益性、遵守公法义务的情况、土地利用的先后关系、受害

① E. 博登海默：《法理学、法律哲学与法律方法》，邓正来译，中国政法大学出版社 1999 年版，第 400 页。

② 王明远：《环境侵权的救济法律制度》，中国法制出版社 2001 年版，第 58 页。

人回避的可能性加以平衡。当经济利益与环境权益发生冲突的情况，环境权益作为私权是否可以请求予以保护，法院的意见不能一致。

（二）相关因素的考虑

利益衡量的主体是法官。“利益衡量将法官上升为社会公共利益和个人利益冲突的协调者和仲裁者。法官通过利益衡量，判断何者利益更为重要，最大可能增进社会的整体的利益。”① 在对法律进行解释和适用的过程中，法官在作出利益衡量时需要考虑许许多多的因素，需要在许多的因素中进行取舍，并作出价值判断。就具体的环境侵权案件来说，需要根据个案综合考虑的因素一般来说大致有以下几个方面：（1）受害利益的性质及其程度；（2）侵权行为的性质和程度，如侵害行为是哪一种，是否符合排污许可证的要求；（3）侵害行为的公益性；（4）加害人是否采取必要的污染防治措施，是否经过环境影响评价。在这些因素中，对侵害行为的公益性的考虑可能是我们遇到的最难以处理的问题。法院常常偏向于保护能带来经济效益的产业活动，拒绝受害人排除侵害的请求权，使受害人的利益得不到保障。

利益衡量方法并没有一个固定不变的模式。由于法官的知识、素养和价值观起着重要的作用，使得这种利益衡量的结果具有很强的个人因素，面对同样的案件、解决同样的问题，不同的法官运用利益衡量方法后可能得到不同的解决方案。例如，先占权是一些法院考虑的一个因素。如果当原告利用土地时，被告已经在那里，法院可以使用先占权否认对原告的救济。不过，法院并没有将先占权作为被告免除责任的绝对理由，他们只是将先占权作为一个因素，以平衡各方的利益，决定是否救济原告。这里

① 甘文：《行政与法律的一般原理》，中国法制出版社 2002 年版，第 135 页。

存在几种情况：

第一，原告无不良动机的情形。如果原告在“走近妨害”时知道妨害的存在，即如果原告为寻求禁令“走近妨害”，法院将不予支持。这是因为先占权源于平等原则，土地利用法对任何土地利用者基于平等的保护，如果原告明知会造成妨害而“走近妨害”，法院就会怀疑原告的行为的正当性。

第二，原告应当知道。如果原告在工业区建房，而且这一区域明显不适宜居住，法院也不会救济“走近妨害”的原告。

第三，原告可能知道而且应当知道的情形。如果在原告建房时该区域可能发展成工业区，而后来发展成为工业区。法院也不对原告提供救济。因为原告应当知道那个区域将来可以发展成工业区，因为“在一个不断发展的社区，变化是难免的”。

对“走近妨害”的原告拒绝救济的规则也有值得推敲的地方。如果法院适用这一规则拒绝对妨害救济，那么在时间上的一个偶然的优先将决定那个区域将来的发展。先到的妨害将对周围区域构成一种威胁而保存下去，即使他与该地区将来的发展不相适应。

土地利用妨害案中的利益衡量会出现不同的情况。如果在这些案例中土地用途已经决定，妨害发生地区域的性质可以帮助解决禁令的问题。如果法院认为地区是居住和工业混杂，它可能基于平等保护的原则，不采取颁发禁令的方式。另外土地利用的类型是否构成妨害的决定往往与赔偿的决定交织在一起。

（三）利益最大、牺牲最小

对土地利用纠纷中双方的利益进行评估，并考虑各种相关的因素，在两者的利益纠纷中作出裁决，其结果并不是要在两者之间进行一种非此即彼的选择。如果考虑到侵权行为的严重性、持续性、危害性，支持受到生命、健康、财产侵害的、处于孤立和弱势地位的一方，势必会使各种生产经营活动废止，甚至影响整个区域乃至国家的经济发展，无法满足整个国家居民的物质需求；如果考虑地方经济的发展，忽视对人们基本的生命健康财产权利的保护，不仅有失法律的公平正义，也无法维护法律的权威，更有甚者会导致严重的环境污染事件，导致社会的动荡和不安。因此，在对双方土地利用纠纷进行利益衡量时，任何择一的选择，都不可能达到一个很好的结果，需要在两者之间作一个调和，在两个利益间排列出一个先后顺序，以确定优先的利益应该在什么范围内予以保障，让位的利益应当在什么范围内作出牺牲，因此利益衡量的目标不是减少污染，而是追求最合适的污染量，既使企业的产值达到最大化，企业的利益得到一定程度的满足，又使其他人生命、健康等权利得到保护。“利益衡量的最终结果应尽可能最大限度地满足各种相关利益要求，在就冲突的利益主张给出的妥协方案中，应在确保优位利益的同时把让位利益的牺牲降低到最小限度。也就是说，法律应当促进相关利益的最大化整合，或者保证对某些重要利益的维护与对其他利益的最小牺牲之间寻求接近最佳的平衡点。只有这样，我们才能得到一个比较合理的、具有说服力的、可以接受的利益衡量决策，即便在如何接近这种利益整合状态的细微问题上仍然可能存在一些不同意见。”① 为了使利益衡量的目标得到实现，各国的法律制度在救济方式上作出了规定，如德国的民法中规定在侵害不是很重的情况下，为维护双方的发展，被害人必须承担必要的容忍义务；在侵害虽重大，但基于利益衡量，令受害者忍受，但以衡量补偿请求权代替；损害重大，而侵害活动又不具备补偿请求权成立要件的情形，适用排除请求权制度。

① 沈岿：《平衡论：一种行政法认知模式》，北京大学出版社 1999 年版，第 258 页。

五、土地利用中利益衡量方法的限制[①]

利益衡量方法可以通过法官在具体案件中对法律的解释和适用灵活地解决利益矛盾和冲突。但是这种方法受到许多因素的影响，在土地利用中适用时常常因为变数太多而会出现不同的结果。

（一）预期妨害

由于多数妨害是由于一种土地利用类型所处位置不合理而对周围土地造成损害或侵害，法院在判断是否妨害时一般以产生妨害的土地利用类型是否与周围区域相一致来作出决定，因此法院不会对预期的妨害颁发禁令，在预期的妨害案例中不存在利益衡量的问题，除非原告提供确切的证据证明这种使用将对那一个地区构成妨害。司法不禁止预期妨害也反映出司法不愿意因为原告的担心或理解来禁止妨害。

许多预期妨害案例发生在空闲的未开发地区，由于那个地方的土地用途没有确定，新来的居住者会发现他们是在“走近妨害”。在这里法院很难对一致性问题作出判断，如果居住者以妨害与后来的发展不一致为由起诉，法院对于先占有土地的权利人不会颁发禁令。法院一般的做法是依据案件事实，对原告的利益与被告的费用进行平衡，责令造成妨害的人对居民提供补偿。然而对于居民来说，补偿只是对先前损害的一种救济，不能解决以后可能继续存在的损害。这样一来，可能的结果是，法院可以提出让先占有土地的权利人搬迁，而后来的居住者对搬迁者所遭受的损失进行必要的补偿。

对于没有制定综合分区的开发地区，也存在类似的利益衡量

---

① Daniel R Mandelker（1988），*Land Use Law*，Second Edition，The Michie company，p. 107.

问题。不过这里有一个例外。在一个案例中，原告的要求在分区法的决策中没有得到支持，而后向法院要求以预期妨害禁止采石厂作业。由于分区法没有生效，法院认为颁发禁令将决定将来这个区域的土地利用状况，使法院的裁决影响到“分区的争论”，因此法院拒绝了原告的申请。

（二）工厂对居住区的妨害

虽然侵权救济在工厂对居住区中应用广泛，但是在许多案例中，利益衡量的结果对原告不利，这里的原告可能是一个居民，而试图禁止对一个社区产生巨大经济利益的工厂。土地利用侵权法中的不确定性内容部分由原告寻求司法救济来解决。如果法院认为侵权利用是妨害，而其方法的改进也不足以减轻损害，法院也难以作出决定。因为颁发禁令会使被告遭受根本性损失，不颁发禁令将剥夺原告的排除持久干扰、寻求救济的权利。损害赔偿金可能是足够的合法的救济，但不能给予原告免除继续干扰的救济，损害赔偿的救济仍给居住地留下持久的损害。原告可能更倾向于禁令，可能要求造成妨害的土地权利人搬迁，但是法院不会自动地满足其要求。法院只在利益平衡之后，禁令可行时才授予禁令。如果工厂的搬迁将对社区带来严重的经济损失，法院一般不会颁发禁令。

通常，法院在这些案例中进行利益平衡时考虑一些因素，例如损害赔偿金的可行性和可得性；被告的经济影响和被告人利用行为的公益性；被告是否采取必要的防止损害发生的措施；受害利益的性质和程度等因素，并相应地在侵害的排除上利用“中间排除侵害”、“部分排除侵害”和“代替排除侵害的赔偿”为原告提供救济。

由于分区法的采用，侵权法在解决土地利用纠纷中的重要性已经降低。妨害法在分区法实施没有优势的时候仍然可以适用，如果原告可以取得禁令，法院可以命令没有补偿地搬走，原告也可以得到因妨害造成的损害补偿金。

（三）商业利用产生的妨害

当原告试图禁止居住地邻近地区的商业利用时，侵权行为的物质基础导致一个复杂的结果。商业利用通常不是物质损害。如果居住区的居民想以侵权为由禁止土地的商业利用，他就必须提供其他有形侵入的证据。有两个案例显示了这种复杂的结果。一个案例中居民要求禁止在居住区内修建超市，他们声称超市的停车场和顾客产生的交通拥挤将构成妨害。他们还认为超市的灯光也构成妨害。可是法院否认妨害，部分原因是因为超市的妨害是一种预期的妨害。而在另一个案例中法院颁发禁令，禁止在居住区修建一家饭店，支持了关于交通、气味、光等干扰构成妨害的观点。此外，对居民区设置的车站是否为妨害的问题也是复杂的。

（四）观念的侵害

“观念的侵害”是在德国相邻关系制度中的概念，它是指“被害地之外的、给予被害地以影响并使其价值减少的未有‘美的感受’的情形。具体包括娼家及野外水浴场、性用品商店、尸体停置场、住宅地域的卡拉 OK、废铁、铁屑、垃圾、建筑材料贮藏场。凡此等等，大抵有给邻人羞耻心等心理侵害的可能，或者至少有给予身体上的非快适的侵害”[①]。在早先的判例中，只有“精神的感受性”被侵害的场合，一般法院认为妨害者无须考虑其未超出土地境界线的观念行为是否会对他人土地利益造成损害，不过随着学说和判例的发展，一些学者主张观念侵害应当适

① 陈华杉：《德国相邻关系制度》，载《民商法论丛》（第四卷），法律出版社 1995 年版，第 278 页。

用有关不可量物制度的规定，“亦有相当数量的学者认为，基于对被害者的一般人格权的保护，对观念的侵害加以禁止无疑有其可能性”①。

美国不存在这一概念，与之相对应的是美学妨害、场所妨害、人的妨害②。美学妨害的典型案例是汽车废品站的妨害问题。早期法院认为汽车废品站不构成妨害，后来在一个有代表性的废品案例中，法院确认汽车废品站是视觉侵犯，而不是物质侵害，提出了美学问题。判决书说“视觉的侵犯严重地影响合理享受家庭的社区居民的居住，可能对财产价值的降低有决定性的作用。”“只要存在对社区居民的一般的人的视觉构成侵犯”，法院应该采取行动。

司法很少禁止商业使用使人联想起建在居住区的殡仪馆。殡仪馆通常安置在建好的居住区和建筑内，不会在通常的基础上增加交通量，外观上也吸引人，也不会产生噪音或干扰，尽管具有这些特征，大多数的法院仍然作为一种预期妨害禁止在居民点修建殡仪馆。殡仪馆案例通常表明它是一种与通常的商业利用不同的妨害。它们侵犯了邻近居住区域的整体性，干扰了邻近区域的安静生活，而且追悼者、去去来来的灵车和送葬者使周围的人感到沮丧。当邻地明确为居住地时，大多数法院禁止建殡仪馆。殡仪馆案例是法院在居住地运用妨害原则的一个例外。殡仪馆没有食品店产生的物质上侵犯，造成交通影响的情况也少，外观上也不存在不愉快的地方，因此大多数殡仪馆案不属于美学的妨害类型。这一案例作为特例的一种解释是，禁止殡仪馆妨害的决定可

① 陈华杉：《德国相邻关系制度》，载《民商法论丛》（第四卷），法律出版社1995年版，第279页。

② Daniel R Mandelker（1988），*Land Use Law*，Second Edition，The Michie company，p. 107.

能更多地反映司法对私人品位和期望的认可，即将邻近居住区作为生存者的地方，而不是死者的地方。

如果死者对邻地居住构成妨害，那么法院应该如何对待可能对邻居有威胁的、有犯罪前科的人或精神疾病的人？一些案例中，法院开始考虑采取行动禁止在居住区这样的地方从事可能产生这种类型妨害的土地利用。像殡仪馆一样，这些利用类型建在居住区，不具有导致法院禁止妨害使用的有害特征。对于这类问题，法院在经过利益衡量后采取的措施是不同的。有些法院的观点与其他禁止预期妨害的案例一样，认为不能仅因为邻近人的害怕和忧虑而颁发禁令，如果以后发生了干扰事件再颁发禁令。其他一些法院则对这种可能发生预期妨害的土地利用类型颁发禁令。

第二节　土地管理中公私益失衡的补救

一、概述

随着现代经济的发展，土地利用中的侵权，尤其是环境侵权救济越来难以适应新情况发展的需要。利益衡量虽然在一定程度上解决了问题，但是发挥的作用仍然有限，因此直接对土地利用的行政管理成了土地利用法的核心。这种直接的行政管理在土地利用规划的基础上，利用土地利用分区，将各种土地利用类型分开，避免土地利用混杂所造成的侵权行为的发生，同时依据土地管理法的规定对土地开发利用的情况进行管制，规范和引导土地利用活动，从而尽量减少各种土地利用所造成的不良影响。因此土地利用的行政管理与土地民事侵权救济有着明显的不同，前者是对土地利用矛盾和冲突的一种事先预防，而后者则是土地利用者之间利益矛盾激化的情况下，对致害行为的一种限制和禁止。

在公共利益实现的过程中，行政具有两个方面作用：一方面，限制个人的权利，"籍法律公益之规定，授权或拘束行政机关采取防止公益被侵犯的情势发生"。另一方面，"行政机关复可由法律授权，积极行使增进公益之行为"[①]。相应地，行政行为有三种可能的结果：一是违法行使职权侵害相对人的合法利益；二是合法行使管理权，但是对个人合法利益造成损害；三是因疏于管理致使个人得益，而公共利益受损。在土地利用中，土地利用人必须向土地行政管理部门提出用地申请，在得到批准之后才能进行相关的土地开发利用活动。行政机关则要依据土地利用规划、土地利用计划、土地利用分区进行审查决定是否颁发土地规划许可证及土地使用条件。土地利用者取得许可证之后，土地行政管理部门还要对土地利用者的土地利用行为进行监管，确保土地利用者在开发利用活动过程中履行义务。如果土地利用者没有申请而擅自改变土地使用条件的，依法还应受到行政机关的处罚。由此可见，土地行政管理活动涉及到土地利用人开发利用土地的每个过程和环节，其目的是保证个人利益不侵害公共利益，使个人利益与公共利益保持一致。如果行政机关依法应当作出一定的行为，制止某些个人和组织违法占用土地和滥用土地的行为而没有作出，这时相对人就会获取了自己利益而损害了公共利益；反过来，如果行政机关为了实现公共利益，要求土地利用人承担义务时，却违法行使职权，搞权钱交易，利用审批权随意增设相对人的义务，就会直接侵犯土地利用人的个人利益。当然也存在行政机关合法行使职权对相对人合法权益造成损害的情况，

① 陈新民：《德国公法学基础理论》，山东人民出版社 2001 年版，第 197 页。

如由于情况发生变化，需要收回依法取得许可证的土地利用人的土地使用权，或者由于土地利用分区改变，对土地利用人的土地使用位置进行调整等等。在诸如此类的情形下，行政机关的行为都会造成土地利用中的公共利益和个人利益之间失去平衡。因此，我们除了依据行政法来规范行政机关的行为之外，还应在行政机关失职、违法和其他造成公私益失衡的情况下采取补救措施。

二、土地用途管制中行政不作为的司法救济

关于行政违法的种类，对其分类的方法很多，我国《行政诉讼法》将具体行政行为的违法形式概括为六种类型：（1）主要证据不足；（2）适用法律法规错误；（3）违反法定程序；（4）超越职权；（5）滥用职权；（6）不履行或拖延履行法定职责。在这里，主要谈谈行政不作为导致公共利益受到侵犯的问题。

（一）行政不作为的内涵

行政不作为是相对于行政作为而言。对于行政不作为的界定，目前来说有两种观点：一种观点从行政主体和行政相对人的角度来界定行政不作为，认为“行政不作为是指依据公民、法人和其他组织的合法申请，应当履行相应的法律职责，却不履行或拖延履行的一种行为方式”，“行政不作为是指行政主体依行政相对人的合法申请应当履行，且能履行相应的法定职责，但却不履行的行为方式”①。一种观点从更广泛的意义上来解释行政不作为，认为“行政不作为是指行政主体及其工作人员有某种作为的法定义务，并且具有作为的可能性而在程序上逾期不为的行为”，行政主体的行政不作为不仅表现为对行政相对人的合法权益的侵

① 朱维究：《行政行为的司法监督》，山西教育出版社 1997 年版，第 343 页。罗豪才：《中国司法审查制度》，北京大学出版社 1993 年版，第 168 页。

犯，也表现为行政不作为使行政相对人获得不当利益而使公共利益受到侵犯的情况[1]。笔者比较倾向于后一种观点。对于行政不作为的含义，我们可以从以下几个方面把握：

第一，行政不作为的主体是土地行政主体，或者土地行政主体委托的组织。两者间的区别在于，前者是行政主体，可以独立地承担责任，而后者只是前者委托的组织，其实施的行政行为的责任由委托的行政主体来承担。

第二，行政不作为是对行政作为义务的不履行。这种作为义务是一种法定义务，来源于法律的明确规定，包括实体上的行政义务和程序上的行政义务。法定的行政作为义务主要来源于五个方面[2]：（1）法律直接规定的作为义务。这种法律正面规定的行政作为义务只能来源于狭义的义务性法律规范、禁止性法律规范或授权性的法律规范都不能正面体现行政作为义务。（2）法律间接体现的行政作为义务。所有授权性的法律规范均隐含行政主体的职责，其中很大一部分是行政作为义务。另外，行政相对人行政法上的权利义务规范，也隐含行政主体的行政职责，从而包含行政作为义务。（3）行政法规、行政规章以外的行政规范性文件规定的行政作为义务。（4）先行行为导致的作为义务。行政主体为了减少因损害相对人合法权益而承担的作为义务。（5）合同行为所引起的作为义务。行政主体因订立行政合同所产生的行政义务。行政作为义务还应当是一种现实的义务，不是一种抽象的、泛指的义务。现实的作为义务是具体条件已经产生，具体对象正在实施违法行为，行政主体必须立即履行的作为义务。

第三，行政主体可以实施相应的法律行为。行政主体具有相

① 周佑勇：《行政不作为判解》，武汉大学出版社 2000 年版，第 114 页。

② 朱新力：《行政不作为违法之国家赔偿责任》，载《浙江大学学报（人文社会科学版）》2001 年第 2 期。

应的法定义务，只是构成行政不作为的一个条件，如果存在阻碍其实施行政行为的客观因素，导致行政主体不能作出相应的行为，那么行政不作为是不成立的。这种客观因素就是不可抗力或意外事件。如果行政主体主观上愿意去作出行政行为，但是由于客观上的一些不能预见、不可抗拒、不能避免又不能克服的情况，导致不能履行自己的职责，就不构成不作为。因此，行政不作为是行政主体客观上可以去做而没有做的一种情况。

第四，行政主体没有在法定的期限内或合理期限内作出相应的行为。行政主体不履行法定职责表现为，行政主体超过了法定的期限或合理期限，主观上没有作出任何意思表示。如在土地利用人有违反土地用途管制，变更土地用途、改变土地利用开发强度的情况下，行政主体没有及时地予以制止。

（二）土地用途管制中行政不作为的原因分析

行政主体的不作为问题在土地用途管制中表现突出。土地用途管制的目标是实现使土地权利人在土地利用过程中承担一定的义务，从而使个人在追求个人利益时不损害公共利益。如果在土地用途管制中行政主体没有履行自己的作为义务，就可能使公共利益遭受损失。土地用途管制中行政不作为的主要原因在于：

1. 利益的驱动

地方政府、地方政府的职能部门及其工作人员在土地中都有自己的利益（见本书第二章），因此在缺乏监管的情况下，土地管理者和利用者之间经过博弈后利益达成一致，致使管理者对违法用地的行为不予处理。

2. 法律规范的不完善导致管制效率的低下

法律行为是法律对主体行为的规范，而法律规范是立法者理性思考的结果，因此法律规则的制定影响到法律行为制度的功能。如果法律的规定不能用来解决和处理具体的事件，那么法律对行为的调整和规范就得不到其预期的效果。我们知道，作为土地用途管制依据的规划和分区不可能明确具体到每一地块，并确定每一地块的具体要求和限制条件。但是如果规划对这些不能作出明确的规定，而又没有其他的举措如土地使用协议加以补充，那么行政人员在判断哪些行为违法并进行管制时就非常困难，因为“损害、流失、衰退大部分是主观的概念，根据这些主观的概念很难达成统一的意见。不同的人观点不同，人们根据这些不同的观点观察流失、损害或衰退，这些观点取决于个人的不同价值体系”①。而且这些问题通常不是某一次土地不合理利用行为造成的，它是反复多次、长期累积的结果，土地荒漠化、盐渍化有一个渐进的发展过程。如果法律规定不具体，管理人员在判断土地利用人的行为是否构成违法时就享有很大的自由裁量权。而“对于政府和司法官员腐败问题严重的国家来说，使用自由裁量余地大的不精确标准还会导致更多腐败的可能性”②。

3. 管制不力或疏于管制情况下司法救济不足

土地管理部门承担的是维护土地利用中公共利益的职能，除了积极地促进土地公共利益实现外，还可以依法制止个人或组织危害公共利益的行为。如果行政机关管理不力或疏于管理，公共利益受到侵害的可能性就会更大。行政部门的职能是维护公共利益的，但是执法者没有明确具体的法律依据强制权利人履行义务，这时由法律行为构建的制度体系实际上将个体行为合法性的判断交给了司法部门。但是，由于我国在行政诉讼上存在受案范围小和诉讼条件的限制，致使许多污染和破坏土地资源的案件难

① A. S. 马瑟：《土地利用》，国土局土地利用规划司译，中国财政经济出版社1991年版，第191页。

② 沙弗尔：《“规则”与“标准”在发展中国家的运用》，李成钢译，载《法学评论》2001年第2期。

以进入到司法程序，使违法使用土地的行为逃脱了法律的制裁，弱化了法律的效力。

（三）司法补救的作用

土地用途管制是对土地利用作出许可并监督、检查、跟踪管理直至追究法律责任的一种法律制度。行政不作为一经成立，就必定是一种违法行为。我们除了在完善土地利用法律规范，在土地使用协议中明确土地利用者的义务以外，还需要公民、法人和其他组织对损害公共利益的行为提起诉讼，通过司法审查弥补行政管理的不足。

在土地利用中，土地用途管制中的不作为其实并不是仅仅表现为对公共利益的侵害，还表现为对个人利益的侵害。当土地利用人污染和破坏土地，侵害个人利益或者同时侵害个人利益和公共利益时，受到直接侵害的人可以提起私益诉讼抑制违法行为，实现对当事人合法土地利益的保护。但是在只有土地公共利益受到侵害时，则完全依赖于行政的积极作为。某一个负有公民意识和责任心的公民向行政机关举报土地违法行为，并不能促使行政机关去积极查处违法，也不能要求法院对于行政主体不予查处的行为进行司法审查。目前，我国对行政机关不作为造成的土地利用问题，主要依靠行政法制监督中的行政力量来纠正，通常表现为大规模的全国执法检查和治理整顿，只在出现严重后果构成犯罪时才由司法部门追究刑事责任。但是这种对土地违法案件查处的方式是一种急风暴雨似的集中治理和整顿，是在问题非常严重的情况下采取的非常规手段，不能促进土地利用正常秩序的形成。

其实，行政不作为对个人利益的侵害与行政不作为对公共利益的侵害本质上并没有什么不同，这一点我们从公共利益和个人利益的关系上很容易理解。公共利益和个人利益是一种对立统一的关系，公共利益与个人利益既相互独立，又相互包含。当行政不作为造成公共利益受到损害时，其实就是对享有公共利益的个人的损害。对个人利益的损害与对公共利益的损害在根本上是一致的，只要某个公民、法人或其他组织享有该公共利益，同样应当有权请求司法诉讼的救济。英美法中将损害公共利益的行政不作为纳入司法审查范围，也正是在这一基础上建立起来。[①]

行政诉讼起诉条件的放宽，确认非直接利害关系人的起诉资格可能会增加法院的负担。因此我国在行政诉讼法立法时，可能考虑到法院的承受能力和审判人员的素质，更多地重视行政机关的管理职能，而没有考虑到对行政行为的补救措施，使管理与司法之间出现脱节。当行政机关不履行作为义务时，行政公益诉讼可以诉请司法机关对其进行司法审查，监督行政机关依法行政。同传统的行政诉讼相比，行政公益诉讼扩大了诉权的范围，允许一些权利没有直接受到侵害的公民、法人和其他组织提起诉讼，不仅可以适应土地利用管理中个人权利本位观念向团体主义的社会本位观念的转变，同时也可以满足公民维护公共利益的需要，体现法律的公平和正义[②]。因此行政公益诉讼与现代法治的要求是一致的，对我国行政诉讼制度进行改革，建立行政公益诉讼制度是实现土地用途管制目标的一项重要的措施。

三、土地利用分区与司法审查

不仅具体行政行为存在违法的情况，抽象行政行为也存在违法的问题，在这里我们主要谈土地利用分区违法侵犯个人利益、群体利益的情形。

（一）土地利用总体规划和分区的法律性质

依据《土地管理法》的规定，土地利用总体规划由各级政府

① 周佑勇：《行政不作为判解》，武汉大学出版社 2000 年版，第 114 页。

② 王太高：《论行政公益诉讼》，载《法学研究》2002 年第 5 期。

组织制定，土地利用总体规划中划分土地利用分区。从制定的主体和权力运用来看，显然土地规划和土地分区是行政行为。但是属于什么类型的行政行为，是抽象行政行为还是具体行政行为，法律法规并没有明确。我国目前土地利用总体规划分为国家、省、地（市）、县（市）、乡镇五个级别，不同级别的土地利用总体规划和分区有不同的效力范围，不同的土地利用总体规划和分区针对的对象在数量上也有很大差别，因此在一定程度上，人们很容易模糊其性质。

抽象行政行为与具体行政行为的分类是学者为了研究方便而对行政行为的划分，最初并没有特殊的意义。但是当《行政诉讼法》规定行政诉讼的受案范围只限于具体行政行为时，两者区别的意义就不一般了。这就意味着如果行政机关作出的是具体行政行为，那么法院将对之进行审查，可以撤销或变更违法的行政行为；如果行政机关的行为是抽象行政行为，那么法院将无法审查其合法性，因而监督和制约行政机关的权力。在这种情况下很多行政机关常会有意或无意地以抽象行政行为形式作出具体行政行为。但是什么是抽象行政行为，什么是具体行政行为，法律法规并没有进行明确界定。依据最高人民法院的司法解释，具体行政行为是指行政主体在行政管理活动中行使行政职权，针对特定的公民、法人或者其他组织，就特定的具体事项，作出的有关该公民、法人或者其他组织权利义务的单方行为。尽管不少学者对这一解释提出质疑，但是一般认为抽象行政行为和具体行政行为的区别主要体现在行为对象、效力和功能方面。抽象行政行为所针对的是不特定的对象，包括不特定的人和事，具体行政行为则针对的特定的人和事；从行为效力上看，抽象行政行为的效力及于以后所发生的事，且可以反复适用，而具体行政行为则只对已往或已发生的事件发生法律效力，且只能一次性适用；从行为的功能上说，抽象行政行为设立行为模式，对相对人权利义务的影响是可能性，没有产生实际的效果；而具体行政行为则是实现行为模式，是对相对人权利义务直接的影响。

从抽象行政行为和具体行政行为的区别，我们可以辨别土地利用总体规划和分区的性质。首先，土地利用总体规划和分区的对象是区域范围内的公民、法人和其他组织。从对象上来说，不是指某一个个人或组织，而是所有可能利用土地的个人和组织，包括现在或将来某一段时间内的土地利用者，不具有特定性；从行为的效力上看，土地利用规划和分区是对以后的土地利用进行总体的安排和布局，可以反复多次适用，不是对某一个人或组织只运用一次的行为；从行为的功能上看，规划和分区只是对将来土地利用作出的安排，并没有产生实际的效果。在土地利用总体规划和分区颁布实施后，土地利用者的申请必须满足土地利用规划和分区的要求才可能得到批准，土地利用者的开发利用行为必须遵守土地利用规划和分区的要求。因此土地利用规划和分区是抽象行政行为。

有的学者提出，土地规划是行政规划的一种类型，与行政立法是有区别的。行政规划具有与行政立法或准立法共通的一面，但是行政规划与行政立法不同，“行政立法是一般性假设命题式规定，即具备如何如何的要件便采取如此如此的行为；而行政规划是设定具体行政目标的活动。即其必须以具体的现实情况为基础，并且对现状要有正确的认识，考虑到可以动员、利用的行政及财政上的能力，描绘出经过一定期限，一定努力，可以达到的具体目标”①。确实，土地利用规划设定具体的行政目标，但是这些具体的行政目标是需要通过无数的具体行政行为来实现的。

---

①　姜明安主编：《行政法与行政诉讼法》，高等教育出版社/北京大学出版社1999年版，第210页。

至于假设性命题，土地规划中同样包含，即土地利用必须满足土地利用规划和分区的具体要求，如果没有满足则要承担相应的法律责任。因此仅以行政目标具体不足以得出土地规划是具体行政行为的结论。

（二）土地利用规划和分区司法审查的必要性

对违法抽象行政行为的救济，我国目前主要是通过人大的立法监督和上级行政机关监督等非诉讼的方式予以解决。依据我国现行宪法以及地方人民代表大会组织法的规定，各级政府应当由人民代表大会实施监督。全国人大常委会有权撤销国务院制定的同宪法、法律相抵触的行政法规、决定和命令；县级以上地方人大常委会有权撤销本级人民政府不适当的命令、指示、决定、规章。不过这一监督的效果并不理想，“人大对于政府及其部门制定行政法规、规章并没有真正掌握事前监督、审核、备案的主动权”[①]。上级机关的监督主要是对违法抽象行政行为的撤销和备案审查、法规清理。由于这种监督仍然属于政府机关系统内部的监督，难以真正实现对行政权力的制约。虽然我国的行政复议可以对抽象行政行为进行审查，在《行政复议法》中规定：“公民、法人和其他组织认为行政机关的具体行政行为所依据的下列规定不合法，在对具体行政行为申请行政复议时，可以一并向行政复议机关提出对该规定的审查申请：（一）国务院部门的规定；（二）县级以上地方各级人民政府及其工作部门的规定；（三）乡、镇人民政府的规定。”但是“这种审查是一种间接、附带的审查制度，从而使得其对抽象行政行为所发挥的监督功能也只能是很有限的”。[②]

① 李一帆：《人大在立法中的主导地位事关立法公正》，载《瞭望》2004 年第 7 期。

② 周佑勇：《行政法原论》，中国方正出版社 2000 年版，第 350 页。

那么目前我国人民法院对抽象行政行为的审查又如何呢？目前我国人民法院只能对规章及其以下的规范性文件决定适用或不适用的权力，不能对此予以撤销，因为根据现行的《行政诉讼法》第二条的规定，法院只受理对具体行政行为不服提起诉讼的案件，而无权审查行政机关的抽象行政行为。

但是在实践中，抽象行政行为违法的现象很普遍。就拿土地利用分区来说，一方面土地利用分区规定土地可开发利用的类型，直接影响开发的收益和买卖交易的地价，另一方面，土地利用分区是土地用途管制的依据，如果不遵守土地利用分区要求，则构成违法，要被追究法律责任。因此土地利用分区直接影响当事人对土地的占有、使用、收益和处分权利。虽然在实践中当事人可以以用途管制违法侵犯当事人的权益提起诉讼，但是土地用途管制是否合法是依据土地利用分区的要求来实施的，如果不对土地利用分区的合法性作出判断，显然无法对用途管制的合法性进行审查。即使某一个具体用途管制行为被撤销，但是作为具体行政行为依据的抽象行政行为依然存在，且正在或可能被反复适用，不能消除违法行为的根源。由于土地用途分区具有普遍性，影响的范围广，因此其危害远远大于具体的用途管制行为。

在这种情况下，将土地利用分区纳入到司法审查的范围非常必要。土地利用分区是依法进行用途管制的关键，土地利用分区的合法性直接影响到其他行政行为的合法性，如果土地利用分区本身存在不合法的因素，那么依法行政就无从谈起。因此将土地利用分区纳到司法审查的范围有利于消除错误行为的源头，更好地治本而不是治标；有利于对行政权力的制约，更好地促进依法行政；有利于保障公民、法人和其他组织的合法权益。

（三）将土地利用分区纳入司法审查的可行性

司法审查被认为是对行政行为，尤其是抽象行政行为监督的一种最有效的形式，许多国家将抽象行政行为纳入到司法审查的范围，如法国规定对抽象行政行为，除议会救济和行政救济手段之外，诉讼救济手段是最终保护公民权利和监督行政机关的方式，即公民对行政机关制定的条例不服，可以向行政法院提起诉讼。在英国，只有女王和议会的立法可以作为例外免受司法审查，行政机关制定的条例不享有特权。无论是行政机关的具体行政行为还是行政机关的抽象行政行为，只要超越了法定权限，法院都有权审查其合法性，并有权对违法行为宣布无效。在美国，行政机关的一切行为都在司法审查的范围之内，行政规章的效力必须符合两个条件，即制定规章的权限不得越权和行为的合理性，同时美国法律还规定对行政行为司法审查只有两种情况例外，一是法律规定不予司法审查的行为，二是行政机关的自由裁量行为。

那么我国对抽象行政行为的审查是否可行呢？多数学者持赞同的态度，认为对抽象行政行为的审查可以在更大范围内保护相对人的合法权益，督促行政机关依法行政。笔者对此予以赞同，理由如下：

行政诉讼法的宗旨是保护“公民、法人和其他组织的合法权益”，而土地利用的权利是一项重要的权益，与人民的基本需要和经济社会的发展密切相关。土地利用分区直接影响财产权人的收益，在公民的财产权受到侵犯时，行政诉讼应当在救济方面发挥作用，土地利用分区应当纳入审查范围。一般来说，行政诉讼受案范围的宽窄，不是立法者的一种偶然选择，而是依据国家的政治、经济、文化及法治状况对行政和司法的分工。如果一个国家的行政机关行使职权的状况优良或自我监督的机制比较完善，社会对行政诉讼的需求不普遍，行政诉讼的受案范围不可能扩大。另外行政诉讼的受案范围还取决于司法机关解决行政争议的能力。司法机关解决行政争议的能力通常受到几个方面的影响[①]：司法机关在整个国家机构中的宪法地位；司法机关在整个公众中的威信；司法机关对行政机关进行有效监督的可能性；司法机关的人、财、物的配置状况，人员达到的素质等，这些因素直接影响司法机关解决行政争议的能力，从而影响司法诉讼的范围。在我国行政诉讼法制定之初，由于考虑到我国的实际情况，确立了行政诉讼的范围[②]。应该说这些年来情况已经有了一些变化，应当可以逐步适当扩大行政诉讼的受案范围。更重要的是《行政复议法》自规定在对具体行政行为进行审查的同时，可以对一些抽象行政行为的合法性进行审查实施以来，已经在审查抽象行政行为方面积累了一定的经验，为今后诉讼审查抽象行政行为奠定了基础。同时当相对人对一些抽象行政行为受到审查的行政复议决定不服，向法院提起诉讼时，法院也不得不在审查具体行政行为时，对抽象行政行为的合法性进行审查。

（四）将土地利用分区纳入诉讼中需要解决的问题

1. 诉讼范围的问题

土地利用分区因政府级别不同而具有不同的效力。省、自治区、直辖市和较大市以上的地方人民政府制定的规范性文件属于行政规章，而较大市以下的地方人民政府所制定的规范性文件属于行政规范。笔者认为：应当将所有的土地利用分区纳入到司法审查的范围，法院对抽象行为审查的范围应当是规章及规章以下的抽象行政行为。理由很简单，无论是大城市还是小城市都存在土地利用分区。土地利用具有区域差异性，在土地质量、土地利

① 姜明安主编：《行政法与行政诉讼法》，北京大学出版社/高等教育出版社2001年版，第311页。

② 王汉斌在第七次全国人民代表大会上所作《关于〈中华人民共和国行政诉讼（草案）〉的说明》。

用方式、利用潜力、利用特点和利用方向上具有分异规律。比较而言，大城市的土地利用分区可能影响土地权利的范围更广，程度更深。如果只将规章以下的抽象行政行为纳入到审查的范围，势必使许多权利受到侵害的情况得不到救济。

我国《行政诉讼法》规定，法院审查行政案件可以参照规章，也就是说法院在审理有关土地利用分区的案件时，规章对法院没有绝对的约束力。法院通过审查，认为规章与法律、法规相抵触时，可以不予适用规章，而直接适用更高层次的法律规范，这说明《行政诉讼法》已经明确对规章的合法性的判断权。

对土地利用规划的审查，目前还不存在法律上的障碍。因为全国土地利用总体规划的制定主体是国土资源部，属于规章的范围。但是，如果由人大来制定土地利用规划的话，对土地利用规划的审查就会存在立法的问题。由于《行政诉讼法》规定法律和法规是法院判决的根据，法院对法律和法规没有审查的权力。在土地利用规划违反公共利益目标，侵犯公民合法权益的情况下，法院既不能撤销也不能不予适用，无法发挥作用。显然这对相对人的合法权益的保障非常不利。从法治的角度看，我们需要对《宪法》进行修改，将法律纳入司法审查的范围；修改《立法法》和《行政诉讼法》，将行政法规、地方法规纳入审查范围。不过，这一进程受到许多因素的制约。即便对于抽象行政行为，我们也只能是逐步推进。“从我国抽象行政行为的范围看，有必要对包括行政法规在内的所有抽象行政行为加以监督和规范，但从我国的法制现状及法规、规章在执法过程中所起的作用来看，将所有抽象行政行为纳入诉讼范围不太现实。”①

① 马怀德：《法院审查抽象行政行为势在必行》，载《检查日报》2001年8月8日。

2. 起诉资格的问题

谈到侵权救济，首先涉及到诉讼资格的问题。在美国的《标准分区授权法》中，原告可以是“间接受到侵害的人和任何纳税人”，几乎在所有的州包含“间接受侵害的人”的条款，只有少数州扩展到“纳税人”[①]。因此，行政侵权救济的原告通常是直接或间接受到损害的一切个人和单位[②]。在我国的行政诉讼法中，原告指“同提起诉讼的具体行政行为有利害关系的其他公民、法人或者其他组织”。笔者以为，土地利用管理，特别是土地利用分区涉及的范围较广，影响的范围大，如果将原告控制在一个较小的范围，不利于对土地权利人利益的保护，也不能明确行政主体的法律责任[③]。这方面可以借鉴美国土地利用法中的规定。具体来说，原告除了应该包括受到土地利用法直接影响的相对人以外，还应包括：

（1）邻近分区所在地的土地权利人。邻近分区所在地的土地权利人需要满足两个条件才能具备原告的资格。一个是土地权利人受到特殊损害，另一个是损害发生的距离。一般来说，可以认为在城市中邻近或靠近分区机构划定区域的土地权利人都可能受到特殊损害，可以享有提起诉讼的资格。不过这种损害必须是已经存在的损害，仅仅因为担心分区可能造成不利影响，例如担心住宅的发展、增加的交通量或美学损害，不构成特殊损害。因不相容使用而造成的特殊损害，仅仅发生在足够造成影响的范围

① 如果没有法令的授权，大多数法院对不享有受到分区法限制的土地财产权的第三人诉讼的权利。

② Daniel R Mandelker，*Land Use Law*，Second Edition，The Michie company，1988.

③ 行政主体的分区不仅影响分区内土地权利人的利益，也会影响到分区外土地权利人的利益。将原告限于分区内部，就会使行政主体只考虑到本区域内的利益，而对区域外部产生溢出效应。

内，如果邻近，但是并没有受到损害的土地权利人不具备诉讼资格。

对于不常居住或不住在邻近分区所在地的土地权利人，是否享有原告的资格，传统的司法实践持否定的意见，但是最近几年来的判例表明，不住在邻近分区所在地的土地权利人，有资格对城市分区提起诉讼。法院认为土地的价值“容易受到土地利用管理的影响，城市有义务听取和考虑临近的土地权利人的意见”。

（2）组织和协会。虽然一些法院认为组织和协会没有被授予“受侵害人”的资格，但是现在的趋势是授予这些组织和协会代表受害人的资格。例如美国高等法院的判例认为环境损害是足够的理由，环境组织有资格代表受到因土地的不合理利用造成不利环境影响的人，不过组织的代表资格要经过审查并予以确认，审查的标准是：受害者承担不利影响的能力；组织或协会公正地代表社区或它试图保护的利益。

（3）城市。一般法院确认城市对其分区委员会和计划委员会的起诉资格，但是当一个城市对临近的城市分区提出质疑时出现了问题。因为在这种情况下，除非城市所有的财产受到邻近城市分区的影响，当城市主张邻近城市土地利用增加其交通量、增加其交通控制费用等普遍意义的损害时，因为损害没有足够的证据，法院一般不予支持。不过也有例外。在一个案例中，两个城市对邻近城市批准露天电影院的行为提起诉讼，它们认为由于露天电影院的建立，造成他们财产价值的损失、增加了交通控制费用、空气质量变差等，使它们遭受特殊的损害。法院对它们的诉讼资格予以确认。

四、信赖利益的保护

信赖保护原则最早由德国联邦行政法院根据法律安定性原则以及民法的诚信原则推论而确立，随后，日本和我国台湾学者对此问题加以研究并得到了发展。之所以这一原则得到学者们的推崇，是因为“苟无诚信原则，则民主宪政将无法进行，故诚信为一切行政权之准则，亦为其限界”①。

（一）行政行为撤销或废止

信赖保护最初产生于行政行为的撤销问题上。以违法的建设许可为例，行政行为违反了法定的事由导致行政行为撤销。撤销作为行政救济的一种方式，其目的在于消除行政行为的不利后果。一般来说，有下列行为之一，应适用撤销方式：第一，不符合客观情况的行政行为，如不符合许可条件的具体行政行为；第二，有法律错误的行政行为，包括违反分区的具体行政行为及与土地利用规划相抵触的抽象行政行为；第三，滥用职权的行政行为，如不考虑相关情况、不合公共利益的目的，反复无常、独断专行等；第四，严重违反法定程序的行政行为，如违反许可程序，可能影响到相对人权利义务的情况。通常，行政行为的效力包括先定力、公定力、确定力、拘束力和执行力。根据公定力，任何行政行为一经作出，在被有关机关依据法定权限和法定程序撤销之前，任何机关或个人都必须遵守并服从其效力。如果相对人并不知道许可违法，相对人基于对授益性行政行为的信赖而从事了建设活动，从社会公平的角度出发，相对人的利益应当予以保护，政府对他的损失应当予以补偿。

与行政行为撤销不同，行政行为的废止是合法的行政行为由于法定客观情况的出现而使其废止起向后失去效力。政府在实施土地利用规划或分区时，经常采取一些临时的分区或实施发展延缓措施。临时分区采取几种形式：可以只允许与现有分区一致的新的开发，也可禁止所有的发展或某种类型的发展如公寓或非居

① 杨解君：《行政法学》，法律出版社2000版，第65页。

住地的使用，或禁止任何发展、除非它得到分区机构的许可。当由于公共设施不足引起环境问题时，城市可以采取一些临时的控制土地使用、延缓发展的措施。延缓常实行全部或部分禁止新的土地开发，直到有足够的公共设施消化城市的废物。一旦分区变化，原先的行政行为相应废止。

行政行为撤销和行政行为废止是不同的。行政行为一经撤销，所作出的行政行为视为自始没有发生法律效力。行政行为撤销的目的在于纠正违法的行政行为，而行政行为废止是使行政行为适应新的情况。同时两者的法律效果是不同的。行政行为撤销后，应使行政行为恢复原来的法律状态，对其已产生的法律效果应针对不同情况作不同的处理：相对人已享受了权利、履行了义务，但依法确应享受权利，履行义务，应用转换予以进一步补救；相对人已享受权利的，应按不当得利予以返还或予以追缴；相对人已履行了义务，但依法不具有该义务的，应得到行政赔偿。行政行为废止后，行政行为自废止始往后失去效力。分区管理的变化常常影响进行中的开发。对于开发者来说，他认为他有权进行开发，因为他已经被授予开发的权利（在前一个分区中），而可能由于发展项目很大，要很长时间才能完成，开发者需要得到保护，否则土地使用要求的变化可能妨碍他完成计划或使完成的费用增加；对于城市来说，城市需要改变他们的土地使用要求以适应新的土地使用问题或实施新的土地使用政策。因此这时就需要在城市和开发者两个竞争的利益之间进行平衡。政府有改变土地管理政策的权力，土地权利人既不能依据现有的分区得到保护，也不能对城市分区变化对其的不利影响提出异议，那么土地权利人的利益如何得到保障？显然，为了保证相对人对国家权威的信任和服从，有必要对相对人的利益予以保护。

（二）信赖保护

所谓信赖保护，是指行政相对人对授益性行政行为形成值得保护的信赖时，行政主体不得随意地撤销或者废止该行为，否则必须合理补偿行政相对人信赖该行为有效存续而获得的利益。

信赖保护原则设置的目的是保护社会成员的正当权益，使公共利益和个人利益之间保持均衡，因此信赖保护原则的使用必须具备一定的条件。

首先，存在信赖的基础。行政行为依不同的标准有不同的分类，以其对相对人所产生的法律上的效力为依据，主要可分为授益性行政行为和负担性行政行为两种。所谓授益性行政行为是指以权利或法律上重大利益的设定和确认为内容的行政行为，如经土地行政机关的批准获得建设许可。所谓负担性行政行为是指干涉相对人的权利或影响相对人利益或拒绝其受益的请求权的行政行为，也可称为不利益行为或限权行为。对于授益性行政行为，“若不加限制地允许随意撤销，就会导致相对人及其他有关人员法律地位极不稳定，从而损害行政法律关系中的国民的信赖。因此对于授益性行政行为而言，即使有必要撤销，除了该必要性远远超过保护国民的既得利益的必要性的情形外，不应当随意撤销。”①

其次，具有信赖行为。相对人对受益性行政行为的信赖而采取的具体行为。如行政相对人依据行政机关授予的资格从事了建设活动。需要一些可见的大量行为作为基础，也可能不是实际的建设而是土地权利人的实际投入，如从实际投入的大量费用或者投入的费用占总计划耗费的百分比来看土地权利人实际的信赖程度。

① 杨建顺：《日本行政法通论》，中国法制出版社 1998 年版，第 405 页。

再次，信赖值得保护。希望寻求救济的土地主必须证明他的行为诚实，如果明知分区可能变化而继续开始或完成计划，那么他的行为不诚实。虽然诚实规则似乎要求对土地主的行为作主观的评价。但通常采取对诚实的客观检验标准，在这一个标准下，主要考察土地权利人的行为是否与理性的财产所有人在同等情况下的行为一致。一个主要的问题是是否可以从土地权利人在分区改变临近时的行为猜想其不诚实。

公益是否为信赖保护要件这个问题上，有学者提出当有强烈的公益要求时，则不应考虑信赖保护，也有的学者认为公益不应作为信赖保护的要件。笔者以为，对于撤销的行政行为而言，通过对信赖利益与撤销或废止之公共利益的权衡，在前者大于后者时，就不得撤销或废止原行政行为，即维持原行政行为的效力；反之，如果受害人的信赖利益小于所要维护的公共利益时，行政行为仍应撤销，但若受益人的信赖利益仍值得保护，满足信赖保护的三个要件，应赋予其请求损失赔偿的权利。如果撤销的行政行为将会对公共利益造成重大危害，则不得任意撤销。

对于废止的行政行为而言，行政行为的废止是由于新的情况下公共利益的要求，因此分区的变化只要符合公共利益的要求，那么它对相对人开发活动的限制就是合法的。如果相对人的开发满足新的分区要求，如果他以合理的方式继续，并且不妨碍公共利益的话，那么相对人可以被赋予建设许可的权利。如果相对人的开发不符合新的分区要求，相对人就不能再依赖原先的分区继续建设，只能请求合理的信赖补偿。因此对于废止的行政行为来说，公共利益是信赖保护的要件。

小　结

在土地利用中，由于土地位置的固定性，一方的土地利用行为往往会给另一方造成损害，其中最为突出、影响最大的是环境损害。由于环境侵权行为具有一定的特殊性，法院在解决双方纠纷时可以采用利益衡量方法解决矛盾和纠纷。原因在于土地权利人在权利受到侵害时，可以提出返还请求、妨害排除请求、恢复原状请求和赔偿请求，而这些请求是否提出或提出哪一些，可以由受害人选择。法院在对双方的情况进行考虑之后，在全部或部分满足当事人的请求之间也可以选择，这样就可以在利益衡量时得到一个双方都可以接受的方案。不同法系利益衡量的基础是不同的，在英美法系中土地侵权救济适用妨害法，利益衡量主要是对妨害的合法性进行判断，而大陆法系则在相邻关系的基础上对权利行使是否超过社会容许限度来作出评价。利益衡量的方法通过将法律承认和保护的利益排列一个先后顺序，将双方的利益进行衡量，并考虑相关因素，对一方的某些利益予以维护，而将对另一方利益的损害降低到最低的限度，从而使双方的利益达到一种均衡。作为法官适用法律而采用的一种方法，利益衡量因受到主观因素的影响在实践中受到许多的限制。

利益衡量发挥的作用是有限的，直接对土地利用的行政管理是土地利用法的核心。土地管理的行政作为或不作为都会造成公私益失衡的情况，主要表现在土地利用规划和分区违法对私益的侵害、土地用途管制中行政不作为造成公益的损害，以及由于行政行为撤销和废止造成相对人合法利益的损害等。因此我们应当逐步将不同级别的土地利用规划和分区纳入司法审查的范围，解决土地利用规划和分区偏离公共利益的问题；应当通过法律规范的完善和明确土地使用协议、行政公益诉讼促使行政机关依法履行职责；应当完善法律救济体系，加强对行政相对人信赖利益的保护。土地法律补救的目的在于迫使不当获得的利益补偿受到损害的利益，各种利益之间达到一种均衡。

结 束 语

土地利用问题一直是世界各国普遍关注的问题，如何解决这一问题，也是国际社会不断探讨的话题。应该说，土地资源可持续利用的思想早于“可持续发展”概念的提出，只不过人们当时更多地关注土地资源保护的目标，缺乏可行性的行动。自 1988 年联合国粮农组织提出了可持续发展的概念后，才明确了土地保护和开发之间的联系，将理论概念和实际行动联系起来。在此基础上，1993 年联合国粮农组织颁布了《可持续土地利用管理评价大纲》，将土地的自然、经济和社会因素结合起来，提出以生产性、安全性、保护性、可行性和可接受性作为土地可持续利用的评价标准。这标志着人们在土地利用的观念上发生了重大的改变。

可持续的土地利用强调的是环境和经济的协调发展，追求人和土地关系的和谐。也就是说，利用土地发展经济应当建立在土地可承受的基础上，既要满足当代人的各种利益要求，又要保护生态环境，不对后代人利益的需要构成威胁。可持续的土地利用就是要把眼前利益与长远利益、整体利益与局部利益有机的统一起来，使土地利用能最大限度、最好地实现人们的利益需要。因此在调整各种利益关系时，应当适用不同的原则，体现基本价值的要求，并在此基础上指导和协调一系列法律制度的制定和完善。

不过，土地利用法对社会影响的程度，在一定意义上取决于土地利用法的功能。要发挥法律制度应有的作用，在土地利用中形成法治秩序，必须营造一个功能完善的法律制度体系。土地利用中的法律功能是多样的，法律制度是促进人们之间的合作，还是制止人们之间的合作，要根据不同的情况及根据不同的利益来作出。另外，对人们在追求利益的过程中所造成的外部经济性进行内部化也是法律制度的一项重要的功能。

谈到法律的功能，必然涉及到法律机制问题，因为两者是一种内容和形式的关系，法律的机制决定着法律功能的内容。由于自行性调节机制和政府干预机制都存在难以克服的缺陷，因此自行性调节机制和政府干预不是一种非此即彼的对立关系，而是相辅相成、互相补充，共同地发挥着各自的作用。如何将两者紧密结合起来，就关系到政府在市场中究竟应当发挥什么作用，应当如何把握这个度的问题。我国目前的土地利用的立法和执法中，过于强调行政干预的作用，而对自行性调节机制的功能却有所忽略，导致法律制度刚性成分过重，实施效果反而并不理想。因此正确认识政府作用，是合理运用自行性调节机制和强制性干预机制的基础。

土地产权是法律对土地权利人利益的认可，在遇到来自公民、法人或其他组织的干涉和侵害时可以得到法律的保护。在土地利用中，由于土地位置的固定性，一方的土地利用行为往往给另一方造成损害，这时法院在解决双方纠纷时往往采用利益衡量方法。当然，利益衡量发挥的作用毕竟是有限的，直接对土地利用的行政管理仍然是土地利用法的核心。土地管理的行政作为或不作为都会造成公私益失衡的情况，相应地需要采取法律措施予以补救。

总之，利益关系是土地利用法律制度的基础，土地利用法律制度的建立和完善，不仅取决于法律制度的建立和制度的配套化，而且取决于法律制度的功能和机制。

参考文献

一、中文文献

[1] 孙笑侠：《论法律和社会利益》，载《中国法学》1995年第4期。

[2] 周林彬、李胜兰：《物权新论》，载《人大复印资料（民商法学）》2001年第5期。

[3] 周林彬：《所有权概念新探》，载《人大复印资料（民商法学）》2001年第1期。

[4] 石成球：《关于我国城市土地利用问题的思考》，载《城市规划》2000年第2期。

[5] 吴清彬：《法律经济学述评》，载《公安大学学报》1997年第3期。

[6] 聂德宗：《交易费用、经济绩效与文化》，载《学术研究》1997年第1期。

[7] 陈振明：《非市场缺陷的政治经济学分析》，载《中国社会科学》1998年第6期。

[8] 刘志彪：《以产业活动原则规范市场与完善宏观管理》，载《中国社会科学》1995年第4期。

[9] 李培林：《中国社会结构转型对资源配置方式的影响》，

载《中国社会科学》1995 年第 1 期。

[10] 杨海坤：《法律·利益调整·社会稳定与发展》，载《江苏社会科学》1993 年第 3 期。

[11] 胡乃武、韦伟：《区域经济发展差异与中国宏观经济发展》，载《中国社会科学》1995 年第 2 期。

[12] 朱力宇：《论“经济人”假设在法学研究中应用的问题》，载《法学家》1997 年第 6 期。

[13] 应飞虎：《需要干预经济关系论》，载《中国法学》2001 年第 2 期。

[14] 张安录、杨钢桥：《美国城市化过程中农地城市流转与农地保护》，载《人大复印资料（农业经济）》1999 年第 1 期。

[15] 郭新年、辛元：《土地产权三题》，载《人文杂志》1999 年第 4 期。

[16] 聂庆华、包浩生：《国外农田资源保护经验与启示》，载《经济地理》1999 年第 2 期。

[17] 裴小林：《集体土地制：中国乡村工业发展和渐进转轨的根源》，载《经济研究》1999 年第 6 期。

[18] 童之伟：《公民权利国家权力对立统一论纲》，载《中国法学》1995 年第 6 期。

[19] 吴晗：《集体土地使用权刘转制度研究》，载《人大复印资料》1996 年第 6 期。

[20] 汪渊智：《禁止权利滥用原则》，载《法学研究》1995 年第 6 期。

[21] 杨继瑞：《我国农村土地资源配置市场化的理论思考》，载《人大复印资料（农业经济导刊）》1996 年第 6 期。

[22] 黄小虎：《中国土地使用制度改革探索》，载《中国社会科学》1995 年第 2 期。

［23］叶艳妹、吴次芳：《我国土地产权与耕地保护问题研究》，载《人大复印资料》1997 第 8 期。

［24］张安录：《城乡生态经济交错区农地城市流转机制与制度创新》，载《人大复印资料》1999 年第 10 期。

［25］崔建远：《“四荒排卖”与土地使用权》，载《法学研究》1995 年第 6 期。

［26］刘文琦：《论中国城市土地使用权的法律性质》，载《法学家》2000 年第 2 期。

［27］北岳：《法律权利的定义》，载《法学研究》1995 年第 3 期。

［28］张红宇：《中国农村土地产权政策；持续创新》，载《人大复印资料》1999 年第 1 期。

［29］叶传星：《法律责任的哲学根据》，载《人大复印资料》1999 年第 1 期。

［30］翁章好：《效率、公平的环境依赖与制度选择的原则》，载《农业经济学》2001 年第 7 期。

［31］沙弗尔：《“规则”与“标准”在发展中国家的运用》，载《法学评论》2001 年第 2 期。

［32］公丕祥：《马克思论法的现象与利益》，载《人大复印资料》1991 年第 1 期。

［33］黄贤金：《论地权歧视》，载《人大复印资料》1996 年第 10 期。

［34］王跃生：《家庭责任制、农户行为与农业中的环境生态问题》，载《北京大学学报》1999 年第 3 期。

［35］辛忠孝、刘水林：《公平分配问题的法与经济伦理思考》，载《法律科学》1997 年第 4 期。

［36］王家梁：《农地保护利用与土地使用管制》，载《中国

土地科学》1998 年第 6 期。

[37] 徐邦友：《在两个转变中革新政府行政观念》，载《甘肃理论学刊》1997 年第 2 期。

[38] 刘建、张小峰：《改进政府财政转移支付制度的政策建议》，载《管理世界》2002 年第 9 期。

[39] 谭淑豪等：《土地细碎化的成因及其影响因素分析》，载《中国农村观察》2003 年第 6 期。

[40] 陈劲松等：《2002 年中国农村经济形势分析与 2003 年展望》，载《中国农业经济》2003 年第 2 期。

[41] 钟涨宝等：《农地流转过程中的农户行为分析——湖北、浙江等地的农户问卷调查》，载《中国农村观察》2003 年第 6 期。

[42] 王利明：《法律行为制度的若干问题探讨》，载《中国法学》2003 年第 5 期。

[43] 王太高：《论行政公益诉讼》，载《法学研究》2002 年第 5 期。

[44] 李一帆：《人大在立法中的主导地位事关立法公正》，载《瞭望》2004 年第 7 期。

[45] 陈华彬：《德国相邻关系制度》，载《民商法论丛》，法律出版社 1995 年版。

[46] 张鹏、曹诗权：《相邻关系的民法调整》，载《法学研究》2000 年第 2 期。

[47] 朱新力：《行政不作为违法之国家赔偿责任》，载《浙江大学学报》2001 年第 2 期。

[48] 薛志伟：《国土专家认为四种现象成为土地浪费的罪魁祸首》，载《经济日报》2005 年 6 月 28 日。

[49] 《内蒙古非法毁林现象屡禁不止》，载《工人日报》

2003 年 4 月 9 日。

[50]《商业地产过热，空置率 21%》，新华网，2005 年 10 月 19 日。

[51] 王燕：《住房过剩为何漠视？房产商制造供不应求假象》，载《上海证券报》2006 年 2 月 10 日。

[52] 木荣：《新建机场是引入竞争还是重复建设》，载《新京报》2003 年 11 月 28 日。

[53] 熊鲁霞、骆棕：《上海市工业用地的效率和布局》，载《城市规划汇刊》2000 年第 2 期。

[54] 薛志伟：《警惕浪费土地的四种现象》，载《经济日报》2005 年 11 月 29 日。

[55] 贺文：《稳定房价新政近期出台　土地治理房价信号走强》，载《北京现代商报》2005 年 5 月 23 日。

[56]《北京国土局揭秘土地成本　称其只占房价两成》，载《京华时报》2005 年 4 月 1 日。

[57] 李涛：《中国房价成本占 40%　房贷新政下一招是地价》，载《第一财经日报》2005 年 4 月 13 日。

[58] 邓聿文：《房价上涨背后的政府因素：政绩追求和财政压力》，载《学习时报》2005 年 4 月 12 日。

[59] 张会来：《新政策影响南京土地格局　闲置土地逐渐“释放”》，载《江南时报》2005 年 3 月 1 日。

[60] 赵燕军：《土地供应增长形成圈地热潮带来四大影响》，载《北京日报》2004 年 2 月 3 日。

[61] 刘相龙：《经济适用住房：让政府成了冤大头》，载《华夏时报》2005 年 3 月 4 日。

[62] 余志宏、段红涛、吴文劲：《中国房地产金融》，2004 年 6 月 20 日。

[63] 王擎：《老潘否认外资角力房地产　杨慎：土地年租能降房价》，载《中国工商时报》2005 年 5 月 26 日。

[64] 陆昀：《地价房价“鸡”“蛋”之争　国土部否认“地荒”》，载《中国工商时报》2005 年 5 月 16 日。

[65] 李启家：《环境资源的使用权》，载蔡守秋主编：《环境资源法》，武汉大学出版社 1996 年版。

[66] 王卫国：《中国土地权利研究》，中国政法大学出版社 1997 年版。

[67] 皮纯协：《新土地管理法理论与适用》，中国法制出版社 1999 年版。

[68] 江平：《中国土地立法研究》，中国政法大学出版社 1999 年版。

[69] 蔡守秋：《国土法的理论与实践》，中国环境科学出版社 1991 年版。

[70] 刘颖秋：《土地资源与可持续发展》，法律出版社、中国科学技术出版社 1999 年版。

[71] 张风荣：《持续土地利用管理的理论和实践》，北京大学出版社 1996 年版。

[72] 刘卫东、彭俊：《城市化地区土地非农开发》，科学出版社 1999 年版。

[73] 陈泉生、陈祥健：《海峡两岸土地法律制度比较》，香港社会科学出版社 1997 年版。

[74] 刘广远、王志彬：《新编土地法教程》，北京大学出版社 1999 年版。

[75] 甘藏春、金德本、鲍克新：《土地管理法与开发区发展》，地质出版社 2000 年版。

[76] 孙笑侠：《法律对行政的控制》，山东人民出版社 1999

年版。

[77] 蔡守秋：《环境资源法论》，武汉大学出版社 1996 年版。

[78] 张承中：《环境管理的原理和方法论》，中国环境科学出版社 1999 年版。

[79] 刘宗超：《生态文明观与全球资源共享》，经济科学出版社 2000 年版。

[80] 陈泉生：《可持续发展与法律变革》，法律出版社 2000 年版。

[81] 汪劲：《环境法律价值的理念与价值追求》，法律出版社 2000 年版。

[82] 王军：《可持续发展》，中国发展出版社 1997 年版。

[83] 王伟：《生存与发展——地球伦理学》，人民出版社 1995 年版。

[84] 肖国兴、肖乾刚：《自然资源法》，法律出版社 1999 年版。

[85] 卢现祥：《西方新制度经济学》，中国发展出版社 1996 年版。

[86] 国土局编：《新编土地管理使用法规手册》，中国法制出版社 1995 年版。

[87] 黄贤金、陈龙乾：《土地政策学》，中国矿业大学出版社 1995 年版。

[88] 国家土地管理局、北京大学法律系：《外国国土法规选编（1—6）》，北京大学出版社 1983 年版。

[89] 毕宝德：《土地经济学》，中国人民大学出版社 1990 年版。

[90] 郝娟：《西欧城市规划理论与实践》，天津大学出版社

1997年版。

[91] 郝建民：《土地利用控制》，中国农业科技出版社1996年版。

[92] 戴星翼：《走向绿色的发展》，复旦大学出版社1998年版。

[93] 张根芳：《土地生态环境》，沈阳人民出版社1997年版。

[94] 孙宪忠：《德国当代物权法》，法律出版社1997年版。

[95] 梁慧星、陈华彬：《民商法论丛：第4卷》，法律出版社1995年版。

[96] 陈华彬：《物权法原理》，国家行政学院出版社1998年版。

[97] 王利明：《物权法论》，中国政法大学出版社1998年版。

[98] 李亚虹：《美国财产法》，法律出版社1999年版。

[99] 张文显：《二十世纪西方法哲学思潮研究》，法律出版社1996年版。

[100] 张文显：《法理学》，法律出版社1996年版。

[101] 关涛：《我国不动产法律问题专论》，人民法院出版社1999年版。

[102] 付子堂：《法律功能论》，中国政法大学出版社1999年版。

[103] 苏宏章：《利益论》，辽宁大学出版社1991年版。

[104] 陈新民：《德国公法学理论基础》，山东人民出版社2001年版。

[105] 叶必丰：《行政法的人文精神》，湖北人民出版社1999年版。

[106] 季卫东：《法治秩序建》，中国政法大学出版社 1999 年版。

[107] 高德步：《产权与增长：论法律制度的效率》，中国人民大学出版社 1999 年版。

[108] 王伟光、郭宝平：《社会利益论》，人民出版社 1988 年版。

[109] 黄建武：《法的实现：法的一种社会学分析》，中国人民大学出版社 1997 年版。

[110] 谢邦宇：《行为法学》，法律出版社 1993 年版。

[111] 沈岿：《平衡论》，北京大学出版社 1999 年版。

[112] 谢鹏程：《基本法律价值》，山东人民出版社 2000 年版。

[113] 卢云：《法律基础理论》，中国政法大学出版社 1994 年版。

[114] 张宏宇：《中国农村的土地制度变迁》，中国农业出版社 2002 年版。

[115] 牛若峰等：《中国经济偏斜发展与农业曲折发展》，中国人民大学出版社 1991 年版。

[116] 刘建平：《农业比较利益论》，华中科技大学出版社 2001 年版。

[117] 张忠根等：《中日韩农业现代化比较研究》，中国农业出版社 2002 年版。

[118] 张玉堂：《利益论》，武汉大学出版社 2001 年版。

[119] 王文革：《中国城市土地市场供应法律制度研究》，法律出版社 2004 年版。

[120] 郑鹏程：《行政垄断的法律控制研究》，北京大学出版社 2002 年版。

［121］联合国环境规划署等编：《世界资源报告（1996～1997）》，中国环境科学出版社 1997 年版。

［122］毛寿龙、李梅：《有限政府的经济分析》，上海三联书店 2000 年版。

［123］曹明德：《环境侵权法》，法律出版社 2000 年版。

［124］李亚虹：《美国侵权法》，法律出版社 1999 年版。

［125］王曦：《美国环境法》，武汉大学出版社 1992 年版。

［126］孙宪忠：《德国当代物权法》，法律出版社 1998 年版。

［127］王明远：《环境侵权的救济法律制度》，中国法制出版社 2001 年版。

［128］甘文：《行政与法律的一般原理》，中国法制出版社 2002 年版。

［129］朱维究：《行政行为的司法监督》，山西教育出版社 1997 年版。

［130］罗豪才：《中国司法审查制度》，北京大学出版社 1993 年版。

［131］周佑勇：《行政不作为判解》，武汉大学出版社 2000 年版。

［132］姜明安主编《行政法与行政诉讼法》，北京大学出版社/高等教育出版社 2001 年版。

［133］杨解君：《行政法学》，法律出版社 2000 年版。

［134］杨建顺：《日本行政法通论》，中国法制出版社 1998 年版。

［135］卓泽渊：《法治国家论》，中国方正出版社 2001 年版。

［136］严金明：《中国土地利用规划》，经济管理社 2001 年版。

［137］毛寿龙、李梅：《有限政府的经济分析》，上海三联书

店 2000 年版。

[138] E. 博登海默：《法理学、法律哲学与法律方法》，邓正来译，中国政法大学出版社 1999 年版。

[139] 经济合作与发展组织：《环境管理中的市场与政府失效：湿地与森林》，中国环境科学出版社 1996 年版。

[140] 岩佐茂：《环境的思想：环境保护与马克思主义的结合处》，中央编译出版社 1997 年版。

[141] 图佩察：《自然利用的生态经济效益》，中国环境科学出版社 1987 年版。

[142] 何塞·卢·贝格：《自然不可改良》，上海三联书店 1999 年版。

[143] 大卫·皮尔斯：《绿色经济的蓝图》，北京师范大学出版社 1997 年版。

[144] 弗里德里希·冯·哈耶克：《法律、立法与自由》，中国大百科全书出版社 2000 年版。

[145] 柯武刚、史漫飞：《制度经济学——社会秩序和公共政策》，商务印书馆 2000 年版。

[146] 霍尔姆斯·罗尔斯顿：《环境伦理学》，中国社会科学出版社 2000 年版。

[147] 鲍尔·费思：《农业政策与可持续发展》，中国环境科学出版社 1995 年版。

[148] 理查德·A. 波斯纳：《法律的经济分析》，中国大百科全书出版社 1997 年版。

[149] E. 博登海默：《法理学——法哲学及其方法》，邓正来译，华夏出版社 1987 年版。

[150] A. S. 马瑟：《土地利用》，国土局译，中国财经出版社 1991 年版。

[151] 伊利、莫尔豪斯：《土地经济学原理》，藤维藻译，商务印书馆 1982 年版。

[152] 埃克霍姆：《土地在丧失——环境压力和世界粮食前景》，科学出版社 1982 年版。

[153] 莱昂·狄骥：《公法的变迁》，郑戈、冷静译，辽海出版社/春风文艺出版社 1999 年版。

[154] 文森特·奥斯特罗姆：《美国公共行政的思想危机》，毛寿龙译，上海三联出版社 1999 年版。

[155] 迈克尔·麦金尼斯，《多中心体制与地方公共经济》，毛寿龙译，上海三联出版社 2000 年版。

[156] 雷利·巴洛维：《土地资源经济学——不动产经济学》，谷树忠等译，北京农业大学出版社 1989 年版。

[157] 奥尔多·利奥波：《沙乡年鉴》，侯文蕙译，吉林人民出版社 1997 年版。

[158] 哈罗德·伯曼：《美国法律对话》，三联书店 1988 年版。

[159] B.B. 拉扎列夫：《法与国家的一般理论》，王哲等译，法律出版社 1999 年版。

[160] 约翰·罗尔斯：《正义论》，何怀宏、廖申白译，中国社会科学出版社 1988 年版。

[161] 洛克：《政府论》，叶启芳、瞿菊农译，商务印书馆 1964 年版。

[162] 庞德：《普通法的精神》，唐前宏译，法律出版社 2001 年版。

[163] 阿列克谢耶夫：《法的一般理论》，法律出版社 1991 年版。

[164] 保罗·魏里希：《均衡与理性》，黄涛译，经济科学出

版社 2000 年版。

[165] 詹姆斯·布坎南：《财产与自由》，中国社会科学出版社 2002 年版。

[166] 霍尔巴赫：《自然的体系（上卷）》，商务印书馆 1964 年版 。

[167] 庞德：《通过法律的社会控制、法律的任务》，商务印书馆 1984 年版。

[168] 奥塔·希克：《第三条道路——马克思列宁主义理论与现代工业社会》，人民出版社 1982 年版。

[169] 哈贝马斯：《交往与社会进化》，重庆出版社 1989 年版。

[170] 亚当·斯密：《国民财富的性质和原因的研究》，商务印书馆 1979 年版。

[171]《普列汉诺夫哲学著作选》（第二卷），上海三联书店 1961 年版。

[172] 欧文·休斯：《公共管理导论》，人民大学出版社 2001 年版。

[173] 理查德·B. 斯图尔特：《美国行政法的重构》，商务印书馆 2002 年版。

[174] 罗伯特·A. 达尔：《现代政治分析》，上海译文出版社 1987 年版。

[175] J. R. 康芒斯：《制度经济学（上）》，商务印书馆 1962 年版。

[176] 道格拉斯·C. 诺思：《经济史中的结构与变迁》，上海三联书店 1991 年版。

[177] 布·麦基：《思想家》，上海三联书店 1987 年版。

[178] 加藤一郎：《民法解释与利益衡量》，载《民法学说判

例与立法研究》（二），国家行政学说出版社。

［179］波斯纳：《正义之经济学分析》，哈佛大学出版社 1981 年版。

二、外文文献

［1］Robert R Wright ，Morton Gitelman（1990），*Land Use Case and Materials*，Forth Edition，West Publishing Company.

［2］Frona M Powell（1997），*Law and the Environment*，Indiana University West Educational Publishing Company.

［3］George Cameron Coggins，Charles F. Wilkinson（1987），*Fedelral Public Land and Resource Law*，New York：The Foundation Pess，Inc..

［4］Daniel R Mandelke（1988），*Land Use Law*，Second Edition，The Michie Company.

［5］Bruce Yandle，*Land Right - The 1990s Property Right Rebellion*，Rowman Littlefield Publisher，Inc..

［6］Gerry Bates（1995），*Environmental Law in Australia*，4th Edition，Butterworths Sydney Adelaide Brisbane Canberra Melbourne Perth.

［7］David L. Weimer，Aidam R Vining（1992），*Policy Analysis*：*Concepts and Practice*，New Jersey ：England Cliffs.

［8］T. B. Smith，"The Policy Implementation Precess"，*Policy Sciences*，V. 4 No. 173（2）.

［9］Jeremy cooper ，Rajeev Dbavan（1986），*Public interest law*，copyright Basil Blackwell.

后记

本书是在我的博士论文基础上修订完成的。当初选择《土地利用中利益衡平的法律问题研究》为博士论文选题，对我来说是一个很大的挑战。该研究虽然具有很大的理论和实际意义，但是有关土地法律制度方面的著作不多，收集资料困难。我担心以自己浅薄的学识无法把握，所以很早就开始了课题的设计和构思，一直不敢有丝毫的懈怠。几度寒暑磨砺，书稿虽已完成，但内心还是有些惶恐不安。

本书的内容与我博士期间的学术积累息息相关，而博士学位的获取与我的导师和环境法所的其他老师的悉心栽培分不开。因此，我想借这个机会向他们表示我由衷的谢意。

衷心感谢恩师蔡守秋教授。他将我引入环境法的学术殿堂，在学习上为我授业解惑，在论文写作上给了我详尽的指导；甚至在我走上现在的岗位后，仍给我提出许多的宝贵意见，这些令我永远都无法忘怀。他严谨治学的态度令我感动，他渊博的学识令我敬佩。

真诚地感谢李启家教授。从资料收集到布局谋篇，他都给了我悉心的指导。对于他给予的无私帮助，我深深地表示谢意。他为人师表的人格魅力让我景仰。

我还要感谢王曦教授、吕忠梅教授、王树义教授、罗吉教授。在攻读博士学位期间，能够得到各位老师们的指点实乃人生之大幸。各位老师对晚辈的宽容和关心将使我终生铭记。环境法所的许莲英老师、柯坚老师、李广兵老师、吴志良老师、秦天宝老师等也给了我不少的指点和帮助，在此一一致谢。

我的父母，无论是在我求学期间还是工作之后，都是始终如一地支持我。我的丈夫对我的研究工作给了很大的支持和帮助。我的女儿表现优秀，为我省了不少的心，这样我才能把主要精力集中在书稿的写作上。对他们的关爱，我只能用关爱去报答。

本书能够得以出版，还要感谢出版社的编辑，没有他们的辛勤审稿，本书不可能付梓出版，他们是这本书的把关人，理应得到我至高无上的敬重和感铭。出版社为本书的出版提供了宝贵的机会和展示的平台，这会让我终身感念。

操小娟

2006年7月

责任编辑:陈 登

图书在版编目(CIP)数据

土地利用中利益衡平的法律问题研究/操小娟 著.
-北京:人 民 出 版 社,2006.10
ISBN 7-01-005859-8

Ⅰ.土… Ⅱ.操… Ⅲ.土地利用-法律-研究-中国 Ⅳ.D922.304

中国版本图书馆 CIP 数据核字(2006)第 115710 号

土地利用中利益衡平的法律问题研究
TUDI LIYONG ZHONG LIYI HENGPING DE FALV WENTI YANJIU

操小娟 著

人民出版社 出版发行
(100706 北京朝阳门内大街 166 号)

北京市双桥印刷厂印刷 新华书店经销

2006 年 10 月第 1 版 2006 年 10 月北京第 1 次印刷
开本:880 毫米×1230 毫米 1/32 印张:10.625
字数:252 千字

ISBN 7-01-005859-8 定价:22.00 元

邮购地址 100706 北京朝阳门内大街 166 号
人民东方图书销售中心 电话 (010)65250042 65289539